中国特色学徒制试点
学徒岗位教材

农产品与农资营销学徒岗位手册

周　黎　丁建军　主编

中国农业大学出版社
·北京·

内 容 简 介

《农产品与农资营销学徒岗位手册》是根据现代学徒制教育特点，校企共同合作编写的。本书以高等职业教育学徒培养的要求进行定位，以培养可独立承担行业内具体工作的实用型人才为目标，在内容的选择和组织上以工作过程形式编排，以工作任务为载体，并附以对应的业务知识、业务经验和案例分析，将职业素质的培养贯穿于学徒培养的全过程。本书既可作为高等职业教育涉农类专业相关课程教材，也可供农产品营销、农资营销等行业相关从业人员参考。

图书在版编目(CIP)数据

农产品与农资营销学徒岗位手册/周黎，丁建军主编. -- 北京：中国农业大学出版社，2023.10

ISBN 978-7-5655-3093-7

Ⅰ.①农… Ⅱ.①周… ②丁… Ⅲ.①农产品-市场营销学-高等职业教育-教材 Ⅳ.①F762

中国国家版本馆 CIP 数据核字(2023)第 203956 号

书　　名 农产品与农资营销学徒岗位手册
作　　者 周　黎　丁建军　主编

策划编辑	张　玉	**责任编辑**	田树君
封面设计	李尘工作室		
出版发行	中国农业大学出版社		
社　　址	北京市海淀区圆明园西路 2 号	**邮政编码**	100193
电　　话	发行部 010-62733489，1190		读者服务部 010-62732336
	编辑部 010-62732617，2618		出　版　部 010-62733440
网　　址	http://www.caupress.cn	**E-mail**	cbsszs@cau.edu.cn
经　　销	新华书店		
印　　刷	北京鑫丰华彩印有限公司		
版　　次	2024 年 3 月第 1 版　　2024 年 3 月第 1 次印刷		
规　　格	185 mm×260 mm　　16 开本　　19 印张　　382 千字		
定　　价	57.00 元		

图书如有质量问题本社发行部负责调换

编 审 人 员

主　编　周　黎（新疆农业职业技术学院）

丁建军（同盈农业科技有限公司）

副主编　谭玉鹏（新疆农业职业技术学院）

张志刚（河南农业职业学院）

王萍莉（新疆农业职业技术学院）

戴志新（新疆农业职业技术学院）

参　编　韩芳芳（新疆农业职业技术学院）

刘国军（新疆鑫隆农业科技有限公司）

潘新新（巴音郭楞职业技术学院）

王　华（伊犁职业技术学院）

贾文明（昌吉州农业技术推广中心）

审　稿　史　梅（新疆农业职业技术学院）

前 言

《农产品与农资营销学徒岗位手册》是高职涉农类专业学徒培养的一门重要学徒岗位教材，校企共同合作开发。本手册根据高等职业教育学徒培养的要求进行定位，以培养可独立承担行业内具体工作的实用型人才为目标而编写。

该手册紧跟高职现代学徒制培养模式改革的步伐，努力满足增强学生职业能力的需求。在内容的选择和组织上以工作过程形式编排，以工作任务为载体，将工作程序与方法要求单独提炼出来，并附以对应的业务知识、业务经验和案例分析，每一部分都有工作记录单，行业内的典型人物介绍是本书的特色内容之一。将职业素质的培养贯穿于学徒培养的全过程是现代学徒培养的一个重要特点，使学徒的学习既有明确的知识目标，又有针对性的技能目标和素质目标；既将理论知识和实践有机结合，又提高了学徒解决实际问题的能力，从而综合提高学徒的职业素质。

本教材共三部分。第一部分步入企业，共 2 个入职培训专题，由周黎、丁建军编写；第二部分认识岗位，共 4 个入职培训专题，由丁建军、刘国军、周黎、王华编写；第三部分学徒工作学习任务，共 4 个项目，项目一由周黎、戴志新编写，项目二由潘新新、周黎编写，项目三由张志刚、王萍莉编写，项目四由韩芳芳、谭玉鹏编写；周黎、贾文明负责统稿；史梅审稿。

教材编写中参考了很多相关文献资料，在此向有关作者表示由衷的感谢。

在教材编写过程中，编者做出了较大努力，但由于编者水平有限，书中难免仍有不妥之处，敬请广大读者提出宝贵意见，以便再版时修改完善。

编 者

2023 年 8 月

目　录

第一部分

The first part

The first part

The first part

The first part

步入企业

入职培训专题1
我国农产品与农资营销业发展机遇与挑战

第一节　我国农产品与农资企业营销现状

一、　中国农产品企业营销现状与存在的问题

（一）　中国农产品企业营销现状

1. 经营模式多样

（1）农户自主的直接经营　这是一种广泛存在于一些落后、经济发展缓慢的地区，或者是一些当地农产品贸易中心的一种落后的营销方式，是直接的并且原始的。农民使用简单的交通工具，将农产品到市场上直接销售给消费者，营销渠道非常直接，没有任何中间环节，农民在一定的成本要求下降低农产品价格出售，消费者在交易过程中占据主导地位。

（2）基于中间商的营销渠道　农产品从生产者到消费者手中，必须经过多层中间商（批发商）疏通，这个模式是目前主要的农产品营销模式，其优点是农民通过借助中间商的能力将大量的农产品推向市场，满足了农产品大批量的社会化的需求。因为农产品的原始供应商多为广大的农民，他们的组织程度很低，加上同类产品的产量较高，中间商在购买农产品时有更大的定价权，为了提高自己的利润空间他们尽可能压低收购价格。同时，相关的监督机构和法规监管不到位，所以大量中间商造成市场混乱，农产品在流通过程中，成本不断地增加，加上农产品作为生活必需品，绝大多数消费者只能接受这种高价格的农产品。

（3）合作营销渠道模式　该模式大多为“农民＋当地龙头企业”“农民＋农业合作社＋当地企业”“农民＋产品供应商＋超市”等。在这种模式下，农民与农产品销售商之间的关系不再仅仅是一个买卖和利润短暂的关系，而是成了一种长期合作的关系。“农户和当地龙头企业”合作或者和超市签署订单，一方面，公司和超市不仅可以获得一个稳定的长期供应农产品的渠道，而且公司和超市利用自身的生产和销售途径，延伸了农产品的产业链，使农产品的价值得到了增加；另一方面，农民通过与企业和超市的合作，可以获得更多有关农产品的营销信息，这有利于使生产满足市场需求，避免农民自主生产的盲目性。但由于农业产业区域结构和不同地区经济发展水平的差异，这种合作营销渠道模式在全国范围内推广速度相对较慢。

2. 品牌意识增强

过去我国农产品的品牌意识不强，大多数农产品都是无商标、无品牌经营。现在随着很多地方的名牌战略实施和农产品领域的延伸，不少农产品开始使用品牌商标，且大多是注重品牌商标的识别功能和促销功能。近年来，不仅大米、面粉等农产品的品牌化越来越明显，蔬菜、鲜肉、活鱼也都用上了商标，甚至鸡蛋也贴着商标。2021年中国农产品百强标志性品牌揭晓，眉山春橘、解忧公主薰衣草制品、伊春蓝莓、定西马铃薯、通威鱼、金乡大蒜等100个品牌榜上有名；农产品生产经营者和中介组织对品牌、商标功能的认识有了很大的变化，开始从识别功能和促销功能向信息传递功能、价值功能、形象功能的综合功能转变。很多农产品品牌不仅与农产品特性相符，而且还有产品联想功能，如“珍珠米”“金牛畜牧”等。这些品牌具有独特、富含个性特色，过目不忘，易于记忆和传递品牌信息，有利于树立品牌形象，创造品牌价值。在品牌决策与管理过程中，企业越来越注重提高商标意识，提高品牌质量，注重品牌保护。龙头企业一方面应对自己的品牌进行商标注册，求得法律保护；另一方面加强管理，提高产品信誉和产品质量，珍惜和维护品牌信誉。加强品牌推广和扩展，树立品牌形象，提高品牌知名度和品牌认知度。

3. 农产品市场营销组织纷纷成立

农产品市场营销组织作为参与农产品营销活动的各种团体，它具有购、销交易职能，有运输和储存这种实体分销职能，还有分级与标准化、融通资金、承担风险和沟通信息等辅助职能，营销组织职能的有效发挥是促进农产品市场营销的重要保证。

农产品市场营销组织可以分为2类，一类是由专业技术服务组织转化而来，如蔬菜协会、苹果协会、大蒜协会、柑橘协会、水产协会等，这类组织在进行技术服务的同时还承担市场营销职能。另一类是专门成立的农产品营销协会，它的成立更能表明我国农产品市场营销的发展。如2012年新疆农产品营销协会成立，广西举办2021全国农产品产销对接会，江西举办“生态鄱阳湖·绿色农产品”博览会等。

随着农产品市场营销组织的不断发展壮大，依托这些活跃在城乡各地的农产品营销中介组织，使得一家一户的小规模生产和大市场实现了对接，改变了过去产销脱节的局面，有效地缓解了农产品难卖的问题。比如这几年相继出现了一批批农产品运销大户和农产品大王，如鲜鱼大王、蔬菜大王、水果大王等，他们的出现带动了上游生产基地的发展壮大，带领农民走向市场，帮助农民致富，对地区农业发展起到了积极作用。

（二） 中国农产品企业营销存在的主要问题

1. 市场营销观念淡薄

错误地将"营销"理解为销售。大多数农业企业仍然以生产产品为中心，生产者一般只根据自身的条件和要求来决定生产什么，生产多少，大多数不关心市场需求。操作方式分散，生产规模小，交易成本高，忽视社会对农产品市场供求，农产品销售出现阻碍。

2. 农业生产合作程度低，产品问题明显

中国大部分农产品都是单一品种，质量不高，加工产品当地消化率较低，农产品质量与安全标准体系欠缺。并且很多地区对农产品的生产、加工、流通、质量检验、标识管理方面欠缺一个严格、规范和全面的标准以及市场的管理系统。产品质量得不到保障，水污染、空气污染、农药残留对产品质量有较大影响。品牌建设、管理、宣传不够，忽视品牌管理和维护。使假冒伪劣产品逐渐猖獗，从而降低了品牌价值。

3. 缺乏先进的农产品营销服务体系

农产品的工业化水平和商品化率相对落后，营销服务体系建设不理想。多数农产品营销通过各种农贸市场进行，市场覆盖率低，无法实现农产品产业化发展的需要。农村市场体系的商业布局不科学，许多农贸市场都集中在经济不发达的县城。农产品由于农村市场的规模和设施服务、商品信息网络更缺乏，大部分销售市场没有保险和质量检测设备，市场服务仍停留在安全维护等最基础的方面。不仅不利于实现农业产业化的发展需求，而且还对农产品营销的快速发展造成了不利的影响。

二、 中国农资企业营销现状与存在的问题

（一） 种子市场状况

种子是农业的"芯片"，推动现代农业发展，种子是关键。党的二十大报告提出，全方位夯实粮食安全根基；深入实施种业振兴行动，强化农业科技和装备支撑。

种子行业位于农业产业链最顶端，是农业的核心资料。我国是世界上最大的种子市场，初步统计，2021 年我国种业市场规模达 565 亿元。根据《2020—2021 年全国重要农作物种子产供需形势分析》，2021 年，全国杂交玉米制种面积 1.81×10^5 公顷；杂交水稻制种面积 1.05×10^5 公顷；常规稻繁种面积 1.34×10^5 公顷；冬小麦繁种收获面积 7.15×10^5 公顷；棉花繁种面积 1.17×10^5 公顷；马铃薯繁种面积 1.83×10^5 公顷；

大豆繁种面积 2.21×10^5 公顷；杂交冬油菜制种收获面积 7.5×10^3 公顷；常规冬油菜繁种收获面积 2.03×10^3 公顷。2014 年、2020 年和 2021 年我国种业市场规模情况见图 1-1-1。

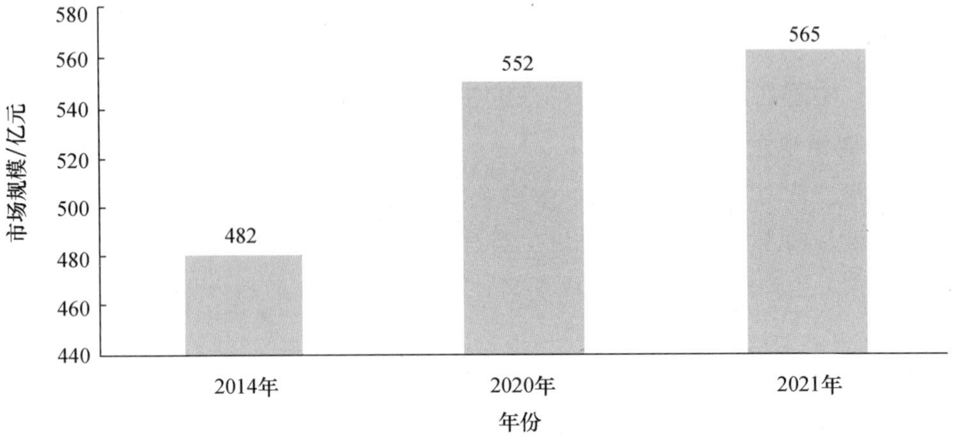

图 1-1-1　2014 年、2020 年和 2021 年我国种业市场规模情况

（数据来源：国家统计局）

中国种子行业企业中，隆平高科、登海种业、荃银高科在业务与毛利率方面均名列前茅，属于行业第一梯队；垦丰种业、万向德农、锦棉种业等企业在业务营收或毛利率方面排名前列，属于行业第二梯队；其他企业属于行业第三梯队。

结合各公司业务营业收入来看，2020 年，隆平高科、垦丰种业、苏垦农发、荃银高科、鲜美种苗市场份额分别达 5%、2.4%、2.4%、2.1%以及 1.9%。2021 年我国种业市场规模达 565 亿元。

我国种子行业已进入快速发展期，国内种业龙头在全球市场逐渐占有一席之地。在国家政策的支持、技术持续突破下，我国种子行业市场空间可期。到 2025 年，中国种业市场规模将增长至 732 亿元，年均复合增速约为 5.8%，在全球市场占比将提升至 21.37%。我国种业市场规模未来增长的驱动力主要来自生物育种、消费升级拉动高端蔬菜种子需求快速增长等。初步统计，至 2027 年，中国种子行业市场规模达 792 亿元。

虽然我国种子行业发展迅速，但也应该看到，我国种子行业的发展还存在一些问题，与发达国家相比，存在着种子科研经费投入少、种子企业总体规模小和缺乏世界级的种子企业、种子流通领域经营不规范、不正当竞争问题还比较严重等。

（二）　农药市场状况

我国农药生产发展迅速，目前已成为世界第一农药生产大国，同时也是农药出口大国。现已形成了包括原药生产、制剂加工、原料中间体、科技开发在内的完整的工业体系。农药生产能力跃居世界第一位，占世界产量的 25%以上。据国家统计局数据，

2021年我国化学农药原药（折有效成分100%）产量达到249.8万吨，较2020年增加35万吨。2016—2021年全国化学农药产量及增长情况见图1-1-2。

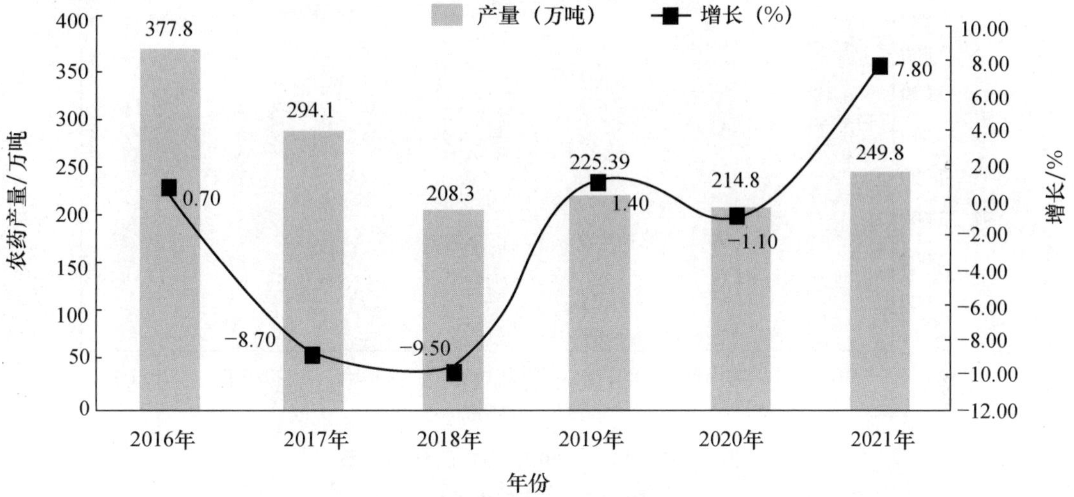

图1-1-2　2016—2021年全国化学农药产量及增长情况

（数据来源：国家统计局）

长期以来，我国农药行业偏重原药生产，而附加值较高、对环境损害较小、经济价值较高的农药制剂行业仍有较大的发展空间。党的二十大报告提出，推动绿色发展，促进人与自然和谐共生；加快发展方式绿色转型；发展绿色低碳产业；倡导绿色消费，推动形成绿色低碳的生产方式和生活方式。随着国家对“三农”的大力支持，规模小、研发技术水平薄弱的制剂企业被优势企业整合，同时上游农药原药生产面临越来越严格的环保政策，我国农药制剂行业迎来结构调整期。《农药工业“十三五”发展规划》《石化和化学工业发展规划（2016—2020）》和《农药管理条例》等国家政策致力于促使农药工业朝着集约化、规模化、专业化、特色化的方向转变。

目前，我国有农药企业30 000多家，生产规模普遍较小，据统计，年销售额在1 000万元以上的约占总数的17%，市场占有率最高的企业只占整个市场份额的4%左右，15家最大农药企业的市场份额占25%左右。

虽然我国农药企业的生产能力达到世界第一，已经成为世界农药出口大国，但我们也应当清醒地认识到，与欧美发达国家相比，在农药生产的技术水平、研发能力、农药品种等方面还存在较大的差距，需要今后继续努力，不断提高。

（三）肥料市场状况

目前，我国是世界上第二大化肥生产国和消费国，截至2021年，全国成规模的化肥生产企业达到3 000多家，从事新型肥料生产的企业超过了2 000家。化肥生产企业中，有金正大、中化化肥、湖北宜化、云大化工集团、山东史丹利化肥等上市企业，也有众多中小型生产企业，整个行业参与者众多，竞争激烈。2015—2021 年中国化肥产量见图 1-1-3。

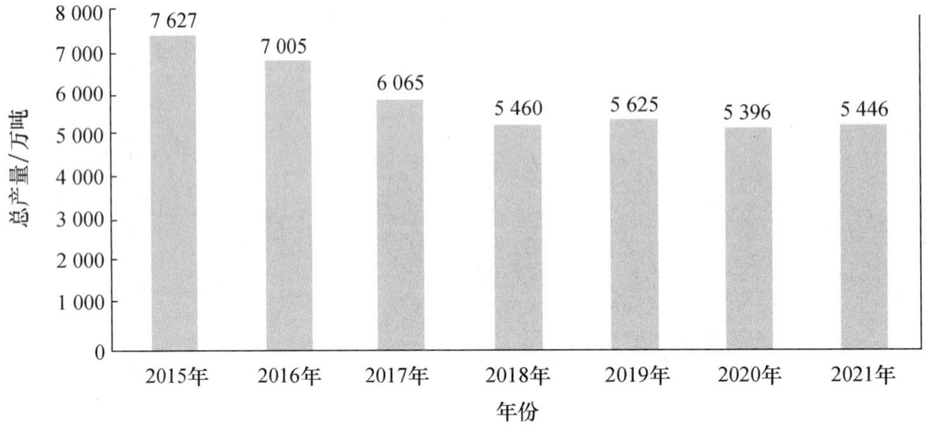

图 1-1-3　2015—2021 年中国化肥产量

（数据来源：国家统计局）

随着国家对粮食生产提出新的要求，化肥行业优惠政策支持力度的减弱，环保政策的陆续出台，生产成本高、技术落后、污染严重的企业将会被淘汰，企业向规模化发展会是必然的；另一方面，随着人们对蔬菜水果需求的增长以及对食品安全的重视，适用于蔬菜、水果生产的新型安全肥料需求逐年增加，这对传统化肥企业提出转型升级的要求。未来缓控释肥、水溶肥、叶面肥、微生物复合肥、有机复合肥、腐殖酸肥料、复混肥料等占比会逐年提升。

总的来看，加大技术创新力度，提升农化服务水平，是化肥龙头企业绝地突围不得不做好的两件基础事情。目前我国化肥行业处在从粗放式到精耕细作式发展的转型时期，加大科研资金的投入，提高科技创新力度，完善产业链服务成为具备市场竞争力的基本条件。

传统的、凭借经验式的施肥方式已经无法满足农业提质增效的要求，而科学施肥，如测土配方施肥可能会成为未来主要的施肥方式。同时，近年来土地流转加速，规模化、技术型专业种植户的产生，对化肥品牌的选择逐渐向规模型、资源型、创新型、服务型企业集中；能够强化产品和服务的企业，将在未来的竞争中具有明显优势，传统的单一的化肥生产企业已经不能满足市场多元化的服务需求。

很多企业已经认识到这一点，通过帮助种植户实施测土配方施肥、土壤有机质提升等综合服务项目，大力推广深耕深松、化肥深施、秸秆还田、水肥一体化等科学施肥技术，不仅推动了自身化肥的销售，也帮助农户提高了肥料利用率，节约了施肥成本。

在我国“农业供给侧结构性改革”的大背景下，在“一控两减三基本”和粮食提质增效的要求下，近年来，国内化肥生产方面的优惠政策不断减少，而相反，在化肥流通方面、出口方面有了较大优惠，如根据2017年关税调整新方案，取消氨肥、磷肥等肥料的出口关税，并适当下调三元复合肥出口关税。因此，企业要学会利用好政策，提高肥料出口和国际市场竞争力。

目前，化肥产业处在变革的关键时期，外部粮食增长红利的消失、环保意识的增强、消费升级、政策改变，内部厂家低价竞争、研发力度不足、传统销售渠道滞后、生产方式转变等都是整个化肥产业不得不面对的现实问题。企业加大研发力度、强强联合、建立高效销售渠道，从单一的产品销售转向作物全程营养指导，加强农化服务，及时有效地帮助农户解决生产过程中的实际问题，会是化肥企业未来实现“农业供给侧结构性改革”背景下逆势增长的重要保障。

（四） 饲料市场状况

我国是饲料生产大国，饲料年产量已达1亿吨以上，其中，配合饲料产量达7 300多万吨，浓缩饲料2 500万吨以上。全国共有各类饲料生产企业14 000家以上，其中国有饲料生产企业4 500多家，民营饲料生产企业8 300多家，股份制饲料生产企业3 400多家，其他饲料生产企业1 800多家。全国排名前10位的饲料生产企业的饲料产量达到1 800多万吨，占全国饲料产量的19%左右，年产饲料20万吨以上的大型饲料生产企业超过了40家。

我国的饲料行业发展十分迅速，但也存在着饲料工业的标准化体系不健全、部分原料仍依赖进口、饲料流通渠道混乱、无序竞争严重等问题，需要今后进一步加以改进。2018—2021年全国饲料产品总产值见图1-1-4。

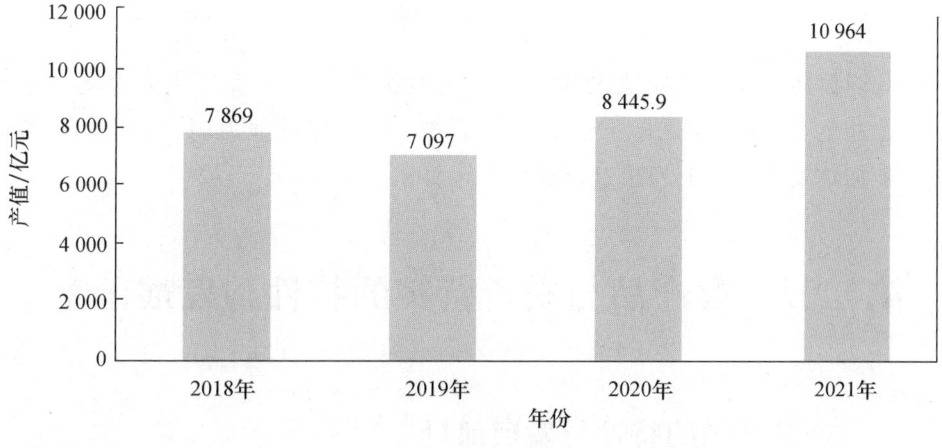

图1-1-4　2018—2021年全国饲料产品总产值

（数据来源：国家统计局）

（五） 兽药市场状况

近两年来，我国兽药产业面临着较为严峻的挑战：非洲猪瘟的持续影响、新冠肺炎卷席全球、饲料禁抗的落地……特别是非洲猪瘟，对兽药产业特别是兽用生物制品领域产生了巨大的影响。虽然非洲猪瘟极大地冲击了生物制品的市场，但是却刺激了消毒剂、免疫增强类中兽药的市场，市场的红利更是吸引了不少饲料、养殖、生物制品企业跨领域进军。

从产品结构来看，目前化学药品在我国兽药行业占主导地位。原料药及化学药剂销售额约为 336 亿元，占兽药行业销售额的 67%；生物制药销售额约 118 亿元，占 23%；中药制剂销售额约为 50 亿元，占 10%。

我国目前有兽药生产企业 2 600 多家，90%以上的是中小企业，这些企业基本上多是在改革开放初期建立起来的。年销售收入 200 亿元左右；大型企业仅有 25 家，占我国兽药原料药企业总数的 18.38%，大型兽药原料药企业毛利占行业总毛利 69.97%。2021 年各规模兽药原料药企业数量和毛利结构见图 1-1-5。

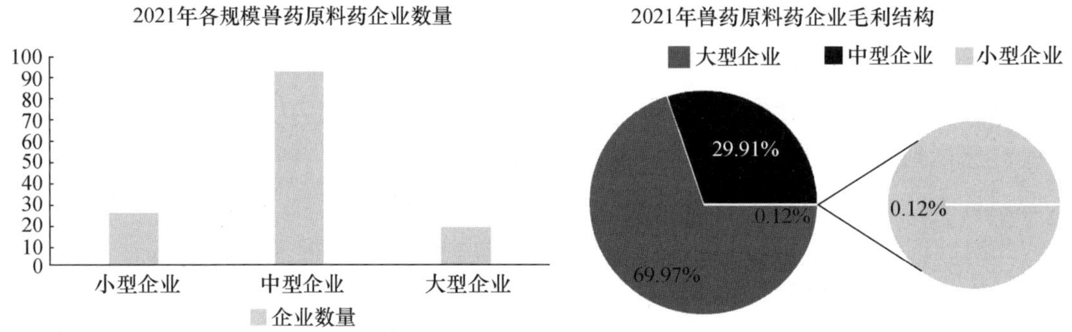

图 1-1-5　2021 年各规模兽药原料药企业数量和毛利结构

（数据来源：国家统计局）

虽然我国兽药行业有了很大的发展，但与我国这样一个畜牧业大国还很不相称，还存在着兽药生产企业规模小、产品结构不合理、研发新药能力弱、新产品少等问题，需要进一步加快发展，赶上和超过世界先进水平。

第二节　农产品与农资营销的特性与发展前景

一、农产品营销的特性与发展前景

（一）农产品市场营销的特点

农产品营销的特点和其他产品营销有很多相似性，但因其生产特点、产品特性和消费特点不同，又有与众不同的营销特点。

1. 消费需求具有普遍性、大量性和连续性

农产品的基础性决定了其在需求上具有普遍性，它在满足人们生活基本需求、美化人们生活等方面发挥着不可替代的作用。不同消费群体在农产品需求普遍性之下又表现出在产品质量、产品价格、产品档次等方面的差异性。例如，我们希望消费的农产品不仅富有营养，还必须安全，也就是希望所购买的农产品都是绿色食品或者是有机食品。另外，由于农产品是人们日常生活所必需的，虽然其生产具有季节性，但农产品的消费却是均衡的，无论是人们的日常消费，还是作为工业生产的原料，是常年和连续的。

2. 农产品品种繁多且可替代性强

一方面，农产品种类规格繁多；另一方面，农产品所含的基本成分类似和基本用途相同，从而造成了农产品之间具有替代性，这些都决定了农产品贸易的复杂性和难度。因此，农产品的生产、运销技术非常复杂，难度很大。可以说，农产品是技术、资金、劳动力集约化程度很高的产业。

3. 农产品产销矛盾突出、价格波动大

农产品的生产有着较强的季节性与地域性，在产地的生产季节，农产品的上市量非常大，时间也很集中。例如，水果的生产旺季大多在每年的 9—12 月，此时上市的果品特别多，梨、柑橘、苹果等大量水果都集中在此时上市，导致价格下降。又如，柑橘一般只能在南方生产、苹果多在北方生产，所以北方市场的苹果价格低，而柑橘价格高；南方市场的情况则相反。由于生产的季节性、地域性等，农产品的价格波动比较大。在供过于求的集中上市季节，产品价格会很低；而在供不应求的淡季，产品的价格会非常高。

4. 农产品的质量受产地因素影响较大

农产品在长期的自然进化过程中形成了与当地自然环境条件相适应的生态习性，因此农产品的质量在很大程度上受产地自然环境因素的影响。同一品种的农产品在不同地方栽培有不同的产品质量。例如，新疆种植的哈密瓜口感可能比在其他地方种植的口感要好。

5. 农产品的储藏、运输难

部分农产品属于鲜活产品，容易腐烂，不易储藏和运输，而且有些农产品单位体积大而价格相对较低，其运输费用相对较高。因此，一方面要采取各种灵活有效的促销手段，制定合理的销售价格，力争就地多销快销，减少产品损耗；另一方面要加强产品的商品化处理，采用先进技术，进行农产品的保鲜和储藏，选择灵活的流通方式，保持畅通的运输渠道，利用便捷的交通工具和运输路线，减少运输损失，以取得较好的经济效益，达到农产品经营企业营销的目标。

（二）农产品营销的发展前景

1. 农产品市场建设发展迅速

我国农产品市场发展迅速，类别繁多，包括粮油市场、蔬菜市场、水产品市场、肉食禽蛋市场、干鲜果品市场等。农产品市场数目基本稳定，交易额稳步上升，这主要是因为我国农产品交易市场在经历了几十年高速增长和规模扩张后，现正逐步实现从数量扩张向质量提升，流通规模上台阶，市场硬件设施明显改善，商品档次日益提高，市场运行质量日趋看好的快速发展阶段。

2. 农产品批发市场成为农产品流通的主渠道

农产品市场覆盖了几乎所有的大、中、小城市和农产品集中产区，基本形成了以城乡集贸市场和农产品批发市场为主导的农产品营销渠道体系，构筑了贯通全国城乡的农产品流通大动脉。目前大、中、小城市消费的生鲜农产品80%～90%是通过批发市场提供的，农产品批发市场的大力发展，对于搞活农产品流通、增加农民收入、满足城镇居民农产品消费需求发挥着积极作用。

3. 以配送超市、大卖场等为主的现代流通方式发展势头迅猛

超市作为一种新型现代营销业态，在近几年也逐步涉足农产品销售领域，成为农产品营销渠道体系里的新成员，并与传统的集贸市场在零售终端展开了激烈的竞争，传统农贸市场的市场地位正在接受挑战；另一方面，南京、广州、武汉、上海等地政府在大力推行“农改超”工程，旨在打造高效安全的农产品营销网络，使之与城市经济发展相适应。

4. 农产品营销中介发展活跃

现阶段，各种农产品购销主体如个体户、专业户、联合体不断发展壮大。依托这些活跃在城乡各地的农产品营销中介组织，使得小规模生产和大市场实现了对接，改变了过去产销脱节的尴尬局面，有效地缓解了农产品销售难的问题。

5. 农产品品牌销售将成为常态

农产品市场营销如果缺少了品牌效应，那么营销成效就会事倍功半。所以，未来的农产品营销必然会向品牌化加以发展，品牌化发展也能给农产品营销带来好的经济利益回报。

6. 农产品网络销售将占据更大市场份额

农产品网络销售就是把网络营销方式运用到农产品销售之中。传统的农产品电商销售流程为：农产品采摘→运输至仓库→发布信息→收到订单→发货，这个周期时间较长，会出现农产品新鲜度无法保障，甚至出现腐烂等情况。而在网络直播中，消费者可以在农产品生长的整个阶段随时下单，在农产品收获时立即寄出，大大缩短了农产品的储存时间。并且，消费者在下完单后，可继续关注自己购买的农产品的生长状况，这也会给消费者带来良好的消费体验。

二、 农资营销的特性与发展前景

（一） 农资营销的特性

农资市场与农产品市场有共同点，又有它的特殊性，由生产者卖出生产资料，农场经营者或农民购买农资，用于再生产，而不是纯消费。我国地域广阔，各地气候差异性大，农产品的生产品种千差万别，形成了农业生产资料在市场营销中的一些特性，主要表现在以下几个方面：

1. 分散性

我国农资市场主要分散在广大农村，虽然农业人口占我国人口总数的 2/3 以上，但散居在不同地域，每户的种植习惯不尽相同，对作物品种等农资产品的需求也各有差异。

2. 季节性

作物的播种期、生长期和收获期有极强的季节性，对土肥条件的要求和病虫害的防治也根据生长期的不同而有差异，尤其是播种期和收获期只有短短的几天时间，这都是由自然条件所决定的。因此，农资市场也具有明显的季节性。

3. 地域性

不同的水肥条件和气候，使作物的种植结构有很大的不同，病虫害发生的种类和数量也不同，各地的农资市场也呈现出明显的地域性。

4. 气候差异性

气候的变化对农资市场的影响很大，气候直接影响农业生产活动。尤其农药需求量波动很大。如气候干旱虫害狂，阴雨连绵病害重。

5. 价格波动性

由于农业生产受各种因素的影响较大，也必然影响到农民对农资产品的需求，因此，农资产品的价格也呈现波动性。当年农产品市场的价格变化，将直接影响来年的投资信心和力度，也影响到对农资产品的需求。

6. 信息的滞后性

我国农村分散在各个不同的地域，交通不便，通信较为落后，大量的信息无法在第一时间到达农民手中，致使农民对农资产品的技术性能、品质特性知之甚少，当地经销商卖什么农资，农民也只能买什么农资，选择的范围很窄。

7. 专业性

根据我国当前从事农业生产的人口状况分析，年龄在 40 岁以上的居多。他们的文化程度普遍不高，对技术较强的农资产品还难以掌握，一些新技术、新品种使用受到不同程度的限制。

8. 管理与种植惯性

受文化水平的限制，农民对作物品种的选择、肥料的用量以及农药的喷施已经习惯，在较短的时间很难改变。农业生产资料的生产企业和经营者，面对地域分散的广大农村市场往往有心服务而力不足。

（二） 农资营销的发展前景

1. 流通环节减少，流通服务效率进一步提高

行业领先的中央或省级流通服务商正逐步将服务重心下移，与种植大户、专业农技服务站开展直接合作。同时，农业集约化和农业现代化的发展趋势，也迫切要求流通服务商提高面向目标客户的服务能力，不断提高流通服务效率。

2. 农资品牌意识需进一步打造和提升

消费者在进行产品选择时，都会关注品牌影响力，但是我国农业企业与知名的消费品牌还有一定的距离。好企业生产好产品，好产品成就好企业，将来也需要有更多的农资知名品牌创新出价值更高的农资产品来。

3. 行业集中度提高，上下游企业互相渗透

为整顿行业的无序状态，构建畅通高效、合理的农资流通体系，商务部、国家发改委等部门联合发文，鼓励现有品牌农资经营企业通过跨行业、跨地区、跨所有制的兼并、联合等形式，进行资产和业务重组，增强核心企业的活力，培育大型农资流通企业。农资流通行业呈现出较为明显的行业集中度提高的趋势，部分领先企业在经营规模扩张的同时，大力开展跨地区并购重组，积极向产业链条上游或下游延伸，提升了抗风险能力和竞争优势。

4. 平台信息化，实现“互联网＋农资”销售

目前领先的农资流通企业针对传统模式的弊端，采取由一级经销商通过配送网络直接对接农资服务站、专业合作社和种植大户，并通过实施农技服务，不断强化自身品牌在农户中的影响力。农资产品品种多、消费季节性强、需求分散，必须依靠强大的信息化系统才能降低运营成本。通过计算机技术、通信技术、网络技术等手段，可以大大加快配送信息的处理和传递速度，使配送效率和反应能力得到大幅提高。

同时，除了在传统的电视和报纸上投放广告之外，还采用专刊、传单、社交网站平台、应用App宣传、邀请热门主播评测等多种有效的传播方式，进行多维平台宣传与发展。

入职培训专题 2
农产品与农资营销组织的管理文化

第一节　农产品与农资企业营销组织的组织构架

以某农资公司为例，组织构架如图 1-2-1 所示。

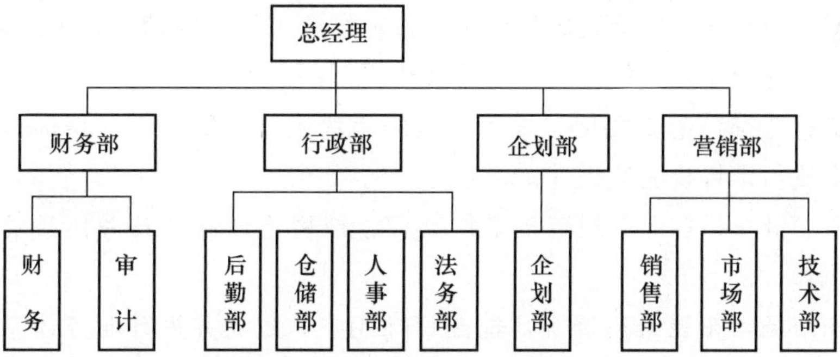

图 1-2-1　某农资公司组织结构图

一、 营销部职责

（1）负责公司的营销工作，参与制订公司发展战略，合理配备资源；

（2）负责编制和组织实施年度营销计划；

（3）负责具体销售合同（订单）的评审与组织实施；

（4）加强所辖营销团队建设，提升团队业务能力，做好后备力量的选拔工作；

（5）根据公司的发展战略，提出合理的营销模式；建立合理、有效的营销渠道；

（6）有步骤、有计划地完成销售任务；

(7) 进行全面的市场调研工作，了解用户的需求，准确选择目标，通过市场分析及市场预测，准确把握市场定位，提出并制定合理的价格体系；

(8) 有目的地调整市场战略计划；

(9) 加强网络、平面媒体宣传，提高品牌知名度，塑造企业产品形象；

(10) 及时了解市场需求变化，为公司技术研发部开发、改进产品以提供真实可靠的信息；

(11) 用科学的管理方法，保持良好的客户关系，完善售后服务体系；

(12) 负责销售款项的催缴。

二、 营销副总经理的任职要求和工作职责

参与公司重大经营决策过程，负责全公司营销网络建立、市场开发、产品销售、物流配送等方面的管理工作。

1. 任职要求

(1) 有五年以上带领团队的行业经验；

(2) 农学、园艺、植保、市场营销专业优先；

(3) 具有很强的市场开拓能力、规划能力和带领队伍的能力。

2. 工作职责

(1) 负责公司市场销售、战略布局及销售团队的管理；

(2) 根据公司整体的经营策略与市场定位，结合市场实际情况，组织调研并制订、实施市场发展规划及年度销售计划并推动落地执行；

(3) 负责打造符合企业文化与未来发展的销售团队，组织实施培训，帮助实现业务人员综合素质与销售技能的提升；

(4) 建立、健全销售业务规范及工作流程、销售管理制度及考核激励政策，组织落实并监督执行；

(5) 开拓市场，拓展渠道资源，挖掘目标用户，建立并提升业务体系，不断建立更多优质客户的合作，实现共赢、持续的目标；

(6) 分析销售市场潜力、销售数据和费用情况；

(7) 时刻关注并致力于提升企业的综合市场营销竞争力和比较优势；

(8) 遵守公司相关管理制度及考核方法，完成公司安排的其他工作等。

三、 市场部经理的任职要求和工作职责

全面负责公司市场巡查及推广工作，为产品的顺利销售打开通道，使公司产品顺利推向市场。

1. 任职要求

(1) 农学、园艺、植保、市场营销专业优先；

（2）有 3 年以上市场管理、营销工作经验；

（3）有一定的组织策划能力、开拓市场能力。

2. 工作职责

（1）全面计划、安排、管理市场部工作；

（2）制订年度、季度、月度工作计划，详细规划季度月度任务分配，制订工作详细方案，并按规划开展工作；

（3）协助营销副总经理制订企业市场营销策略和营销计划；

（4）组织本部门人员开展市场调研工作，及时掌握市场信息，收集、汇总、分析调研材料并撰写相应的调研方案；

（5）按照市场推广计划组织市场推广活动，审核市场推广方案；

（6）制订各项推广费用的申报及审核程序；

（7）审核农产品与农资活动的组织策划及各项宣传活动的设计工作；

（8）负责本部门的公共关系，搞好与当地政府、金融、媒体等机构的关系，树立公司形象；

（9）与销售部做好日常沟通，定期或不定期组织开展市场情况的分析与讨论；

（10）拟订并监督执行新产品上市计划和预算；

（11）完成上级交办的其他事项。

四、 销售部经理的任职要求和工作职责

组织部门人员完成销售计划，管理销售工作，完成公司制订的各项销售指标。

1. 任职要求

（1）农学、园艺、植保、市场营销专业优先；

（2）有 3 年以上市场管理、营销工作经验；

（3）有一定的组织策划能力、开拓市场能力和良好的沟通能力。

2. 工作职责

（1）全面计划、安排、管理本部门工作；

（2）负责组建和管理销售及组织架构体系，并负责对销售部人员进行招聘、培训、指导、管理和监控，确保销售队伍的数量和质量；

（3）制订并完善销售部管理制度，执行效果负全责；

（4）依据公司销售网络发展计划，加强市场建设，确保本部门零售网络建设的数量和质量，本部门零售网络的建设、维护和发展负全责；

（5）定期召开销售部会议，确保有效及时地开展工作，宣传新计划，寻求新机会，培训具有现代销售意识的销售队伍，树立团队精神；

（6）负责对销售费用预算及销售合同的审定与监控，并对销售的货款回收负责；

（7）负责销售市场一线信息的及时收集、分析与反馈，并根据分析结果及推广计划做出销售月滚动销售预测，对此销售预测的真实、准确、及时、有效负全责；

（8）根据销售计划编制年度营销成本预算，有效进行成本控制；

（9）完成上级交办的其他事项。

五、 销售业务员的任职要求和工作职责

1. 任职要求

（1）园艺、植保、农学、市场营销专业优先；

（2）有园艺产品、农产品与农资销售经验；

（3）能吃苦耐劳，善于沟通。

2. 工作职责

（1）负责产品的市场渠道开拓与销售工作，执行并完成公司产品年度销售计划；

（2）完成上级下达的销售回款与工作目标，扩大产品市场占有率；

（3）与客户保持良好沟通，实时把握客户需求，不断开拓业务渠道；

（4）能够进行市场调查，并撰写市场调查报告；

（5）动态把握市场价格，定期向公司提供市场分析及预测报告和个人工作周报；

（6）负责对货物的搬运及协助保管员的盘点；

（7）收集一线营销信息和用户意见，对公司营销策略、售后服务等提出参考意见；

（8）在所辖的县级市场完成乡镇市场的分销与县级市场的铺货陈列等工作，做好网点进货记录，即时配送到位，出现问题及时汇报、请示并处理；

（9）认真贯彻执行公司销售管理规定和实施细则，努力提高自身业务水平。

第二节　农产品与农资企业营销的营销模式

一、 连锁营销模式

1. 连锁经营的概念

农产品与农资连锁经营即在乡镇采用加盟和培训的方式物色农产品与农资连锁经营者，由连锁公司总部配送各种品牌的农产品和农药、化肥、种子等农业生产资料，然后由农产品或农资超市分散经营，由总公司统一采购、统一配送、统一标识、统一经营方针、统一服务规范和统一价格的一种经营模式。该模式是对传统农产品与农资经营模式的一种变革，用于遍布各级乡村的连锁店。以电子网络为载体实施物流配送，实现经营管理标准化、规范化的要求。

2. 我国农产品与农资连锁经营状况

我国农业连锁经营发展于 20 世纪 80 年代中后期。经过多年的发展，已成为我国重要的商品流通方式。农资连锁行业上游主要包括化肥、种子、农药、饲料等农资生产企业；中游为农资连锁经营企业；下游行业为农业、畜牧业和工业。其中下游应用行业主要为农业，农业生产对农资的需求和农资连锁行业的发展至关重要。农资连锁产业链见图 1-2-2。

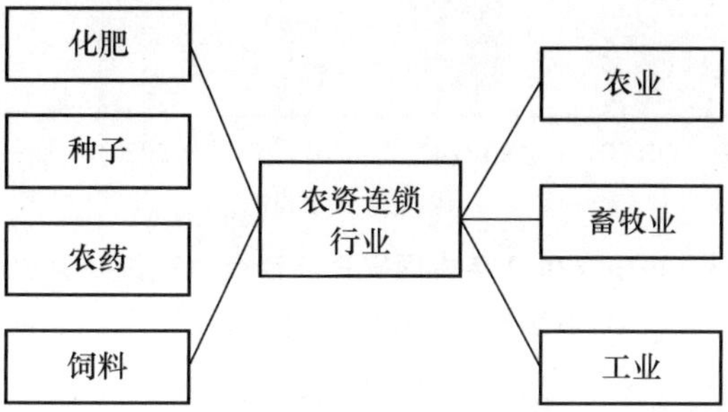

图 1-2-2 农资连锁产业链

近年来我国政府对“三农”问题和粮食安全问题一直高度重视，农业对农资的需求持续稳定增长，为农资连锁行业创造了良好的发展环境。

目前我国农资连锁企业主要分布在重庆和河北。其中优秀农资企业主要有：南京红太阳股份有限公司（红太阳）、湖北新洋丰肥业股份有限公司（新洋丰）、浙农集团股份有限公司（浙农股份）、中农发种业集团股份有限公司（农发种业）、江苏省农垦农业发展股份有限公司（苏垦农发）、安徽辉隆农资集团股份有限公司（辉隆股份）等。

2016—2020 年我国农资连锁经营行业销售额整体呈现增长态势。具体来看，2016—2018 年我国农资连锁经营行业销售额不断增长，在 2019 年出现大幅下降，但进入 2020 年销售额有所回升。数据显示，2020 年我国农资连锁销售额为 1692 亿元，较 2019 年同比增长 8.88%。2022 年中国农资连锁经营行业销售额达 1 744 亿元。2016—2022 年中国农资连锁行业销售额现状及预测见图 1-2-3。

二、 驻点营销模式

1. 驻点直销模式的内涵

驻点直销，就是厂方在市场上选择好合作对象后，把自己的销售员派到商家驻点，在商家所在地租用仓库储存产品，与商家共同定价，联手促销。未销产品产权属于厂方，已销产品商家则需及时将货款回笼给厂方，厂方按实际售出的联销数量，给商家支付“联销利润”。这即是“厂商合作，驻点联销；精心布局，共拓市场；产权货款，厂房所有；保利商家，守约结算”的经营模式。

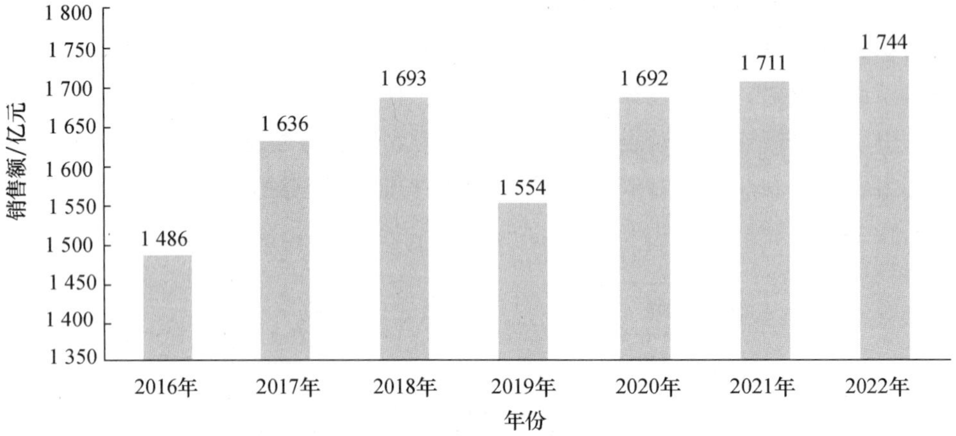

图 1-2-3　2016—2022 年中国农资连锁行业销售额现状及预测

（数据来源：国家统计局，2022 年）

2. 驻点直销模式的做法

（1）厂家派出自己的销售员到市场上，一般是到县城，选择一个经销单位，作为厂家的“联销商”，这个“联销商”就是厂家开拓这块市场的依托和依靠。

（2）厂家选定“联销商”后，在其所在地选租仓库，把自己的产品发到“专用库”储存，专供联销到库提货，根据行情，共定销价，共打市场。这样，由生产厂、联销商、网点零售商三家组成的销售渠道和销售网络就形成了，三家联力联心，联手促销，共建市场。

（3）到销售季结束时，进行总结算。

概括地说，驻点直销模式就是：厂家出产品、出销售人员、出营销方法，打商家旗号，用商家设施，厂商合作。它形式上是“联力联销”，实质上是“借力自销”。

三、网络营销模式

（一）农产品网络营销

农产品网络营销又称“鼠标＋大白菜”式营销，主要是利用互联网开展农产品的营销活动，包括网上农产品市场调查、促销、交易洽谈、付款结账等活动。

农产品网络营销模式主要有网上农贸市场、网上农产品专业批发大市场、网上连锁店和网络直销等。

（二）农资网络营销

农资网络营销就是利用互联网开展农资产品的营销活动。主要有 5 种营销模式。

1. 云农场

云农场是国内成立较早的一个网上农资交易及科技服务平台，主要为农民提供化肥、种子、农药、农机交易及测土配肥、农技服务、农场金融、乡间物流、农产品定制化等多种增值服务，并建立 24 h 在线客服体系。目前在全国已建立 200 多家县级服务中心，2 万余家村级服务站。

2. 农一网

农药电子商务平台农一网首创“县域工作站＋乡镇服务专员＋村级代购员（点）”的三级构架“农一模式”。通过发展村级代购员（点），帮助农民在线下单购买、农药品牌推广及产品知识的普及、植保信息及方案的推广实施等，实现电商落地和线下服务。目前已建立工作站 700 余家、村级代购员（点）约 4 000 人。

3. 农医生

2014 年 11 月，首创移动互联网远程诊断技术服务模式的手机 App“农医生”正式上线，它建立了种植户与专家对话的平台，实现了农业病虫害远程诊断的目的。作为开放共享、互动免费的农技服务平台，农医生上线至今已认证专家 10 万人，注册用户突破 500 万。

4. 蜻蜓农服

2015 年 3 月，江苏克胜集团发布了“蜻蜓农服”农业服务交易平台。主要内容包括综合植保服务、农资超市、锦绣农场、互联网农村金融、乡村旅游等，目前正广泛吸引为农服务机构、农业科研院所、农资厂商、农产品平台、文化创意团队进入。

5. 点豆网

目前上线的综合性涉农电子商务交易平台点豆网以 PC、移动 App、物联网三网合一推广运营模式服务三农，“一村一站”智慧农业服务站实现商品直达，通过“线上自助下单体验”和“线下专有直达配送”的线上线下无缝对接模式，有效降低农资产品购买成本。

第三节　农产品与农资企业营销组织的管理文化

1. 核心理念

随着农产品与农资行业的日益发展，企业文化逐步成为企业核心竞争力的重要组成部分，为推动企业健康持续发展提供了思想保证、精神动力和智力支持。以某农资营销公司为例，其企业文化核心理念包括：创新、诚信、共赢、责任四项内容。创新是企业发展的原动力，并引导企业追求卓越，在创新中实现健康快速发展。比如山东金正大、深圳芭田、湖北祥云等生产企业通过市场营销、企业管理、产品研发，甚至在农化服务中无处不渗透着创新，无时不体现着创新。除了创新、诚信、共赢、责任等内容外，一些企业还将感恩、发展、环保、打造品牌作为核心理念，如贵州开磷、江西开门子、邢台威远农资等企业把感恩文化延伸到员工家属和社会，服务社会，回报社会。

2. 企业经营宗旨

企业经营宗旨体现涉农企业特点。例如一些农产品与农资企业以“服务三农”或“为农服务”为经营宗旨；还有一些企业以“诚信经营”“诚信为本”或“诚实守信”为经营宗旨；另外一些企业以“造福社会或奉献社会”为经营宗旨。

3. 企业文化建设的具体内容

农产品与农资企业主要通过开展团建活动、建设学习型企业、承担社会责任、编写宣传文化故事等方面内容进行文化建设。企业文化建设不仅有对员工物质上的关怀，更有立足培养员工实现自我价值的文化理念，把员工的个人发展与企业的远景目标有机统一起来，促进企业和员工共同发展。比如四川美丰、湖北新洋丰、安徽司尔特、中盐红四方等都开展多种活动，教育、培训企业员工，帮助员工全面提升科学文化素质和职业技术水平。

第二部分

The second part

认识岗位

The second part
The second part
The second part

入职培训专题 1
认识学徒业务岗位

在充分调研基础上，校企双方共同制订人才培养方案，根据学徒制培养目标确定市场营销岗位职业能力对应的课程体系，调整课程内容，共同开发农产品与农资营销学徒制课程。企业负责实践课程项目任务，学校根据任务相应调整对应的教学内容。学校以理论教学和技能训练为主，聘请企业兼职教师参与，企业以农产品与农资行业销售岗位为标准培养销售员。学徒在师傅的带领下，能够进行市场调研与分析、农产品及农资销售、市场推广等工作。学徒不但要掌握一定的专业知识和实践技能，还应具备从事农业职业活动所遵循的思想和行为规范，诚实守信、关注时政、爱岗敬业、善于沟通和团队合作等良好的职业素质。

（1）农产品与农资营销岗位标准（详见附录 1）；

（2）农产品与农资营销岗位学徒课程标准（详见附录 2）；

（3）农产品与农资营销岗位学徒师傅聘任标准与教学指导工作规范（详见附录 3）；

（4）农产品与农资营销岗位学徒选拔与学习守则（详见附录 4）。

入职培训专题2
岗位工作技术设备与安全生产

一、岗位工作技术设备

根据农产品与农资销售岗位工作环境和工作内容，常用的或者经常接触的产品及设备包括各种农产品、农药、种子、化肥、兽药、饲料等农资产品、植保机械、打药设备、拌种设备、犁地设备、灌溉设备、检测工具、机动车辆等。

二、安全生产要求

（一）业务安全

(1) 务必保管好公司涉密文件；

(2) 未经授权或批准，不得对外提供含有公司机密的文件或其他未公开的经营状况、财务数据等；

(3) 对非本人职权范围内的公司机密，应做到不打听、不猜测、不传播；

(4) 发现有可能泄密的现象应立即向有关上级报告；

(5) 学徒在企业期间不得将单位的任何保密资料进行转存携带；

(6) 学徒在企业期间不得私自将实习单位的内部资料以任何方式透露给他人。

（二）技术设备使用安全

(1) 在使用技术设备之前，必须认真阅读技术设备使用说明书，牢记正确的操作和作业方法；

(2) 充分理解警告标签，经常保持标签整洁，如有破损、遗失，必须重新订购并粘贴；

(3) 技术设备使用人员必须经专门培训，取得驾驶操作证后，方可使用农业机械；

(4) 严禁身体感觉不适、疲劳、睡眠不足、酒后、孕妇、色盲、精神不正常及未满 18 岁的人员操作机械；

（5）驾驶员、农机操作者应穿着符合劳动保护要求的服装，禁止穿凉鞋、拖鞋，禁止穿宽松或袖口不能扣上的衣服，以免被旋转部件缠绕，造成伤害；

（6）除驾驶员外严禁搭乘他人，座位必须固定牢靠。农机具上没有座位的位置严禁坐人；

（7）在作业、检查和维修时不要让儿童靠近机器，以免造成危险；

（8）不得擅自改装技术设备，以免造成机器性能降低、机器损坏或人身伤害；

（9）不得随意调整液压系统安全阀的开启压力；

（10）相关设备不得超载、超负荷使用，以免机件过载，造成损坏。

（三） 自身安全

（1）学徒在校或在企业期间不论有无驾照均不允许驾驶机动车辆；

（2）上下班期间严格遵守交通规则，避免发生人身意外；

（3）在工作场所戴好防护用具，注意个人及他人安全；

（4）晚上 8 点后不单独外出。坚决杜绝夜不归宿，有一次夜不归宿立刻终止学徒阶段，并按照学院管理规定处理；

（5）学徒在企业期间做好水、电、暖安全，上班前、睡觉前检查宿舍水、电，确保安全；

（6）做好防火工作，不使用大功率电器。

入职培训专题3

岗位业务能力要求和培养目标

一、 岗位知识要求

（1）了解市场营销环境，掌握市场营销环境分析的基本策略；

（2）掌握消费者需要、动机和消费者行为分析的理论和方法；

（3）掌握市场细分的基本理论、目标市场策略、市场定位策略的基本知识；

（4）掌握农产品与农资产品策略、价格策略、分销策略、促销策略的基本知识；

（5）掌握农产品与农资市场营销战略和营销控制的基本知识。

二、 岗位能力要求

（1）要了解行业现状及发展趋势；

（2）要有爱岗敬业的精神、诚实守信的品格、良好的思想道德素质和强烈的法律意识；

（3）熟悉产品特性、性能指标，掌握市场营销过程，具备在工作中发现问题、解决问题和分析问题的能力；

（4）具备市场调研和分析总结的能力，具备团队协作意识；

（5）具有良好的沟通能力，能够较好地完成工作任务。

三、 岗位技能要求

（1）能够进行农产品与农资市场调研，能够根据调研结果分析企业所面临的机会与风险；

（2）能够初步对客户群体、竞争者进行分析；

（3）能够组织实施品牌和产品的线上线下推广和促销活动；

(4) 能够制订和运用市场营销组合策略；
(5) 能够对客户关系和销售进行日常管理；
(6) 能够对中小微企业或零售门店进行营销活动策划并组织实施；
(7) 树立正确的市场营销观念，具备观念创新意识。

四、 岗位职责要求

(1) 搜集及分析市场相关信息，能够提供开发新渠道新思路的建议及方案；
(2) 及时反馈客户意见，把握市场动向，与公司内部各部门密切沟通；
(3) 负责制订、策划所负责区域的月、季、年的销售计划和方案；
(4) 根据区域任务，进行市场拓展，达成销售业绩指标；
(5) 负责维护市场渠道，建立良好的合作关系；
(6) 负责监督并实施公司产品销售工作，开发新市场、布局和造势工作；
(7) 负责部门沟通，做到承上启下的作用，处理销售人员阶段性的培训工作；
(8) 负责调整各渠道经销商，做好客户原始档案的初步建立及保管工作；
(9) 负责掌握客户的款项结算情况，及时跟踪，和财务部密切协作。

入职培训专题4
制订学徒培养计划

一、 学徒工作计划

农产品与农资市场营销的主要工作内容包括以下：

1. 制订营销环境调研计划

在师傅指导带领下，制订农产品与农资企业宏观和微观营销环境调研计划，为企业分析营销环境对其影响的方式和程度。

2. 市场调研

进行市场调查和预测，掌握市场需求状况及其变化趋势、发展动向；了解市场供给情况，掌握竞争对手动向和竞争的变化趋势；做好销售统计，积累基础资料。根据市场信息和历史统计资料，进行预测预报。

3. 资料归纳整理

在师傅指导带领下，掌握信息整理的方法，能够运用各种统计图表和计算机软件进行调研数据的整理。

4. 环境分析

部门主管组织营销人员开展此项工作，利用统计、列表、作图等方法把收集来的信息进行整理、分析企业面临的是机会还是挑战，反映了企业的优势还是劣势。

5. 撰写环境调研报告

在师傅的带领下，根据调研目标和调研内容拟定企业调研报告大纲，熟悉调研报告的书面表达规范、包含要素和框架结构；撰写市场调研报告，汇报提纲。

6. 目标市场选择

在市场调研的基础上，进行市场态势的分析；细分市场，确定目标市场和重点市场；制订开辟、占领和扩大市场的战略和策略。

7. 撰写目标客户分析报告

通过对客户资源全面情况、消费者需求分析、消费者购买行为分析、目标客户信息及目标客户服务方面问题的调查分析，掌握目标客户调查报告的撰写要点。

8. 产品开发

根据市场调查取得的需求信息，及时向技术开发部门和生产制造部门提出开发和生产适销对路的新产品的建议；参与商标和包装的设计工作，制订有关商标和包装的战略与策略。

9. 产品宣传策略

在师傅的带领下，进入市场获取需求信息，掌握主要宣传媒体的特点；能够根据农产品与农资产品特点选择合适的宣传媒体；能够及时发现不同阶段的市场需求和竞争环境的变化，提出相应的产品宣传策略建议，完成产品宣传。

10. 产品定价

在师傅指导带领下，针对不同的农产品与农资产品，能使用不同的定价方法，同时能运用不同的定价策略，开展公司产品的定价和调价活动。

11. 销售渠道选择

根据企业营销队伍情况和产品特点，正确选择营销方式和销售渠道，制订正确的渠道战略和策略。

12. 产品促销

根据企业产品特点和经营实力，做好产品的广告和宣传工作；做好公共关系工作，人员推销工作和营业推广工作；制订相应的广告战略与策略，公关战略与策略。

13. 产品储存和运输

组织好产品的入库、保管、出库和发货运输工作；有些产品需要在销售地点适当储备，也需要做储存和保管工作，调节好各地产品的供需平衡。

14. 承接订货和销售服务

承接客户订货，签订各种合同，加强对合同的管理，认真履行合同；做好售前、售时和售后的各项服务工作；制订有效的服务战略和策略。此外，还须协调好与流通部门各个环节的关系，正确处理好产销矛盾。

二、 学徒学习计划

学徒学习计划见表 2-4-1。

表 2-4-1　学徒学习计划

工作任务	学习内容	学习形式
企业岗前培训	1. 企业文化管理； 2. 企业财务管理； 3. 人力资源管理； 4. 业务培训。	专题讲授式学习 1. 由企业各部分主管按照新员工标准进行轮训； 2. 在企业师傅的带领下制订学徒期间的工作计划、学习计划和专题研修计划。
制订营销环境调研计划	在师傅指导带领下，制订农产品与农资企业宏观和微观营销环境调研计划，为企业分析营销环境对其影响的方式和程度。	工作指导法、讨论法、查资料法。 由公司营销部或企划部负责此次调研，成立调研小组，安排调研任务，调研人员由销售员组成，调研内容包括政府部门和有关机构的公开资料进行查阅和资料的收集，对消费者、中间商等问卷调研。
市场调研	市场调研内容： 1. 农业资源，包括自然资源（气候、土地、水资源等）和社会资源（人口、劳动力、资金、交通、物质技术装备等）； 2. 农业生产调查，包括农业生产总值、收入构成、农业用地、当地的政策、优惠条件等； 3. 农产品与农资市场调研，包括市场需求、价格、新产品发展趋势、营销渠道、竞争情况等。	工作指导法、讨论法、查资料法。 1. 根据公司年度营销计划，由企业师傅培训指导和安排本阶段的业务工作，在师傅的指导下，讨论、查资料完成市场调研； 2. 在师傅带领下走访调研对象，了解获得相关信息； 3. 在师傅指导下，完成市场调研报告，并能够初步分析。
资料归纳整理	在师傅指导带领下，掌握信息整理的方法，能够运用各种统计图表和计算机软件进行调研数据的整理。	1. 根据调研目标和调研内容，由销售经理组织营销员从市场调查资料中选取一切有关的、重要的参考资料； 2. 将挑选出来的全部资料按照一定的逻辑顺序排列，使之前后连贯、一致，并且根据实际需要，将其中某些数据进行换算或调整，以便进行比较，调研数据可以用 Excel 电子表格软件完成。
环境分析	1. 分析环境因素； 2. 构造 SWOT 矩阵； 3. 制订行动计划。	部门主管组织营销人员开展此项工作，利用统计、列表、作图等方法把收集来的信息进行整理、分析企业面临的是机会还是挑战，反映了企业的优势还是劣势。
撰写环境调研报告	1. 熟悉调研报告的书面表达规范、包含要素和框架结构； 2. 撰写市场调研报告； 3. 汇报提纲。	网络培训、现场指导、训练法、讨论法等。 在师傅的带领下，能够根据调研目标和调研内容拟定企业调研报告大纲，并组织相关人员讨论修改，完成调研报告的撰写工作。

续表 2-4-1

工作任务	学习内容	学习形式
目标客户分析	1. 消费者的需求分析； 2. 消费者的购买行为分析。	1. 通过网络学习，了解市场细分标准、市场定位的方法等； 2. 在师傅的带领指导下，对市场进行划分和选择目标市场； 3. 与师傅一起进入市场，查看市场情况，对市场进行定位。
撰写目标客户分析报告	通过对客户资源全面情况、客户关系、客户信息及客户服务方面问题的调查分析，掌握客户调查报告的撰写要点。	部门主管组织相关人员撰写，做好分工，每部分的写作格式、文字数量、图表和数据要协调一致。初稿征得各方意见修改后，就可以定稿。
产品定位及产品创意设计	1. 产品的功能属性定位； 2. 产品的产品线定位； 3. 产品的外观及包装定位； 4. 产品卖点定位； 5. 基本营销策略定位； 6. 品牌属性定位。	通过调查访问、资料整理，找出产品特性，分析消费者选择本产品的动机，通过比较，分析产品的潜在性能，完成定位。
产品宣传策略	1. 掌握主要宣传媒体的特点； 2. 能够根据农产品与农资产品特点选择合适的宣传媒体； 3. 能够及时发现不同阶段的市场需求和竞争环境的变化，提出相应的产品宣传策略建议。	网络培训、现场指导、训练法、讨论法等。 1. 通过网络学习，了解公司产品，产品宣传的步骤、内容、产品设计、制作工艺流程等； 2. 通过研讨式学习，向技术开发部门和生产制造部门提出开发和生产适销对路的新产品的建议；参与商标和包装的设计工作，制订有关商标和包装的战略与策略； 3. 在师傅的带领下，进入市场获取需求信息，完成产品宣传。
产品定价	1. 确定定价目标； 2. 确定需求； 3. 估计成本； 4. 分析竞争者产品成本和价格； 5. 选择定价方法； 6. 确定最终价格。	讨论法、训练法、现场指导、角色扮演法等。 1. 由公司负责领导确定定价目标； 2. 组织同一部门进行讨论，估计成本、分析竞争者产品成本和价格、本产品优势等； 3. 与师傅一同进入市场，在师傅的带领下，搜集信息资料，掌握产品价格行情等； 4. 把收集的信息上报部门领导，确定最终价格。
销售渠道选择	1. 销售渠道形式的确定； 2. 分销渠道类型； 3. 销售渠道的因素。	网络培训、现场指导、训练法、讨论法等。 1. 通过网络学习，了解销售渠道的形式、类型等； 2. 在师傅的带领指导下，完成批发市场、农超、社区等渠道的走访，确定渠道类型； 3. 通过走访批发商、零售商、代理商等，了解渠道产品，掌握渠道信息。

续表 2-4-1

工作任务	学习内容	学习形式
产品促销	1. 做好产品的广告和宣传工作； 2. 做好公共关系工作； 3. 做好人员推销工作和营业推广工作；并制订相应的广告战略与策略。	网络培训、现场指导、训练法、讨论法等。 1. 通过网络学习，掌握农产品与农资促销的方式与特点，促销活动形式等； 2. 在师傅的指导下，能够运用广告开展农产品与农资宣传，进行人员推销； 3. 通过讨论、模拟、走访等途径，学习本公司产品的促销方法，开展各项促销工作，制订相应的广告策略。
编制产品营销策划方案	1. 分析营销机会； 2. 明确营销战略； 3. 制订营销方案； 4. 营销过程管理。	销售部组织相关人员进行市场调查，分析营销环境，确定企业营销目标。对于企业的每一个目标，至少应该有一个营销战略。然后把实施这个营销战略的所有步骤列出来，从最后一个步骤开始返回检查，任命负责的人员确定起止时间，并计算出完成这个步骤所需的成本。
产品储存和运输	产品的入库、保管、出库和发货运输工作。	网络培训、现场指导、训练法、讨论法等。 1. 通过网络自学，了解农产品与农资存储方法、注意事项及公司仓储管理制度等； 2. 在师傅的指导下，完成产品的出入库登记、盘点、验收等。
承接订货和销售服务	1. 承接客户订货，签订各种合同，加强对合同的管理，认真履行合同； 2. 做好售前、售时和售后的各项服务工作；制订有效的服务战略和策略。	网络培训、现场指导、训练法、讨论法等。 1. 通过网络培训，掌握合同的签订方法，产品的销售服务； 2. 在师傅的指导下，承接客户订货，签订各种合同，认真履行合同； 3. 在师傅的带领下，完成售前、售中和售后的服务工作，制订有效的服务战略。
学徒培养总结	学习总结。	网络培训、现场指导、训练法、讨论法等。在企业师傅和学校老师的双重指导下，学徒系统地总结学徒期间计划完成的情况，形成学徒学习总结。

三、 专题研修计划

（一） 研修目标

通过学习，掌握农产品与农资营销理论知识与操作技能。

具体要求：掌握农产品与农资产品特性、市场营销环境、消费者需要、动机和消费者行为、市场细分等基本理论，并能够结合实际，有针对性地设计和开展问卷调查、进行环境分析、能够参与销售目标制订，掌握销售流程，能够撰写比较规范的市场调研报告、销售方案和营销策划书，并且在师傅的带领下，能够参与产品宣传、定价、渠道、促销等各个环节；保质保量完成任务。

（二）研修内容

1. 基础知识培训

（1）作物栽培基础知识　当地主栽农作物品种的生物学特性、栽培模式、肥水需求等基本情况培训；

（2）植物保护基础知识　当地主要病虫草害的种类、症状特点、生物学特性、防治习惯、防治手段等；

（3）产品培训　本企业主要产品种类、产品特点、使用方法、注意事项等；

（4）市场营销　营销环境、市场细分、目标市场和产品定位、中间商选择、营销策略等。

2. 技能培训

（1）作物品种识别　对当地主栽作物的品种识别进行培训；

（2）植物病虫害识别与防治　当地主要病虫草害种类、为害特点、识别要点、发生情况及防治技术进行培训；

（3）产品　本企业的产品种类、使用方法、注意事项、卖点等方面进行培训；

（4）市场营销　市场调查、撰写调研报告、拜访客户、产品宣传、定价、促销等方面的培训。

3. 具体措施及安排

（1）每周自学各类理论知识，并做好要点笔记；

（2）理论和实践相结合，不断进行总结经验，及时纠正错误方向，通过定期或不定期的交流与汇报来提高自己；

（3）严格要求自己，绝不松懈。

The third part

The third part

第三部分

学徒工作学习任务

The third part

The third part

项目一 农产品与农资企业宏观营销环境分析

【项目描述】

企业在进入一个市场之前，应首先从营销环境分析入手，了解所处环境给自己带来的机会与挑战、前景与风险。市场营销环境分析是市场营销决策的基础，缺乏科学、详细的市场营销环境分析，往往是导致营销活动失败的根本原因。研究营销环境的目的在于通过对环境变化的观察与分析，发现企业发展面临的机会，从而调整营销策略以适应环境的变化。

对农产品与农资经营企业而言，宏观环境是不可控制的，企业乃至企业所处的微观环境均受宏观力量的控制，它们能给企业提供机会的同时也可能造成危机，加强研判、顺势而为是农产品与农资经营企业的重要策略选择。

【专业知识准备】

一、 农产品与农资市场营销环境

市场营销环境是指与企业市场营销有关的，影响产品的供给与需求的各种外界条件和因素的综合。它包括内部环境和外部环境或宏观环境和微观环境。营销环境见图3-1-1。

企业市场营销工作的实质就在于通过调节企业内部可控制的因素去积极地而不是被动地适应外部不可控制的因素，能否发现、认识且适应环境的变化，关系到企业的生存与发展。要善于监测、把握环境因素的变化，并从中抓住市场机会，避开或减轻市场威胁。

（一） 市场营销环境分析的程序

(1) 利用市场情报和市场调研等方法科学收集关于营销环境的信息，采用定性分

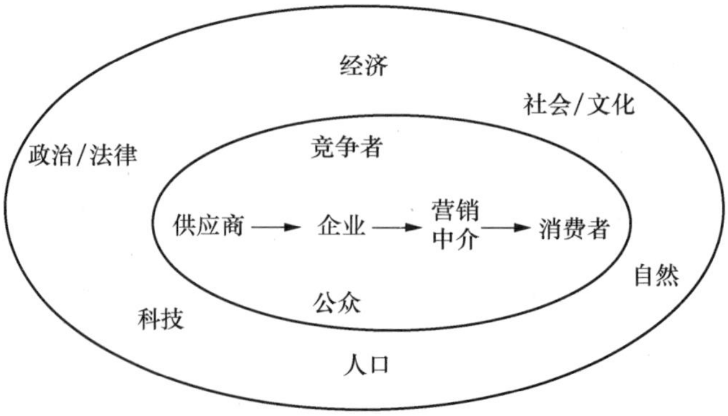

图 3-1-1　营销环境

析与定量分析相结合的方法对环境因素的变化趋势及不连续变化的转折点做出科学预测；

（2）进一步分析环境因素的变化对企业可能受到的威胁以及可以利用的机会；

（3）最后结合企业现状，提出营销环境分析的结论及企业适应未来环境变化的设想，为企业制订营销战略提供有价值的参考性意见。

（二）　市场营销环境的构成要素

1. 宏观市场营销环境

是指间接营销环境对营销活动的影响，是能够影响整个微观环境的社会因素，包括人口、经济、政治、自然、法律、社会文化和科学技术等因素。

2. 微观市场营销环境

又称直接营销环境，是指与农产品或农资经营企业营销活动有密切关系的环境因素，如农资供应商、竞争者、顾客等。

二、　农产品与农资企业宏观环境分析

农产品与农资企业宏观环境，是指那些给企业造成市场机会或环境威胁的主要社会力量，主要体现在经营企业的营销活动与宏观环境的适应性上。农产品与农资经营企业只有不断适应宏观环境的变化，才能保持旺盛的生命力，在竞争中处于不败之地。主要包括：

（一）　人口环境

人口环境主要有人口规模、地理分布、年龄分布、迁移状况等因素。人口规模制约着个人或家庭消费产品的市场规模。人口的地理分布决定消费者的地区分布。消费者地区分布密度越大，消费者的嗜好也越多样化，对市场的商品选择性也越大，这就意味着出现多种多样的市场机会。年龄分布决定以某年龄层为对象的产品的市场规模。各年龄成比例发生变化，市场规模将随之变化，对于以特定年龄层顾客为对象的企业

来说将成为市场机会或威胁。例如，城镇化是中国最大的内需所在，每年都有上千万的人口从农村向城市转移，必然带来劳动生产率和城市集聚效益的提高，为农业现代化创造条件。城镇农贸市场或者大型超市还有持续建设或者升级改造的空间，以满足新兴区域居民农产品消费需求。此外，农贸市场面对老龄化发展趋势时，在设计上要考虑中老年人需求，可以结合更多社区型服务，比如社区一站式购买、方便菜销售等。

（二） 经济环境

经济环境直接影响到农产品与农资经营企业的经济效益。近几年，对于“三农”问题，政府投入了更多的精力和支撑，有效地促进了农民的生产活动，其收入也因此不断提升，从而带来了更高的购买力。除此之外，中央也为农村投入了支持力度，一方面对生产积极性和农民收入产生了积极影响，使农村经济呈现出大好趋势；另一方面也令农产品与农资产品的经营有所促进。中国人民银行也做出了支持农村发展的举措，在信贷投放力度上对新型农业经营主体有所提升，贷款期限也相对放宽，这能有效地适应农业的生产周期，推动现代化农村建设和适度规模经营；同时，金融服务的完善带来农村经济的增长，在农民融资成本下降、农产品消费收入等方面具有重要意义。

现阶段，我国农村呈现出较好的经济形势，企业营销必须在一定的经济环境下展开，因此在进行营销活动前需全面了解、分析经济环境（图 3-1-2）。经济环境包括：

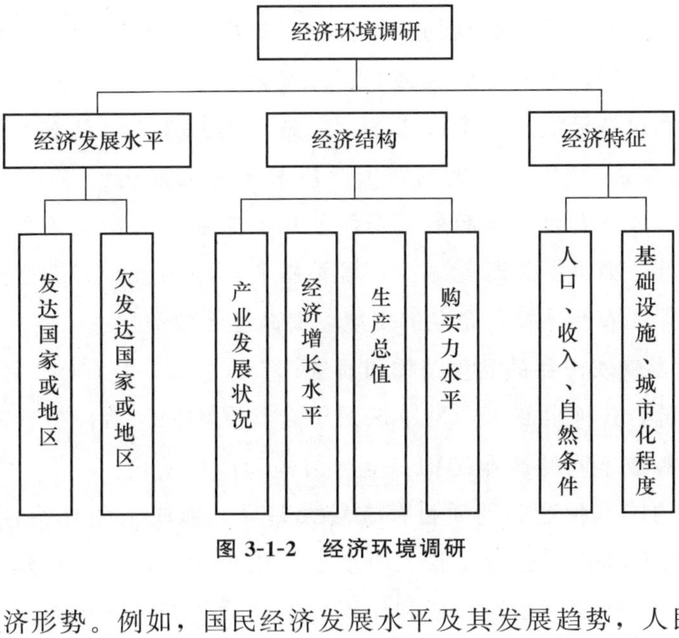

图 3-1-2 经济环境调研

（1）宏观经济形势。例如，国民经济发展水平及其发展趋势，人民生活水平的变化，政府财政、金融情况等。

（2）本行业在整个经济体系中的地位和行业特点，企业必须研究本行业所处的环境。

(3) 企业的微观经济环境包括人均实际收入、平均消费趋向、消费支出分配模式。经济环境因素变化会直接影响到企业本身以及企业的微观环境——供给者、需求者、竞争者及公众等，他们也会发生相应变化。

(三) 自然环境

一个国家的自然资源与生态环境，包括生产的布局、人的生存环境、自然资源、土地、草原、森林、河流、海洋、生物、矿产、能源、水源、环境保护、生态平衡等方面的发展变化，也会给企业造成一些环境威胁或机会，因而自然环境也是企业所必须重视的问题。企业不仅要分析自然资源的现状，尤其要分析研究自然环境方面的动向。这方面的主要动向是：

1. 某些自然资源短缺或即将短缺

土地资源日渐短缺，城镇建设用地的增加，使得城郊生产农产品的基地日益减少，供应量也逐渐降低，远郊农产品经营企业就会有更多的发展机会。同时，农资产品经营企业应尽可能从可持续发展角度出发，合理有效地利用有限的土地资源。如，高产品种可以大大提高亩产量，从而弥补土地不足造成的短缺。

2. 环境污染程度日益增加

目前，我国的污染主要是工业"三废"、农业污染、生活污染、放射性污染等，这些污染对农产品生产环境造成严重影响。对此，我国政府采取了一系列措施，对环境污染问题进行控制，同时对农产品的质量标准也提出了严格的要求。环境污染一方面限制了某些行业的发展；另一方面也为农产品经营企业提供了三种营销机会：一是为治理污染的技术和设备提供了一个大市场；二是为无公害或绿色农产品的销售提供了巨大空间；三是为不破坏生态环境的新生产技术和包装方法创造了营销机会。因此，农产品与农资企业经营者要了解政府对资源使用的限制、对污染治理的措施和无公害农产品的质量标准，力争做到既能减少资源浪费和环境污染，又能生产出无公害的绿色产品，以此来保证农产品经营企业的发展，提高经济效益。

3. 自然环境影响农产品的品种结构和质量

我国地域辽阔，各种自然资源的丰缺及组合状况不同，所以生产农产品的种类因地而异，形成了各地不同的产业结构、生产结构和产品结构。同时，环境的差异，使得不同地区生产的同一种产品的质量存在较大差异，形成了独具特色的地方名、优、特农产品。农产品的生产经营者要最大限度地利用当地自然环境优势，生产独具特色的产品来赢得市场，还要不断地分析和认识自然环境的变化，根据不同的环境情况来规划、生产和销售产品。例如，冬季南菜北调进入东北地区销售的蔬菜、水果和花卉在储运中就要注意保暖，进入华南、中南地区销售就应注意散热，要考虑北方地区温室栽培蔬菜的数量和品种。

（四） 科学技术环境

现代社会生产力水平的提高，主要依靠设备的技术开发，创造新的生产工艺、新的生产流程。同时，技术开发也扩大和提高了劳动对象的利用广度和深度，不断创造新的原材料和能源。例如，农业技术的不断改进，对农产品的成活率、产量、质量、口味等都有着重要的影响。科学技术的发展使产品更新换代速度加快，产品的市场生命周期缩短。农业科学技术的发展，也使名、优、特、新的蔬菜、水果、花卉新品种不断在市场上推出，炙手可热的技术和新产品转瞬间被新的技术、产品替代。这就要求农产品经营者不断地进行技术革新、更新品种，赶上技术进步的浪潮。市场营销人员也应顺应产品发展的形势，采取相应的对策。

国家发布的最新政策要求我国新型农资产品做到“绿色高效”，我国众多小型农资企业生产的农资产品大多不符合要求。这就使得农资公司需要一支检验团队来检验农资产品是否符合要求。在施肥方面，国家要求：加快“测土配方施肥技术”深入开展，从而实现精准、有效施肥，提高肥效和化肥利用率。此项政策的开展对农资企业的服务要求更高。农资企业需要在化肥销售时，引导农民合理施肥，从而将化肥的效力发挥到最大，使土地污染能得到缓解并降低。伴随着信息化发展，国家提出了一系列“互联网＋”相关政策，企业可以利用科技手段，通过互联网，共享大数据，进一步拓宽业务渠道，扩大业务范围。

（五） 政治和法律环境

政治与法律环境直接与一个国家的体制、宏观政策联系起来，它规定了国家的发展方向及其预采取的措施，如化肥行业的限价措施直接受国家宏观政策的影响。

农产品与农资营销首先要考虑国家政策、法律环境，在国家允许的基础上进行经营。目前，我国对农资经营出台了很多政策法规，如《种子管理条例》《农药管理条例》《化肥管理条例》等，明确规定农资营销必须具有经营许可证、营业执照。对营销品种、营销人员资格、营销场地都做了明确规定。而且不同时期有着不同的要求。例如，在20世纪60—70年代，剧毒农药甲拌磷、六六六等发挥了巨大作用，80年代就禁止使用了。

农村经济政策包括党和国家各级政府关于农村经济的各项指导方针、政策、法令、法规，以及农村经济发展战略、保护措施和具体的实施方案（表3-1-1）。如一个地区，为了调整种植结构，压缩粮食作物的种植面积，增大油料作物的种植面积，采取“公司＋农户”的生产模式，保证大豆收购。同时政府给予种植大豆的农户一定补贴，鼓励农户发展大豆。此时，农资企业就应该适当加大大豆种子、相关化肥和农药的供应量，减少其他农资的数量。

表 3-1-1　中国农业政策重大变化一览表

年度	修改内容
2006 年	废除并终止了《农业税条例》，标志着中国免征农业税开始执行。
2009 年	国务院出台了《关于进一步深化化肥流通体制改革的决定》，取消了化肥生产经营企业所有制的注册限制。
2012 年	中央一号文件发布题为《关于加快推进农业科技创新持续增强农产品供给保障能力的若干意见》，持续加大财政支出用于“三农”发展。
2015 年	农业部农机化管理司发布的《2015—2017 年农机补贴实施指导意见》，进一步增强了政策的稳定和延续，对于农业的经营主体进行了长期的规划发展。
2016 年	根据《中华人民共和国国民经济和社会发展第十三个五年（2016—2020 年）规划纲要》和《全国农业现代化规划（2016—2020）》的发布，指出开展有机化肥代替传统化肥测试点，从而促进农业发展的节本增效。
2018 年	农业农村部发布《兽用抗菌药使用减量化行动试点工作方案（2018—2021 年）》，明确了饲料端减抗和限抗的时间表。
2019 年	全国两会对乡村振兴战略做出了明确规划，农业农村现代化是其实施的总目标，而实施的总方针是坚持农业农村优先发展。
2020 年	农业农村部 194 号公告要求，2020 年 7 月 1 日起，饲料生产企业停止生产含有促生长类药物饲料添加剂（中药类除外）的商品饲料。
2021 年	国务院关于印发“十四五”推进农业农村现代化规划的通知。
2022 年	财政部、农业农村部发布 2022 年重点强农惠农政策。
2023 年	国务院发布“中央一号文件”，连续二十年聚焦“三农”。

上述各种措施、政策、方针的公布和实施，意味着我国正一步步地完善农业在行政方面的政策体系。为了加大生产优质农产品的力度，近几年我国在农业方面的资金投入一直在增多，影响也较为显著。2016 年提出化肥以及农药使用量零增长行动，并在购置方面，增加补贴等，这无疑对农资公司的营销有着深远的影响。国家调整政策的同时，从事农业生产的企业也要做出应对的措施。

此外，我国对农药、化肥等农资产品，限制了其用量，同时也调低了加入农资经营行业的门槛。这些政策的出台，引起了农资公司对农资产品质量的高度重视。企业若想在同行业市场中占据竞争优势，就必须用效果更好的农资产品来投入市场，同时要根据国家对农业发展政策的不断调整，进而制订相适应的营销方式。

（六） 社会文化环境

社会文化环境因素决定了独特的生活学习方式，规定了人们的行为准则及道德规范，这些都会直接影响到消费者的购买行为。如农村消费者由原先购买商品的随意性、盲目性、跟随性等变得理性起来，能根据作物病虫害情况准确判定使用农药的种类。社会文化环境具体包括：

1. 教育水平

受教育程度，不仅影响消费者的收入水平，还直接影响消费者对商品的鉴赏能力、购买的理性程度和其他方面。受教育程度的差异会导致消费观念和消费结构明显不同，如花卉、高档水果与有机蔬菜，受教育水平高的群体远远大于受教育水平低的群体。在受教育程度高的城市地区开发农产品市场、制订营销方案、进行广告策划宣传等方面，要有一定的文化品位，知识含量，要尽量符合营销目标人群的文化欣赏习惯和审美要求。

2. 宗教信仰

宗教是影响人们消费行为的重要因素。例如，我国各民族有不同的饮食习惯，对蔬菜、水果的选择也各不相同。营销者应了解和注意不同国家、不同民族的消费习惯和爱好，生产适合其要求的农产品，制订适合其特点的营销策略。

3. 价值观念

在不同社会文化环境下生活的人们，有不同的价值观，极大地影响着消费需求及购买行为。比如，崇尚节俭是我国传统民风及民族意识的一个方面，人们一向以节俭为荣，以挥霍奢华为耻。这种朴素的民风和节俭心理，表现在消费行为方面就是精打细算，在购买商品时就是谨慎花钱，注重质量，讲究经久耐用。

企业宏观环境上述 6 个方面的变化，对企业经营政策的影响是综合的，而且由于时间、地点与条件的不同，会呈现 3 种不同状态：

（1）相对稳定状态　即人口、社会文化、政治法律、经济、技术等主要因素的变化很小。

（2）缓慢发展状态　即各方面因素都有一些可预计的规律性的发展变化。

（3）动荡不定状态　即若干因素发生难以预料的突变。对各不同环境因素来说，这三种状态的发生并不是同步的，而往往是交替地、因果相连地发生。如政治法律环境相对稳定，经济环境缓慢发展；而当某个社会因素或自然因素发生突变时，又会影响到政治与经济环境的相应变化。因此，企业既要看到稳定与发展的一面，又要看到动荡与突变的可能，善于分析不同环境因素的特点与动向，有效地、及时地适应复杂多变的宏观环境。

三、　市场调研的步骤与方法

一般来说，市场调研可以分为 4 个部分：调研前的准备阶段、正式调研阶段、综合分析资料阶段和撰写调研报告阶段。市场营销调研的步骤见图 3-1-3。

（一）　调研前的准备阶段

对经营企业提供的资料进行初步分析，找出问题存在的征兆，明确调研的关键和范围，确定调研目标，制订出市场调研方案。主要包括市场调研的内容、方法和步骤，

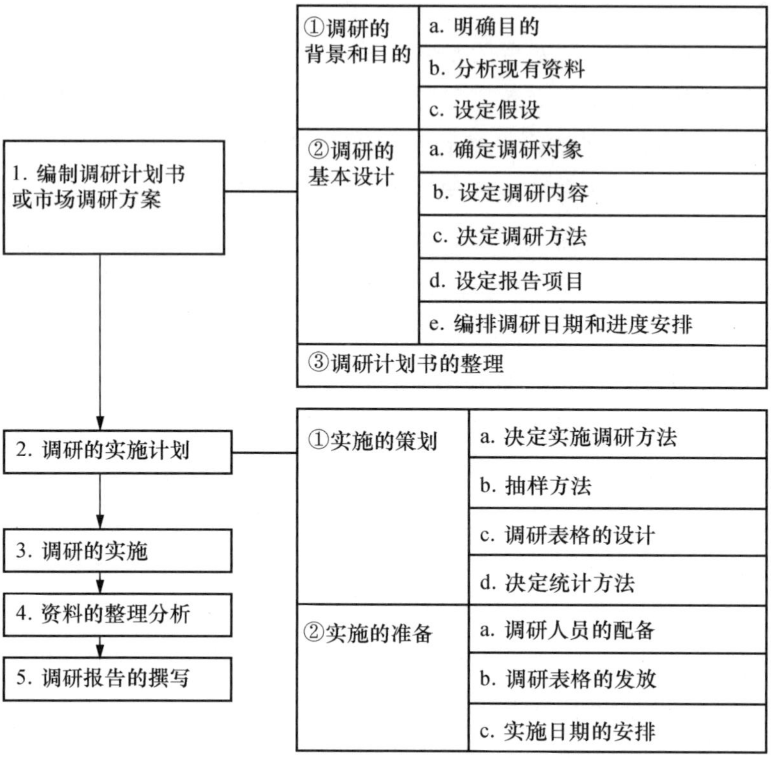

图 3-1-3　市场营销调研的步骤

调研计划的可行性、经费预算、调研时间等。确定调研的问题和目标往往是营销调研过程中最困难的一步。营销人员可能已经知道营销中存在的问题，但找不出发生问题的具体原因。比如，某企业在一个时期内的销售额直线下降，管理人员以为是由于产品陈旧、质量较差引起的，于是开始调研，寻找改变产品式样、提高产品质量的途径。但调研结果表明，并不是质量差、款式陈旧，而是当地种植结构调整、政策扶持发生转移引起的。可见，如果企业的管理人员能够在调研之前弄清营销中存在的实际问题，就可避免不必要的调查所造成的浪费，把精力集中到必要的调研项目上去。

在确定了营销中存在的问题之后，营销人员应确定调研目标。一个调研项目可能有 3 种目标：一是探索性调研；二是描述性调研；三是因果关系调研。

1. 探索性调研目标

一般是在调研主题的性质与内容不太明确时，为了解问题的性质、确定调研的方向与范围而进行的收集初步资料的调研。例如，某种子经营企业发现近段时间种子销售量大幅下降，其原因可能是竞争者抢夺市场、广告支出减少、代理商推销不力、消费者偏爱转变或者近期产品质量出现问题等，此时企业就应该通过探索性调研寻找症结。

2. 描述性调研目标

通常是对市场营销决策所面临问题的不同因素、不同现状的调研。描述性调研强调资料数据的采集和记录，着重于客观事物的静态描述。

例如某肥料生产企业要预测今后 3～5 年的需求情况，就需要了解当地农作物种植情况、土壤气候特点、水资源和当地消费者的消费习惯等。了解消费者对肥料的需求和认知程度及现有肥料生产企业的生产销售现状及变化等。

3. 因果关系调研目标

因果关系调研目标指分析营销活动不同因素间的关系，查明导致某些现象产生的原因而进行的调研。如销售额的增加与新产品的开发、包装、广告花费等因素之间的关系；成本降低与新工艺、新材料的采用之间的关系等。

（二） 正式调研阶段

1. 调研内容

市场调研内容涉及多个方面，因经营企业和具体情况而定。市场宏观环境调研的主要内容有：

（1）农业自然资源调研　主要包括气候资源、土地资源、水资源和生物资源等。

（2）农业社会资源调研　主要包括人口、劳动力、资金、物质技术装备、交通运输、信息、管理等。

（3）农村经济政策调研　包括党和国家各级政府关于农村经济的各项指导方针、政策、税收、法规等。

（4）农业经营效果调研　一般借助于一系列统计指标，反映农业生产成果的生产经营效益。这些统计指标有生产成果指标、资金利用效果指标和生产效益指标。在分析农业生产经济效益时，重点分析各种产品在生产过程中的作用及其所占成本的比重，为选择经济效益好的作物种类、品种、农药、化肥等产品的推广奠定基础。

2. 调研方法

（1）收集第二手资料，即现有资料。指通过他人收集或整理过的资料，具有花费少，不受时空限制，信息真实客观的优点。因此，调研人员为了节约时间，往往是从搜集二手资料开始。二手资料包括企业的内部和外部资料。在市场调研中，二手资料是实地调研的前期准备，为实地调研提供经验和背景资料。在实地调研之前，要明确调研背景、调研目的、确定调研内容，要制订调研方案，由此做到心中有数，才能使后续的实地调研有的放矢。二手资料分类见图 3-1-4。

内部资料包括：

①顾客资料；

②业务资料，主要有订货单、进货单、发货单、合同、销售记录等；

③统计资料，主要有统计报表、生产、销售、库存等数据资料；

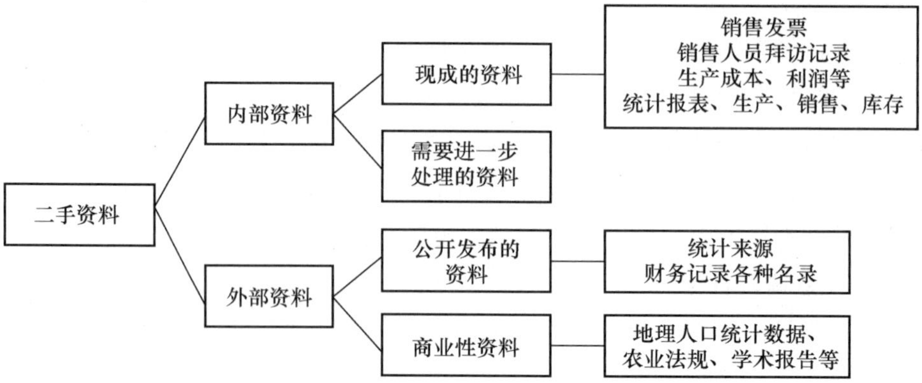

图 3-1-4　二手资料分类

④财务资料，主要包括生产成本、销售成本、商品价格、利润等。

外部资料来源主要有以下途径：

①图书馆文献集中，可以找到各种信息或能提供某些索引来寻找其他资料来源；

②政府部门或经济管理部门的有关方针、政策、法令、统计报告等；

③各种经济信息中心、专业咨询机构、行业协会发布的资料，如行业法规、市场信息、发展趋势、统计资料汇编等；

④新闻媒体，如电视、广播、报刊等，信息丰富，是重要的资料来源；

⑤国内外各种展销会、交易会、博览会等促销会议以及专业性、学术性经验交流会议上发放的文件资料；

⑥网络：快捷、方便、经济，在二手资料收集方面作用较大，常用的搜索引擎有：

百度，http：//www. baidu. com；

搜狗，http：//www. sogou. com；

农产品经纪人可以从专业网站上搜索到政策法规、农业标准、农业行情、价格行情、供求信息、行业资讯等相关信息，对农产品经纪人搜集市场信息比较常用的网站有：

中国农业信息网，http：//www. agri. cn；

农业农村部农产品质量安全中心，http：//www. aqsc. agri. cn；

中国农民经纪人网，http：//www. cpba. org. cn；

中国农业科技信息网，http：//www. cast. caas. cn；

中国农民专业合作社网，http：//www. zgnmhzs. cn；

（2）收集第一手资料，即原始资料。是指营销人员通过实地调研得来的初始资料，这些资料能直接揭示市场活动的情况和问题，具有针对性、实用性和真实性。一手信息的收集方法主要有观察法、实验法、访问法 3 种。

①观察法。观察法是指通过观察被调研者的活动从而获得资料的调研方法。观察

法简便易行，灵活性强，观察结果客观真实，时效性强，可作为其他方法的补充。

观察法的方法很多，包括现场观察法，如在农忙季节到农资店观看消费者购买情况，了解消费者的购买数量和频率；实际痕迹观察法，例如在农资店内蔬菜种子货架上安装摄像机，记录顾客目光的移动过程，以弄清顾客浏览什么品种的种子；比较观察法，如某肥料生产企业要了解何种包装的肥料对消费者最具吸引力，于是把需求比较大的塑料袋、塑料瓶和塑料桶的肥料放在同一店铺内销售，以观察消费者的购买态度。

②实验法。实验法是指调研人员根据调研目的事先选定某一个或几个销售因素，人为改变或控制这些因素，来观察它们对营销活动中其他因素的影响过程和影响效果。实验法的优点是比较科学，所得到的信息能比较客观地反映市场需求。实验调研可以在实验室进行，也可以在销售现场进行。

③访问法。访问法也称采访法，是由调研人员提问，被调研者回答来获取资料的方法。访问法的具体方式有多种，比如顾客满意度调查，可以是集体访问，也可以个别访问；可以是入户访问，也可以是街头访问；可以是面谈访问，也可以是电话访问、邮寄访问、电脑辅助电话、互联网访问等。通过调研者与调研对象进行直接交谈来获取研究的资料。

访问法在实际应用中，按传递访问内容的方式以及调研者与被调研者接触的方式不同，分为面谈调研法、邮寄调研法、电话调研法以及留置问卷调研法等。

★面谈调研法

指调研人员直接面对被调研者了解情况，获取资料的方法，是一种最常用的方法。面谈访问法简单、灵活，能获得深入、有用的信息，运用此种方法时，要求调研人员有较高的谈话技巧，善于启发和引导被调研者的思路。

面谈法有 2 种基本形式：结构性访谈与非结构性访谈。结构性访谈是在访谈之前先设定好提纲问题，访谈过程按照问题进行。该调研方法常用于调研消费者的购买动机、消费倾向、产品质量等问题；非结构性访谈指调研者有访谈提纲，但在访谈过程中采取较为自由开放的交谈形式，随着问题的进行，根据访谈对象的特点将访谈深入。通过访谈可以获得更为真实可靠、更深层次的研究资料，但是需要访谈对象积极配合，同时还要求研究者具有一定的访谈技巧。这主要针对农民专业合作社方面，为了更全面彻底地了解合作社生产农产品的能力所采取的方法。

★邮寄调研法

指将设计好的问卷，通过邮寄的方式送到被调研者手中，请他们答卷后寄回。邮寄访问法费用低，范围广，能减少主观影响，被访问者有充足的时间答卷。

★电话调研法

指通过电话与被调研者交谈，从而获得调研资料的方法。该方法收集信息资料速度快，节省调研费用与时间，受访员影响较少。

★留置问卷调研法

指由调研人员将先设计好的问卷或调研表当面交给被调研对象，并说明回答问题的要求，留给调研对象填写，然后再登门取回填好的问卷，具有匿名性强和回收率高的特点。

各种搜集资料的方法都有各自的优点和缺点，以及各自的应用条件，要根据调查对象的特点、研究目的和任务及统计调研的条件选择采用。

（三） 综合分析资料阶段

当统计分析研究和现场直接调研完成后，市场调研人员拥有大量的一手资料。对这些资料首先要编辑，选取一切有关的、重要的资料，剔除没有参考价值的资料。然后，对这些资料进行编组或分类，使之成为某种可供备用的形式。最后，把有关资料用适当的表格形式展示出来，以便说明问题或从中发现某种典型的模式。

（四） 撰写调研报告阶段

通过对调研材料的综合分析、整理，撰写调研报告，得出调研结论。特别需要注意的是，调研人员不应当把调研报告看作市场调研的结束，而应继续注意市场情况变化，以检验调研结果的准确程度，并发现新的市场趋势，为改进以后的调研打好基础。

【典型人物案例】

袁隆平（图 3-1-5），中国杂交水稻之父，享誉海内外的著名农业科学家，“共和国勋章”获得者。袁隆平不仅仅会种植水稻，玩农产品营销和品牌也有一套。

图 3-1-5　袁隆平

袁隆平生前说，他退休之前想看到两件事情：一件是杂交稻大面积亩产 1 200 千克，另一件是海水稻研发成功。除了能把海水稻研发成功，还要打造一款海水稻互联网农业品牌——袁米！

2017 年，袁米走进千家万户，袁隆平天猫平台上开了“袁策旗舰店”，专注销售海水稻产品，该产品的价格高于普通大米好几倍，最低的 5 千克要 128 元，虽然价格高，但获得无数消费者的追捧和抢购。

袁隆平院士对中国的意义就是让所有人远离饥饿，袁隆平院士毕生的追求就是让所有人能够吃饱肚子，而他也真正地做到了。当然除此之外因为他的杂交水稻为我国的粮食实现了增产，我国永远不用因为大米的问题在发生饥荒的时候向别的国家求助。

海水稻适宜在盐碱地种植，而在以往改造盐碱地主要有淡水冲刷、化学中和、非盐碱土壤表层填埋、种植耐盐碱植物等做法。其中淡水冲刷会浪费珍贵的淡水资源，化学中和会在土壤中留下污染，因此最安全最经济的做法是种植耐盐碱植物，而海水稻就具有在盐碱环境下生存的能力。

典型人物事迹感想
典型人物工匠精神总结凝练

任务1　制订农产品与农资企业宏观营销环境调研计划

在师傅指导带领下，参与到一个强有力的调研团队，配合团队一起制订农产品与农资企业宏观营销环境调研计划，并按照进度计划时间表进行调研实施。

【任务目标与质量要求】

掌握企业经营环境的含义及特点，了解影响企业营销的宏观环境因素，掌握调研计划书的撰写，能制订农产品与农资企业宏观营销环境调研计划。

调研工作计划具有灵活性，调研时必须紧紧围绕农产品与农资行业和相关企业品牌。调研人员要求认真、有责任心、沟通能力强。

【学习产出目标】

（1）能参与到一个强有力的调研团队，完成团队任务；

（2）配合团队完成调研前的动员工作；

（3）能制订农产品与农资企业宏观营销环境调研计划。

【工作程序与方法要求】

工作程序与方法要求见表 3-1-2。

表 3-1-2　工作程序与方法要求

工作程序	内容	具体方法	要求
确定调研目标	确定调研目标	按照不同需要，市场调研的目标有所不同。	具体、明确、有效
确定调研内容	1. 人口环境调研 包括人口总量、性别构成、职业构成、各年龄段人口数量、收入水平等。	对政府部门和有关机构的公开资料进行查阅和资料的收集。	1. 需要注意由于户籍管理和人口流动的影响和变化； 2. 分层次、有代表性； 3. 细心。
	2. 经济环境调研 包括产业构成和比例、主导产业类别和规模、居民人均年收入、城市化程度、基础设施等。	采取二手资料收集法和访问法等。	调研人员要密切关注国家经济政策的变化；数据客观有效；有责任心、沟通能力强。
	3. 社会文化环境调研 包括社会风尚与社会风俗、生活方式与价值观念、消费传统与消费习惯、舆论影响与口碑影响、消费潮流与流行时尚等。	1. 采用文献资料法； 2. 采用观察法和访谈法，把一区域划定为若干个小范围调研区域，在各个区域内实施访问调研。	调研人员清楚当地人口数量、民族组成，并尊重当地消费习惯等。
	4. 政治法律环境调研 包括关于农村经济的各项指导方针、政策、法令、法规，以及农村经济发展战略、保护措施和具体的实施方案等。	通过访问有关政府部门和机构的工作人员，获取当地对农业的扶持政策、法规等信息。	调研人员要和政府部门建立合作关系，具有良好的沟通能力。工作积极主动；数据有代表性。
	5. 自然环境调研 包括地理位置、气候条件、自然资源、土壤类型等。	1. 查阅历史资料； 2. 实地探访； 3. 邀请有关专家进行研究讨论和预测分析。	调研人员了解当地自然环境。收集的材料科学、有代表性。
	6. 科学技术环境调研 包括国家和地区科技体制、科技政策，行业技术发展动态，竞争者技术开发、新产品开发方面的动向，替代技术和替代产品的出现和发展情况等。	1. 查阅资料； 2. 参加行业展销会、交易会，从会议上获得文件资料。	细心、科学、负责

续表 3-1-2

工作程序	内容	具体方法	要求
确定调研目标	确定调研目标	按照不同需要，市场调研的目标有所不同。	具体、明确、有效
制订调研工作计划	组织领导及人员配备、相关人员培训等。	由公司市场部或企划部负责此次调研，成立调研小组，调研人员由销售员组成，调研前应进行培训。	选择具有职业道德素质，较强的业务素质和良好的身体素质的人。人员配比合适，熟悉调研任务，沟通能力强、团结一致。
	工作进度安排。	部门主管将调研进度进行日程安排，确定各阶段的工作内容及所需时间，并安排调研人员对各个程序进行把控。同时，部门主管对调研人员的工作进行监督指导和及时反馈。	计划项目齐全，工作措施明确，人员配置、成本费用准备充足，按标准准备资料及管理考核。
	调研经费预算 包括调研表设计及印刷费；访问员培训费；访问员差旅费、礼品费；调研表统计处理费用等。	部门总管根据调研目的、方式以及调研人员的培训情况进行调研费用预算，并交由市场部经理或分管副总审核审批。	经费预算清单简明扼要。根据实际，要在公司经费许可内进行费用预算。

【业务知识】

农资企业宏观营销环境调研计划书的制订

农资市场宏观环境调研方案是农资市场营销调研的基本框架，在实际操作中一般以调研计划书的形式出现。应包括以下几方面内容：

一、 调研背景

农产品（农资）经营企业面临的市场现状。

二、 正文

1. 调研目的

明确在调研中要解决哪些问题，通过调研要取得什么样的资料，取得这样的资料有什么样的用途等。

2. 调研对象

当地政府、农业局、种子管理站、农资批发商、零售商、农户等。

3. 调研内容和范围

（1）所属区域已经颁布或者即将颁布实施的农业政策、方针和法规，国家和地方农业发展规划，与农产品与农资营销有关的价格、税收、财政补贴、银行信贷政策等；

（2）所属区域的耕地面积、种植作物种类和病虫害发生情况等。掌握该地区总耕地面积，测算该地区一季的农药、种子、肥料等农资用量，结合实际情况，设定销售目标；其次，了解当地的种植作物，根据作物确定经营品种。

（3）所属区域农民所用农资习惯。在该地区，农民使用种子、肥料等农资每亩地的用量是多少，每亩地的投入大概是多少，农民在选择产品的时候有没有特定的品牌偏好，农民在使用种子、肥料等农资时有什么样的习惯，如播种时是习惯于精量、半精量还是常规播种，施肥时是平衡施肥还是凭感觉习惯，这些情况的充分了解，对在当地进行市场营销活动是十分必要的。

（4）所属区域每年所需农资产品市场容量。市场容量信息的获得，除了通过耕地面积进行推算之外，还可以通过对当地销售大户近几年销售总量的平均值得出大致的销售信息，再把其他小经销户的销售量进行预测，同样可以大致了解到该区域总的市场容量。

4. 调研方法和抽样设计

根据宏观调研的特点，一般采取的调研方法和抽样设计为：

（1）调研方法主要有文献查阅法、访问法、观察法等。

（2）抽样设计包括随机抽样、系统抽样、配额抽样等。

5. 调研区域

一般调研的区域就是营销的区域。

6. 调研进度

详细地列出完成每一步骤所需的天数以及起始中止时间。

×月×日——×月×日，方案设计；

×月×日——×月×日，调研实施；

×月×日——×月×日，数据处理与分析；

×月×日——×月×日，报告撰写与发布。

7. 经费预算

在进行预算时要将可能需要的费用尽可能考虑全面，以免将来出现一些不必要的麻烦而影响调研进度。

（1）方案设计、印刷费　　××元

（2）调研费　　××元

（3）数据处理（编码、录入、处理、分析）　　××元

（4）报告撰写与制作　　××元

三、附录

（1）人员调度；

（2）抽样方案的技术说明及细节说明；

（3）信息收集中的有关技术说明；

（4）数据处理方法、所用软件等方面的说明。

【业务经验】

确定调研目标时，按照不同需要，市场调研的目标有所不同。例如种子经销或加工企业制订经营战略时，必须调研宏观市场环境的发展变化趋势，尤其要调研所处行业未来的发展状况；农药、肥料等营销企业制订市场营销策略时，要调研市场需求状况、市场竞争状况、消费者购买行为和营销要素情况；当农资企业在经营中遇到了问题，这时应针对存在的问题和产生的原因进行市场调研。同时，调研目标的界定不可太宽泛，要明确主题。例如“怎样才能满意”作为调研主题就太宽泛、模糊。因为对一个企业来说，影响的因素太多，绝不是一两项调研就能调查清楚的，所以调研目标应尽可能定量化、数量化。

【案例分析】

“农资营销”如何借力“地域营销”

湖北潜江以“虾稻同作”种养模式闻名，在“地域营销”层面，“中国最大的小龙虾产地”“小龙虾养殖加工餐饮最全产业链”成为它的品牌。这个地域品牌“虾稻共作”的绿色内涵包含着环保、有机和无公害，因此潜江又借势开发了“虾乡稻”产品，非常热销。这对农资产品和服务自然提出许多新要求。

“虾乡稻”就是虾稻共作模式的产物。由于小龙虾本身对水质要求比普通鱼类高，在小龙虾的养殖水域，稻农严禁滥用农药和化肥，促进了水稻的无公害生产。中化农业借这里的“地域营销”，及时推出了节肥增效的新肥料，不仅绿色环保，还能保护和促进小龙虾生长。此外，还通过积极参与当地的“侧深施肥”技术的推广，在“虾乡稻”中国驰名品牌上，又增加了“侧深施肥”先进水稻生产技术应用开拓者的新光环、新内涵。在“地域营销”的内涵中，农资企业用自己的产品和服务，为潜江的品牌增添了新的亮点。

分析：从以上案例中你得到的启发是什么？中化农业是如何借势营销的？

【工作任务实施记录与评价】

工作任务实施记录与评价见表3-1-3至表3-1-9。

表3-1-3　调研计划方案的制订

师傅指导记录	调研计划方案质量评价	评价成绩
		年　月　日

（说明：指导内容、调研计划方案可附页）

表3-1-4　调研计划申请表

调研计划名称			
调研时间		调研区域	
调研人		调研目标	
调研内容			
调研方法		调研样本量	
时间安排			
预算		备注	
市场部经理意见			
市场营销部总经理意见			

表3-1-5　调研资料来源登记表

资料名称	相关内容	来源	时间	收集人

表3-1-6　调研方案完成时间及责任落实表

项目	完成时间	负责人	项目	完成时间	负责人
调研方案设计			数据预处理阶段		
调研方案修改、确认			调研报告撰写阶段		
实地访谈阶段			论证阶段		

表3-1-7　培训人员签到表

序号	姓名	年龄	学历	联系电话	备注

表 3-1-8 出差申请表

姓名		工号		出差时间	
部门		职位		出差事由	
出差目的地			随行人员		
费用预算			部门主管意见		
主管领导意见			费用审核（财务部）		

表 3-1-9 学徒关键职业能力及职业品质、工匠精神评价表

项目	A	B	C	D
工作态度				
吃苦耐劳				
团队协作				
沟通交流				
学习钻研				
认真负责				
诚实守信				

任务 2 农产品与农资企业宏观环境信息收集

在师傅指导带领下，调研团队自行查阅有关书籍和资料，了解调研法及其种类、使用的条件、优势及局限性，进行农产品与农资企业宏观环境信息收集，为企业分析宏观营销环境对其影响的方式和程度提供依据。

【任务目标与质量要求】

（1）了解各种常用的市场调研方法；

（2）区分原始资料和二手资料，明确优缺点；

（3）组织团队讨论，设计适用于本团队调研项目的记录表格，能够进行农产品与农资企业宏观环境信息收集；

（4）掌握二手资料调研的途径及步骤；

（5）了解计算机网络在获得二手资料时的作用，并能利用网络收集所需二手资料；

（6）要求信息来源可靠、权威，数据客观、有效；

（7）学会通过人际沟通技巧完成市场调研任务。

【学习产出目标】

（1）能设计调研提纲和表格；

（2）能够进行小型的座谈会调研、电话调研、问卷调研、走访调研等；

（3）能熟练地进行市场调研，为企业决策提供准确的市场信息和可靠的数据；

（4）能收集与调研项目有关的二手资料。

【工作程序与方法要求】

工作程序与方法要求见表3-1-10。

表3-1-10　工作程序与方法要求

工作程序	内容	具体方法	要求
设计信息收集提纲和表格	设计信息收集提纲和表格。	根据调研目标和调研内容，由销售经理组织营销员进行信息收集提纲和表格的设计。 1. 以调研提纲为基础，提出问题； 2. 以填空、画“√”为主设置表格题，提高互动效率； 3. 适时设置简述题，关注受访者的个体感受。	具体、明确、有效，设计的提纲和表格简单易答，紧扣目标。
制订信息收集的计划	1. 收集内容； 2. 选择信息媒介； 3. 通过的渠道； 4. 人员分工； 5. 收集的时间。	为使市场信息的收集工作更具目的性，在走访市场之前应该制订收集计划。根据不同的情况，制订不同的收集计划。在信息收集计划中要注明信息源以及信息源的可信度大小。	清楚公司运营模式及销售目标，明确调查任务，计划的制订要贴近实际。
设计收集纲要	设计收集纲要。	按照信息收集的目的和要求设计合理的信息收集纲要。在实际信息收集的过程中，可以根据纲要来收集，这样可以避免“眉毛胡子一把抓”的现象。	不要太过刻板，现实情况可能与计划很不一样，不要教条地按着计划行动，还是要根据实际情况再做调整。
确定信息收集的方式和方法	确定信息收集的方式和方法。	通过图书馆、当地政府查阅收集信息、向咨询机构购买信息、通过阅读报刊剪贴信息、通过互联网下载信息等方法。	信息来源权威可靠，调研者积极主动。
保存信息收集的成果	保存信息。	对于电子信息通过专用U盘进行保存，如果是纸质版文件、资料等，需要简单分类，单独码放在文件柜备用。	涉密的文件要单独保存并有专人管理，公开的资料信息等应在文件上写上日期。电子文档要有准确的命名。

【业务知识】

企业宏观环境信息收集的主要渠道

熟悉资料的来源及检索方法是市场调研工作成败的关键。一个优秀的客户调研人员不但要有丰富的学识和实践经验，还要有孜孜不倦的求知欲望和毅力，以及见微知著、善于发现新知识的洞察能力。

1. 大众传播媒介

企业利用报刊、广播、电视等信息传输渠道，即通过新闻和广告往往可以获取或传播重要的信息，得到意想不到的经济效果。现在专门向各类读者提供信息的报纸甚多，如《市场报》《经济信息报》《科技信息报》等各式各样，这些报纸信息量大，费用低廉，可以观测到社会市场的各个侧面。

2. 政府机关以及商业部门

企业要和政府机关以及商业部门保持良好的合作关系，有利于企业及时了解各方面的政策法规性信息，指导本企业的决策与行动。政府机关（如发改委、外经委、统计局、工商管理部门等）通过各种会议公布种种报告，制定各种方案政策，编制各种计划和印发各种文件来组织、实施、指导全国和各地方经济的发展。工商统计部门系统地掌握了国情国力等方面的资料，对分地区、分行业、分经济成分等分类资料也掌握得比较齐全和权威。这些部门一般都建立有自己的信息中心或经济研究中心，向社会或行业企业提供各种市场信息或情报。

3. 社团组织

通过学会、协会等专业和行业团体，可以收集到本系统、本行业内部通信、专业简报等非公开出版物，是企业获得最新技术、了解同行情况的重要途径。

4. 各种专业会议

研讨会、洽谈会、展销会、交易会、现场会、发布会、演示会等各种会议是企业获得外部环境信息和竞争对手信息的重要途径。主要形式有订货会、展销会等。

5. 图书馆

图书馆文献集中，可以找到各种信息或能提供其他资料来源。

6. 外部信息网络

一般情况下，中小型企业和乡镇企业由于经济能力不足无力建立自己独立的信息网。但是近几年来随着商品经济的发展和信息技术的快速发展，我国先后设置了各行业专门的信息机构，在全国范围内，有较为健全的信息网络，并配有现代化信息收集和传输手段。它们从信息需要出发，掌握着大量的、系统的重要经济情报和信息。因此，企业可通过外部信息网络，建立有确定范围的信息检索关系，获取有效信息。此外，近几年各地还相继出现了一些专门经营信息的经济实体，如信息开发公司、咨询服务中心等。

7. 从竞争对手中获取信息

如何从同行竞争者中获取重要的信息情报而又不违反法律规定，这是众多企业十分关注的一个问题。如何才能了解你的同行在干些什么呢，下面介绍几种常用的方法：

（1）从竞争者的客户或顾客中获取信息　可以通过向消费者调查了解或与竞争者的基本客户进行交谈，他们会很客观地评价一个公司或一个企业的产品、质量和各种服务项目的好坏。当你知道了对方的长处时，就会发现自己的不足，当你听到抱怨时，便会得到许多重要的启示。

（2）从竞争者的包装物上获取信息。

（3）从公开的出版物，如劳务合同、招聘广告和商业文件中获取信息。

（4）运用技巧观察和分析对方。

企业在收集环境信息时可以有各种各样的信息源，但各个信息源提供的信息未必都是可靠的，因为这些信息难免会因为人为的或客观的因素发生各种错误。因此，要对信息源发出信息的目的和信息的可靠性进行分析和评价，否则会导致决策的失误。

【业务经验】

调研信息的处理要求

信息处理是将原始数据整理成所需要的数据。对调研活动中的大量信息，进行收集、整理、分析、计算、加工、存储等工作，以便于把信息变成有用资源。信息在处理过程中要求做到及时、准确、适用、经济。

1. 及时

信息处理的一个重要目的是对经营活动进行指挥、调整、控制，如果是过时的信息就起不了作用。这就要求信息记录快、处理快、传输快。

2. 准确

准确是信息处理的最基本的要求。真实可靠的信息才能反映客观事实，如果信息不准，不但没有用处，而且会造成经济上的巨大损失。

3. 适用

不同的人、不同的工作需要不同的信息，多余的信息会变成不必要的噪音，起干扰作用。

4. 经济

盲目的信息处理，会造成经济上的浪费，应该用最少的劳动、费用和时间来处理更多的信息。

【案例分析】

湖南是我国黑茶的主要产区之一，黑茶品类多样、产量高、质量好。近几年湖南黑茶产业发展更为快速，一批批企业和品牌如雨后春笋般涌现，逐步向现代化转型。

为了实现湖南“千亿茶叶产业战略目标”，让湖南黑茶产业快速而又稳定地发展，为此对湖南黑茶消费市场进行了调研。

调查结果显示，湖南黑茶作为湖南安化县独特的地理标志产品，拥有十分悠久的生产历史和文化底蕴。其消费地区主要以西藏、新疆、内蒙古等边疆地区为主，内地市场对黑茶的了解并不多。黑茶是一种典型的后发酵茶，具有降血糖、降血压、促消化等功能，受众群体不多，主要是中年以上群体。大众对传统黑茶的普遍印象是“粗糙”“粗老”“低档”，对产品的质量和卫生缺乏信任。

分析：该案例中，调研问卷的最终结果，对黑茶产业的发展有什么作用？通过调研及结果反馈，了解了哪些信息？

【工作任务实施记录与评价】

工作任务实施记录与评价见表 3-1-11 至表 3-1-18。

表 3-1-11　信息收集

师傅指导记录	信息收集质量评价	评价成绩
		年　月　日

（说明：指导内容、信息收集材料可附页）

表 3-1-12　工作日志

姓名：　　　地点：　　　　　时间：

访问者姓名	电话	地址	畅销产品	备注

表 3-1-13　某区域宏观环境市场调研表

调研人：　　　　　调研时间：

项目	内容	项目	内容
调研区域		特产资源	
气候特征		主要农产品	

续表 3-1-13

项目	内容		项目	内容
人口组成/%	城镇人口		GDP	
	农村人口		个人 GDP	
	流动人口			
当地消费习惯			人均可支配收入	
支柱产业			大型涉农企业数	
民营涉农企业数				
地方扶持产业、优惠政策等				

表 3-1-14 某地区种植结构调研表

种植作物类型	种植面积	备注	种植作物类型	种植面积	备注
粮食作物			果树		
经济作物			温室大棚		
蔬菜			其他		

表 3-1-15 某区域种植业大户、家庭农场情况调研表

类型	指标	小型专业大户及农场		中型专业大户及农场		大型专业大户及农场	
		规模	户数	规模	户数	规模	户数
粮油生产	面积/亩	100～200		200～500		500 以上	
	年产值/万元	20 以上		40 以上		100 以上	
	纯收入/万元	5 以上		10 以上		25 以上	
设施蔬菜	面积/亩	5～20		20～50		100	
	年产值/万元	4 以上		15 以上		40 以上	
	纯收入/万元	2 以上		8 以上		20 以上	
特色种植	面积/亩	50～100		100～200		200 以上	
	年产值/万元	20 以上		60 以上		150 以上	
	纯收入/万元	10 以上		30 以上		80 以上	
合计（户数）							

表 3-1-16 某区域种植农作物每亩成本投入调研表

作物类型	投入量折合人民币/（元/亩）				
	种子	化肥	农药	其他	合计
粮食作物					
经济作物					
蔬菜					
林果					
其他					
总计					

表 3-1-17 农产品与农资企业市场宏观环境调研问卷回收情况表

调研对象	发放问卷/份	回收问卷/份	回收率/%	有效问卷/份	有效率/%

表 3-1-18 学徒关键职业能力及职业品质、工匠精神评价表

项目	A	B	C	D
工作态度				
吃苦耐劳				
团队协作				
沟通交流				
学习钻研				
认真负责				
诚实守信				

任务 3 农产品与农资企业宏观环境调研资料归纳整理

在师傅指导带领下，进行调研资料的信息整理，在整理数据时，要做到及时、准确、适用、经济。

【任务目标与质量要求】

掌握信息整理的方法，能够运用各种统计图表和计算机软件进行调研数据的整理。要求团队合作友善、资源共享、数据真实可靠。

【学习产出目标】

（1）会进行数据的整理与筛选；

（2）会利用计算机进行数据分析；

（3）培养作图、数据分析、运用模型进行计算分析的职业素养。

【工作程序与方法要求】

工作程序与方法要求见表 3-1-19。

表 3-1-19　工作程序与方法要求

工作程序	内容	具体方法	要求
检查资料	1. 检查资料的有效性； 2. 检查资料的真实性； 3. 检查资料的完整性； 4. 删除或补充资料。	根据调研目标和调研内容，由销售经理组织营销员进行调研问卷的设计。 1. 以调研提纲为基础，提出问题； 2. 以判断、单选、多选为主设置客观题，提高互动效率； 3. 适时设置填空和简述题，关注受访者的个体感受。	重要的工作要有记录、有备案、可查证、各流程职责明确。资料要求齐全、无重复，工作仔细认真。
数据分类	分类	对已经核实的资料，分别归入不同类别。	分层次、有代表性。会使用统计图表。
	编号	按照不同类别分门别类地编号收存。	
数据整理统计	1. 数据分析； 2. 理论分析。	调研的数据可以用 Excel 电子表格软件完成，利用上述统计数据，按照调研目的的要求，针对调研内容完成全面的分析工作。	数据全面、有针对性；会熟练使用电脑和数据处理软件。

【业务知识】

市场调研资料整理的步骤

1. 编辑整理

（1）根据调研目的，收集有关资料，做初步分析研究；

（2）按照一定的逻辑顺序排列；

（3）核对资料的可靠性。

2. 汇总与分类

根据调研的目的，运用科学的方法，对调研所获得的资料进行审查、检验、分类、汇总等初步加工，使之系统化和条理化，并以集中、简明的方式反映调研对象的总体情况。

资料整理是资料研究的重要基础，是提高调研资料质量和使用价值的必要步骤，是保存资料的客观要求。资料整理的原则是真实性、合格性、准确性、完整性、系统性、统一性、简明性和新颖性。

3. 统计

将已分类的资料进行统计，根据调研目的和内容，系统地制成各种计算表、统计表、统计图等，以便使用和分析。

【业务经验】

使用图表应该注意的问题

图表中包含的内容不能过于繁琐，因为使用图表的目的在于使各种有关的数字资料能够得到简洁、系统的说明。图表反映的内容或结构必须简明易懂、一目了然，同时也可适当附加脚注，尽力避免发生误解。

准确表明图表中有关栏目的名称和使用的计量单位，还应注明资料的来源。如对所载录的资料须按一定顺序进行排列，或按高低次序，或按数值大小次序，或按地区，也可按客户等排列。图表所列的资料应尽量完整、准确，一般在使用百分比或指数时，最好同时给出绝对数值资料，便于学生独立思考和正确分析。

【案例分析】

小王是一家农药公司的营销员，刚被公司分配到南疆地区做销售。公司以生产蔬菜杀菌剂和杀虫剂为主，由于小王对南疆地区不太熟悉，他便向一个也在某农药公司的朋友打听南疆地区的农药销售情况，得知杀虫剂和杀菌剂的用药量都很大，他很高兴。春天一到，他便要求公司发了大批农药给经销商，结果到农药销售旺季，他们的农药却滞销。他很不理解，责怪经销商不努力。经销商告诉他，南疆地区以果树为主，蔬菜种植面积较小，他们的产品不太适合本地区。小王此时才后悔自己当初没有认真进行市场调研。

分析：小王的销售额为什么没有上去？分组讨论，如何才能打开市场提高销量？

【工作任务实施记录与评价】

工作任务实施记录与评价见表 3-1-20 至表 3-1-24。

表 3-1-20 资料的归纳整理

<table>
<tr><th>师傅指导记录</th><th>信息收集质量评价</th><th>评价成绩</th></tr>
<tr><td rowspan="2"></td><td rowspan="2"></td><td></td></tr>
<tr><td>年 月 日</td></tr>
</table>

表 3-1-21　某农产品信息来源表

信息来源	网络	电视	报纸	路牌广告	其他
人数					

表 3-1-22　农产品与农资市场结构与占比数据统计表

	农产品	化肥	农药	种子	饲料	其他
市场规模						
占比						
趋势						

表 3-1-23　某区域农作物农资成本投入汇总表

作物名称	粮食作物	经济作物	蔬菜	林果
农资成本投入/元				

表 3-1-24　学徒关键职业能力及职业品质、工匠精神评价表

项目	A	B	C	D
工作态度				
吃苦耐劳				
团队协作				
沟通交流				
学习钻研				
认真负责				
诚实守信				

任务 4　农产品与农资企业宏观环境分析

企业作为一个系统它存在于一定的环境之中，企业每时每刻都要与环境发生物质、能量和信息的交换。经营环境是企业赖以生存和发展的空间，对经营环境因素变化的调研、分析和预测不仅是企业规划发展战略、经营决策的前提，也是制订经营策略和具体实施的基础。对企业所处的环境因素和状况进行调研分析和预测，目的在于使营销员理解环境变化不但会给企业带来经营机会，也会造成经营风险，因此要求企业经营者要能够对不断变化的环境做出预判，扬长避短、发挥优势、抓住机会、规避风险。

【任务目标与质量要求】

在师傅的带领下，能够根据调研所得的数据，对农产品与农资企业宏观环境进行准确分析，找出面临的机会与挑战，为撰写营销宏观环境分析报告奠定基础。能够联系实际，根据目前社会经济特点，分析企业所处的宏观营销环境。

积极参与到团队中，能够树立服务意识、效率意识、团队意识；具有自我管理、自我修正的能力；能够利用多种信息化平台进行自主学习的能力。

【学习产出目标】

（1）能对农产品与农资经营企业做 SWOT 分析，找出面临的机会和挑战；

（2）会做 SWOT 分析图；

（3）会制订相应的营销策略。

【工作程序与方法要求】

工作程序与方法要求见表 3-1-25。

表 3-1-25　工作程序与方法要求

工作程序	内容	具体方法	要求
分析环境因素	外部环境因素包括机会因素和威胁因素，它们是外部环境对公司的发展直接有影响的有利和不利因素，属于客观因素。	利用统计、列表、作图等方法把收集来的信息进行整理，分析法分析企业面临的是机会还是挑战，反映了企业的优势还是劣势。	1. 数据要求真实性、完整性、准确性； 2. 在调研分析微观环境因素时，不但要考虑公司的历史与现状，而且更要考虑公司的未来发展。
构造 SWOT 矩阵	O(机会)是组织机构的外部因素，具体包括新产品、新市场、新需求、外国市场壁垒解除、竞争对手失误等。 T(威胁)是组织机构的外部因素，具体包括新的竞争对手、替代产品增多、市场紧缩、行业政策变化、经济衰退、客户偏好改变、突发事件等。	将调查得出的各种因素根据轻重缓急或影响程度等排序方式，构造 SWOT 矩阵。在此过程中，将那些对公司发展有直接的、重要的、大量的、迫切的、久远的影响因素优先排列出来，而将那些间接的、次要的、少许的、不急的、短暂的影响因素排列在后面。	考虑问题全面，条理清楚，便于检验。
制订行动计划	1. 设定一个目标； 2. 制订任务计划。	运用系统分析的综合分析方法，将排列与考虑的各种环境因素相互匹配起来加以组合，得出一系列公司未来发展的可选择对策。	制订计划的基本思路是发挥优势因素，克服弱点因素，利用机会因素，化解威胁因素；考虑过去、立足当前、着眼未来。

【业务知识】

农产品与农资企业宏观环境分析

环境的发展变化可能给农产品与农资经营企业带来机会，也可能造成威胁。然而，并不是所有的市场机会对企业的营销活动有同样吸引力，也不是所有的环境威胁对经营企业都有同样的危害程度。农产品与农资经营企业可利用 SWOT 分析法（农产品经营企业内外环境对照法）、机会——威胁矩阵法来加以评价、分析。

SWOT（Strength，Weakness，Opportunity，Threat）分析法实际上是对农产品经营企业内外部条件各方面内容进行综合和概括，进而分析组织的优劣势、面临的机会和威胁的一种方法。其中，优劣势分析主要是着眼于农产品经营企业自身的实力及其与竞争对手的比较；而机会和威胁分析将注意力放在外部环境的变化及对农产品经营企业的可能影响上。SWOT 分析主要内容有分析环境因素、构造 SWOT 分析矩阵、制订营销对策。SWOT 分析见图 3-1-6。

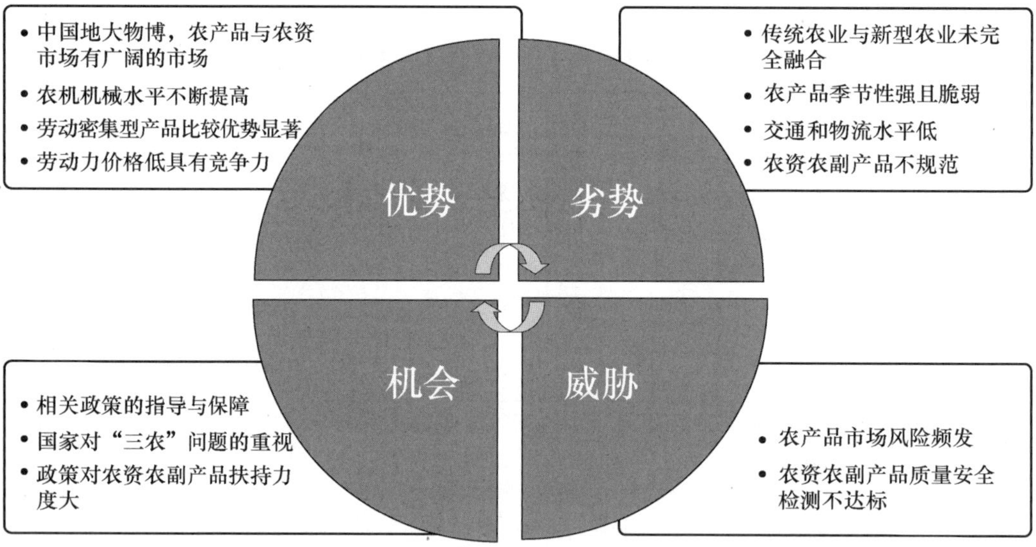

图 3-1-6　SWOT 分析

1. 分析环境因素

（1）环境优势　我国幅员辽阔，可耕地面积大，占到全世界可耕种土地总面积的7%左右，较大的时差跨度、日照时间、温度差异以及自然气候条件、水资源条件等自然资源非常适合多种农作物的生长，每年出产的各类农产品种类繁多，产量也非常丰富。同样，这就意味着对于各类农资的需求量相当巨大。我国农业机械化进程已经进入了中级阶段，随着中国农业的持续发展，中国农业的机械化水平还将保持前进的势头。中国劳动密集型农产品，包括各种畜牧产品、水产品、园艺产品，比较优势显著。

中央财政对农业的支持，促进了农民的购买力。近年来，中央对“三农”问题特别关注，并一再强调“三农”问题必须解决，进而颁布了众多对“三农”问题有利的政策。国家对农业的财政补贴力度开始增大，减免农业税，以促进农村经济发展和农民增收，农村的生产方式与以往相比有很大的差异。市场竞争力的增大，农业用地逐步开始集中，一些规模化较强的企业出现，导致标准化、产业化、集约化的现代农业应运而生。这种新形势的出现，对提高农资产品的环保型提供基础。

（2）环境劣势　我国地理差异很大，日照时间、气候、昼夜温差、降水等条件的不同，导致我国生产农产品和农资销售市场分布不均。并且我国农产品生产规模大、数量多，导致参与的主体大多呈多元化格局分布，问题突出表现在交通运力结构不均衡，总体运力不足，众多私人运输车辆和运输公司也参与农资农副产品的物流营运，但是各自为政，独立运作，相互之间缺乏联系和协作，造成社会物流资源的配置不均衡。且很多企业没有创新意识，只是按照顾客的指令和需求，进行单一功能的包装、运输、仓储和配送，并在物流过程中缺乏专业的设备，基本没有提供物流信息服务、物流成本控制、物流方案设计以及供应链的全过程管理。另外现有的传统农业种植营销知识水平不能适应新型现代农业营销思想，形成了产业结构与服务技术矛盾。

（3）环境机遇　随着经济的进一步全球化和社会经济的持续发展，国家逐渐增大对“三农”问题的关注力度，增大中央财政对农业的倾斜力度，同时地方政府也加大了对农资农副产品的投入。近几年农业科技投入持续加大，新的品种、新的技术与产销方式不断涌现，也为其发展注入了新的血液。另外在“一带一路”政策提出后国家对农资农副产品也出台了相关的法律法规，这使得农资农副市场的发展有了政策指导和法律保障。此外中国劳动力资源丰富，劳动力价格低廉则相应的成本较低，具有一定的国际竞争力，比较优势较为显著。

（4）环境威胁　提高对农资农副产品的质量安全检测。尤其近年来，由于兽药、农药残留和相关的技术检测等指标超过其他国家的限量标准，这使得我国部分商品进入不了国际市场。产品销量要想提高，就需要与国际技术标准相统一，健全质量安全检测、检验体系，按照标准化的管理规范，在产品的流通过程中实施动态监管。另外农资农副产品在生产和销售过程中，由于消费需求转移、市场行情变化和经济政策变化等不确定性因素引起了预期收益与实际收益不统一的情况产生。产品的市场风险因其自身特点而异。同时农业在结构上的深度调整，产品难卖以及价格的变化很大常常使得主导产业很不稳定，农民的生计和农业的稳定受到严重影响，也导致农民面对变化不定的市场环境只能“随着感觉走”，或一哄而上，或一哄而下，丰产不丰收的悲剧屡屡发生。SWOT 宏观环境分析的主要内容见表 3-1-26。

表 3-1-26　SWOT 宏观环境分析的主要内容

机会	挑战
市场需求扩大	经济衰退
新技术出现	市场紧缩
市场壁垒解除	客户偏好改变
扩展性宏观政策	新的竞争对手
营商环境改善	监管政策改变
劳动力素质提高	突发事件
竞争对手失误	

2. 构造 SWOT 分析矩阵

在实际的外部客观环境分析中，企业发现单纯的环境威胁与单纯的市场机会都是极少的，而通常是机会与威胁同在，风险与利益共存。企业实际面临的是综合环境，根据环境中威胁水平和机会水平的高低不同，形成环境分析综合矩阵，见图 3-1-7。

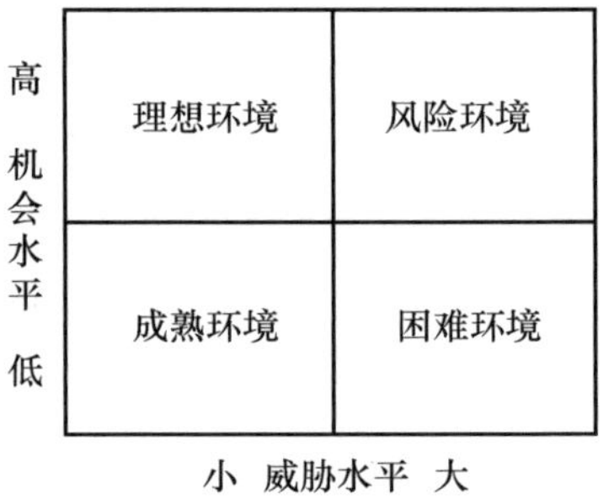

图 3-1-7　环境分析综合矩阵图

3. 制订营销对策

面临不同环境时企业应该采取的策略如下：

（1）风险环境是机会和威胁同在，高利益与高风险并存。面临这样的环境，企业必须根据自身的优势与劣势，审慎决策，扬长避短，争取利益。

（2）在理想环境下，机会水平高，威胁水平低，利益大于风险。在该环境下，企业必须抓住机遇，迅速行动，不可错失良机。

（3）在困难环境下，风险大于机会，在该环境下的企业，经营活动十分困难。此时，企业必须想方设法扭转局面。如果大势已去，企业必须果断决策，及时退出在该环境中的经营，另谋发展。

（4）成熟环境是比较平稳的环境，机会与威胁都处于较低水平，一般若经营得好，企业可获得平均利润。该类环境可作为企业的常规经营环境，以此维持企业正常运转，并为进入理想环境和风险环境提供资金。

【业务经验】

分析企业宏观环境。首先，分清楚是内部环境因素还是外部环境因素；然后，判断是优势还是劣势，或者是机会还是威胁，并制图。对各因素进行分析的目的是寻找营销战略。按照农产品与农资经营企业竞争战略的完整概念，战略应是一个经营企业“能够做的”（组织的强项和弱项）和“可能做的”（环境的机会和威胁）之间的有机组合。

机会分析矩阵可以有效地抓住和利用市场机会，并结合农产品与农资经营企业自身情况，变市场机会为经营企业机会。机会分析主要考虑潜在的吸引力和成功的可能性。例如日益新兴的市场，如互联网；兼并、合资、战略联盟；进入细分市场获取更多盈利；新兴的国际市场，竞争对手退出的市场等。

威胁分析矩阵是面对环境威胁的分析，一般着眼于两个方面：一是分析威胁的潜在严重性，即影响程度；二是分析威胁出现的可能性，即出现概率。例如竞争对手进入本地市场；价格战；竞争对手研发出创新性的产品或服务；竞争对手拥有更好的分销渠道；政府对你的产品或服务开始征税等。

【案例分析】

大生 M-45 是一种广谱高效的杀菌剂，适用于 90 多种作物，对 200 多种病害有较好的效果。在胶东地区的销售量一路攀升，成为近几年来胶东崛起的为数不多的杀菌剂品牌中最为闪亮的新星。

大生 M-45 在定位作物时，首先，通过细致的市场调查和分析研究，确定目标作物。大生 M-45 的价格较高，因此，大田作物如小麦、玉米等用不起，只能将经济作物——果树作为目标对象。

胶东果树品种很多，有苹果、梨、葡萄、大樱桃等。其中梨的面积大，但效益不高，不能作为重点；葡萄的价格波动较大，面积不稳定，从大生 M-45 的长期稳定增长考虑，也不适合做目标作物；大樱桃的价值高效益好，但面积相对较小且分布不集中，不利于培养出一个大品牌，且大樱桃几乎没有专用农药，农民用药大多是跟着苹果跑，苹果上用什么药好，农民就在大樱桃上试用；烟台的苹果很有名气，以烟台为中心的胶东地区苹果种植面积最大，效益相对较好，胶东苹果的农药市场是各农药厂商的必争之地，许多农药都是在苹果上打响了品牌，尔后辐射到其他树种，为此要在胶东果树上做成农药大品牌，必须先占领苹果树农药市场，并以此带动在其他果树上的使用。大生 M-45 在苹果树上使用，国外有成功的经验，产品的特性适合，与竞争产品比较有它的优势，能够找到卖点。因此，在胶东众多的果树品种上，我们把目标作物聚焦定位在苹果树上。

对定位目标作物而言，这还仅仅是一个开始。苹果的品种很多，有红富士、小国光、新红星、金帅、嘎啦等等，其中以红富士品质最好，种植面积最大，效益最高，最具有代表性。因此，目标作物进一步定位在红富士苹果上。

至此，市场细分并未结束，农药是一种农业生产资料，其终端使用者是农民，同样是红富士苹果，管理它的农民却有差别，有常规管理生产普通苹果的，这一部分果农观念、技术落后，效益差，不能作为大生 M-45 的目标使用者；而先进的果农对苹果园进行精细化、标准管理化，给苹果套上纸袋，以生产高档优质苹果为目标，这样的套袋红富士苹果价格高，抢手好卖，市场竞争力强，果农的经济效益好，是未来的发展方向。

这样大生 M-45 的目标作物就定位在：胶东的果树——苹果树——红富士苹果树——生产高档优质苹果的套袋红富士苹果。

分析：大生 M-45 产品定位成功的关键是什么？是如何进行环境分析的？分组进行讨论。

【工作任务实施记录与评价】

工作任务实施记录与评价见表 3-1-27 至表 3-1-32。

表 3-1-27 农资产品宏观环境分析表

环境细分	内容	数据及重大影响事件	备注
人口环境	包括调查区域内人口数量、性别比、年龄比、城乡比、职业构成等。		
经济环境	包括人均国民收入、家庭收入、购买农产品支出、储蓄等。		
自然环境	含当地主导农产品类别、产量，当地主要消费的农产品类型、质量、数量等。		
科技环境	生产技术水平、技术发展趋势等。		
政治环境	农业发展方针、农业扶持政策、财政税收政策等。		
文化环境	包括民族、对农资产品的消费偏好、消费习惯、受教育水平、饮食习惯等。		

表 3-1-28 农产品与农资市场发展条件分析表

项目	有利因素	不利因素	备注
地域			
人口			
环境			
资源			
政治			

表 3-1-29 宏观环境分析识别表

环境类型	项目	内容	信息来源	具体现状描述	SWOT 分析 S（优势）W（劣势） O（机会）T（威胁）
宏观环境	人口环境				
	自然环境				
	经济环境				
	法律环境				
	政治环境				

表 3-1-30　某企业宏观环境 SWOT 分析表

项目	具体内容	营销对策
机会	1.	
	2.	
挑战	1.	
	2.	

表 3-1-31　某企业外部环境评价表

	关键外部因素	权重	得分（－5～＋5）	加权数
机会	政策扶持	0.25		
	技术进步	0.15		
	金融信贷宽松	0.10		
	小计			
威胁	新替代产品出现	0.15		
	竞争对手结盟	0.10		
	市场紧缩	0.15		
	供应商减少	0.10		
	小计			
综合	合计			

表 3-1-32　学徒关键职业能力及职业品质、工匠精神评价表

项目	A	B	C	D
工作态度				
吃苦耐劳				
团队协作				
沟通交流				
学习钻研				
认真负责				
诚实守信				

任务 5　撰写农产品与农资企业宏观环境调研报告

在师傅的带领下，项目团队自行查阅有关书籍和资料，了解、归纳调研报告的作

用、书面表达规范，根据调研目标和调研内容拟定企业宏观调研报告大纲，并组织相关人员讨论修改，完成调研报告的撰写工作。制作 PPT，做好口头汇报准备。

【任务目标与质量要求】

根据调研目的和数据统计分析结果，撰写市场调研报告。要求数据客观真实、实事求是，书面报告要求页面设计及文字排版大方、美观，便于阅读。口头汇报 PPT 简洁明了，重点突出，汇报人口头表达能力强，善于沟通。

【学习产出目标】

（1）能够撰写调研报告；

（2）了解调研报告提交要求；

（3）能制作汇报 PPT。

【工作程序与方法要求】

工作程序与方法要求见表 3-1-33。

表 3-1-33　工作程序与方法要求

工作程序	内容	具体方法	要求
拟定调研报告大纲	掌握调研报告的主要论点、论据、结论及报告的层次结构。	包括报告的主要论点、论据、结论及报告的层次结构。请领导对于拟订的大纲进行审定或者讨论，修改通过后再进行初稿的撰写。	紧扣调研主题、简洁明了。
撰写市场调研报告初稿	1. 题目； 2. 目录； 3. 正文(调研目的、方法、步骤、对象、报告分析、结论及建议)； 4. 附录。	根据调研报告大纲由一人或数人分工进行初稿的撰写。	参与人数不宜过多。报告要努力做到准确、集中、深刻、新颖。
讨论修改调研报告	1. 组织相关人员讨论调研报告； 2. 对提出的意见进行修改。	1. 再次审查调研报告是否符合调研要求、分析方法是否得当、数据是否准确、结论是否正确、结构是否合理。 2. 根据意见进行修改，由专人负责最后的统稿。	参与讨论的人要求对专业非常熟悉，所提出的意见具有很强的参考价值。
提交市场调研报告	形成调研报告，上交领导审核。	调研报告经过批准后，可以正式提交或发布。	完整、准确、简洁。
口头报告的准备	制作汇报 PPT。	汇报人要提前做好口头汇报的准备，使用电脑、投影设备，制作演示稿，为听众提供一份汇报流程和主要结论的汇报提要。	汇报人对报告内容非常熟悉，具有较强的口头表达能力和沟通能力。

【业务知识】

调研报告的主要格式与要求

从严格意义来说，市场调研报告没有固定格式，不同的市场调研报告写作，主要依据调研目的、内容、结果以及主要用途来决定，但一般来说，主要格式包括以下几部分：

1. 封面

包括调研报告题目、委托单位、承担单位、项目负责人、时间等主要信息。

2. 内容摘要与关键字

300～500字的简要介绍，关键字为5～7个可以表达主要内容的字词。介绍一般包括三部分内容：

第一，简要说明调研目的。即简要地说明调研的由来和委托调研的原因；

第二，简要介绍调研对象和调研内容。包括调研时间、地点、对象、范围、调研要点及所要解答的问题；

第三，简要介绍调研研究的方法。介绍调查研究的方法有助于使人确信调研结果的可靠性，因此对所用方法要进行简短叙述，并说明选用方法的原因。是实地调研法还是文案调研法。

3. 目录

一般包括三级目录，便于读者浏览。

4. 调研报告正文

一般调研报告的主要内容有：

第一，说明调研目的及所要解决的问题；

第二，介绍市场背景资料；

第三，分析的方法，如样本的抽取，资料的收集、整理、分析技术等；

第四，调研数据及其分析；

第五，提出论点，摆出自己的观点和看法；

第六，论证所提观点的基本理由；

第七，提出解决问题可供选择的建议、方案和步骤；

第八，预测可能遇到的风险、对策。

SWOT分析：我们的强项是什么，我们如何利用这些强项；我们的弱项是什么，我们如何减少这些弱项的影响；市场为我们提供什么样的机会，我们如何把握这些机会；什么威胁着我们的成功，我们如何有效地对付这些威胁。

5. 参考资料与附件

附件是指调研报告正文包含不了或没有提及，但与正文有关，必须附加说明的部分。它是对正文报告的补充或更详尽说明，包括数据汇总表及原始资料背景材料和必要的工作技术报告。例如，为调研选定样本的有关细节资料及调研期间所使用的文件副本等。

【业务经验】

撰写市场调研报告应注意的问题

（1）明确报告的对象，简明扼要地向决策者阐述调研结果的有效性。

（2）调研报告力求客观真实、实事求是。调研报告必须符合客观实际，引用的材料、数据必须真实可靠。要反对弄虚作假，或迎合上级的意图，挑他们喜欢的材料撰写。总之，要用事实来说话。论证部分必须与调研报告的主题相符。

（3）调研报告要做到调研资料和观点相统一。市场调研报告是以调研资料为依据的。即调研报告中所有观点、结论都以大量的调研资料为根据。在撰写过程中，要善于用资料说明观点。用观点概括资料，二者相互统一。切忌调研资料与观点相分离。

（4）调研报告要突出市场调研的目的。撰写市场调研报告，必须目的明确，有的放矢，任何市场调研都是为了解决或者说明某一问题。调研报告必须围绕市场调研上述目的来进行论述。调研报告要突出重点，切忌面面俱到、事无巨细地进行分析。适当选用多种不同类型的图表，具体说明和突出调研报告中的重要部分和中心内容。

（5）调研报告的语言要简明、准确、易懂。调研报告是给人看的，无论是厂长、经理，还是其他一般的读者，他们大多不喜欢冗长、乏味、呆板的语言，也不精通调研的专业术语。因此，撰写调研报告语言要力求简单准确、通俗易懂、逻辑严谨、用词恰当，避免使用专业技术性较强的词语；引用他人的文字或者观点，要标注清楚，避免有意无意的抄袭行为；根据调研目的和调研内容来确定调研报告的长短，调研报告的篇幅应该是宜长则长、宜短则短；应将全篇调研报告打印成正式文稿，以方便阅读。

总之，一份好的市场调研报告不仅要精心设计报告内容，同时要合理地组织安排报告结构和格式，更重要的是应以客户导向为基础。

【案例分析】

调研人员小刘经历过这样一件事情：有一次他受一家农药制造商的委托，做了长达 6 个月的市场调研。调研结束后，他精心准备了一篇 250 页的调研报告。小刘直接向公司 3 名最高决策者作口头汇报。他信心百倍，自以为报告中有重大发现、有价值的结论和可行的建议，还有若干个可开发的新细分市场和若干条产品理念方面的创意。

小刘的报告里充满了事实、数据和图表，他整整汇报了一个小时，还没汇报完。

这时农药公司的总经理站起来说："停！我听了一个多小时枯燥无聊的数字，完全给搞糊涂了，我想我并不需要一份比字典还要厚的调研报告。明天早晨上班前，务必把一份不超过 2 000 字的摘要放到我的办公桌上。"说完就离开了办公室。这件事让小刘百思不得其解，他自认为精心撰写的调研报告，为什么会在老总跟前碰壁呢？

随后，小刘找到了公司资深同事小王，向他吐槽这件事。小王说，领导工作这么忙，他们对时间的要求非常苛刻，他哪有时间耐心听你讲长篇大论啊！对于书面调研报告，企业的高层决策者基本上是倾向于"看其所想看"。他们会下意识地漏掉不感兴趣的信息，或者漏掉和他们预想不一致的看法，而是选择那些能够支持他们预想观念的特别信息。他们一般会略过报告中其他方面的描述，而直接看调研结果、结论和建议部分。因此，你在汇报时，要简洁明了，避免使用晦涩的文字和大量专业术语，把调研结果、结论和建议等信息简洁明确地汇报出来就行了。

小刘听后茅塞顿开，第二天，准时提交了一份简单的摘要，公司老总看后很满意，直夸小刘悟性高。

分析：从这个案例中你得到的启示是什么？分小组进行分享交流。

【工作任务实施记录与评价】

工作任务实施记录与评价见表 3-1-34 至表 3-1-37。

表 3-1-34　撰写调研报告

师傅指导记录	调研报告质量评价	评价成绩
		年　月　日

（说明：指导内容、调研报告可附页）

表 3-1-35　费用报销表

车费	补助	住宿费	电话费	其他	合计（元）

表 3-1-36　调研报告审批表

调研报告名称			
起草部门		起草人	
报告内容			
审批时间	审批意见		审批人

表 3-1-37　学徒关键职业能力及职业品质、工匠精神评价表

项目	A	B	C	D
工作态度				
吃苦耐劳				
团队协作				
沟通交流				
学习钻研				
认真负责				
诚实守信				

项目二
农产品与农资企业微观营销环境分析

【项目描述】

微观市场营销环境主要体现在企业的具体对外业务往来过程中。企业的营销管理者不仅要重视目标市场的要求，而且要了解微观市场营销环境因素对企业的影响。微观市场营销环境的一些因素，企业通过努力可以加以控制。每个企业的主要目标都是在盈利的前提下为目标顾客服务，满足目标市场需求。要实现这个任务，企业必须把自己与供应者和营销中介联系起来，以接近目标顾客。

本项目共包括 5 个工作任务即制订农产品与农资企业微观营销环境调研计划、农产品与农资企业微观环境调研、农产品与农资企业微观环境调研资料归纳整理、农产品与农资企业微观环境分析、撰写农产品与农资企业微观环境调研报告。

【专业知识准备】

一、 农产品与农资企业微观环境分析

农产品与农资企业微观环境也称个体环境，是指对农产品经营者有直接影响的环境因素，因此也称为直接环境。与农产品宏观环境因素相比，微观环境对营销主体的营销活动影响往往更直接、更具体，而且可控性也更强一些，但不是所有的因素都是可控的。包括企业本身、供应商、渠道中间商、顾客、竞争者和社会公众等。

（一） 企业

企业的营销和发展受公司财务状况、人员素质、管理水平、研究与开发的水平、生产制造与采购成本等方面影响，这些相关互联部门构成了企业的内部环境。

在企业内部环境中，最高管理层负责并参与制定公司的目标、总战略和政策；营

销部门要依据最高管理层的规划来做决策，而营销计划必须得到最高管理层的同意才能实施。同样，营销部门还必须与企业的其他业务部门（如财务部门、研究开发部门、采购部门、生产部门等）密切合作，共同制订计划。如财务部门要给予资金支持来执行市场营销计划，研发部门要不断开发出新产品，采购部门要努力获得生产所需要的原材料等。企业内部各职能部门分工是否合理、配合是否默契有序都会影响企业市场营销计划的制订和实施。

（二）供应商

供应商是指向企业及其竞争者提供所需资源的一切组织和个人。通常情况下，供应商给企业提供的资源主要包括原材料、劳务、设备、资金及其他附带生产资料。作为企业微观营销环境要素之一，供应商的选择对企业营销活动具有重大的影响作用。选择供应商时，需要注意以下几个因素：

（1）资源供应的及时性与稳定性　即资源供应的保证程度，这直接影响企业生产的正常运转，进而影响企业的营销活动。

（2）资源供应的价格和数量　资源供应的价格和数量将直接影响企业产品的成本、价格水平、市场占有率以及企业利润的实现程度。

（3）资源的质量水平　原材料和零部件的质量将直接影响产品的质量。

为了内部的经济效益和外部的市场竞争力，企业对供应商的选择，必须从多方面同时考察，既要考虑资源的质量和价格，又要重视供应商在运输、信用、成本、风险等方面的良好组合情况。根据不同供应商所供货源在营销活动中的重要性，企业可对为数较多的供应商进行归类，以便合理协调，抓住重点。

在选择好供应商后，还必须加强对供应商的管理，实现与主要供应商建立长期稳定的合作关系以保证企业生产资源供应的稳定性，同时，企业还必须使自己的供应商多样化。企业过分依赖一家或少数几家供应商，受到供应变化的影响和打击的可能性就大。为了减少对企业的影响和制约，企业要尽可能多地联系供应商，向多个供应商采购，尽量避免过于依靠某一单一供应商，以免与供应商的关系发生变化时，使企业被动陷入困境。

（三）渠道中间商

渠道中间商主要指协助企业将产品促销、销售分销给最终购买者的中介组织，是企业营销活动中不可缺少的中间环节。渠道中间商一般包括经销商、货物储运商、营销服务机构和金融中介等。企业要达到实现、满足顾客需要的目标，离不开这些渠道中间商的配合。在现代化大生产的条件下，生产和消费之间存在空间分离、时间分离和信息分离等矛盾，只有在各类渠道中间商的协助下才能有效解决这些问题。

1. 经销商

在经营中，厂商若指定某特定的公司为其产品交易的中间商，双方明确合同，约定由原厂持续地供给该中间商一定产品进行转售，该中间商就是经销商。经销商具有独立的经营资格和经营权限，是通过获取产品利差来取得发展的商业单位或者个人。

2. 货物储运商

货物储运商包括仓储公司和货运公司，其中仓储公司主要储存和保护企业的产品、原材料及零部件，货运公司为企业输送生产资料或运送产品。随着社会分工的深化，独立的货物储运商已经产生并得到巨大发展。企业必须选择最佳的方式来储存和运送产品，并权衡成本、交货期、速度和安全等问题。

3. 营销服务机构

主要包括市场调研公司、广告代理公司、传播媒介机构和营销咨询公司等，它们帮助企业选择恰当的目标市场、对产品进行正确定位并促销产品。有些大企业可以自己承担营销服务任务，而对于多数中小企业来说，借助专业机构的服务是非常必要的。

4. 金融中介

包括银行、信贷公司、保险公司及其他机构，它们能够为交易提供金融支持或者降低商品买卖中的风险。在现代经济生活中，企业和金融机构有着不可分割的联系，如企业间的财务往来要通过银行账户进行结算；信贷来源受到限制会使企业处于困境；企业的财产和货物要通过保险公司进行保险等。这些情况都将直接影响企业的日常运转，因此企业与金融机构需要建立良好的合作关系。

渠道中间商是企业整个价值传递系统中的重要组成部分。企业应与供应商和渠道中间商建立有效的伙伴关系，保持和发展三者之间的互利合作关系，以使整个系统取得最佳业绩，更好地为顾客服务。

（四） 顾客

顾客是企业服务的对象，是企业经营活动的出发点和归宿。企业的一切营销活动都要以满足顾客需求为中心，因此，顾客是企业最重要的环境因素，顾客就是企业的目标市场。按照顾客类别及其购买目的，顾客可分为 6 类。顾客类型见图 3-2-1。

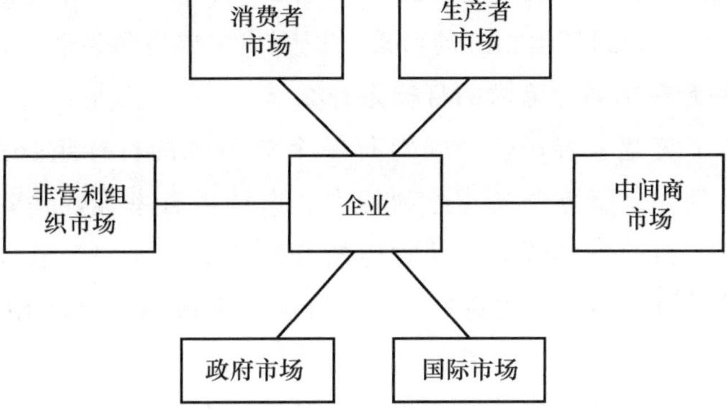

图 3-2-1 顾客类型

1. 消费者市场

指由个人和家庭组成，主要为个人和家庭生活消费而购买产品和服务。

2. 生产者市场

指由购买产品和服务用于生产其他产品和服务，以供出售、出租从而获取利润的个人或组织组成。

3. 中间商市场

指商品从生产者到消费者中间的买卖场所和领域。中间商市场的主体包括批发商和零售商。

4. 政府市场

指为了执行政府职能而购买或租用产品和服务的各级政府部门。

5. 非营利组织市场

指为了维持正常运转和履行职能而购买产品和服务的各类非营利组织所构成的市场。

6. 国际市场

由其他国家和地区的消费者、生产商、中间商和政府机构组成。

上述每一类市场都有其独特的需求特点，企业应明确其产品市场的主要类型，认真研究为之服务的不同顾客群体，针对目标市场的特点，制订适宜的营销策略。

（五） 竞争者

任何生产经营行为都会产生竞争者，竞争者的营销战略及营销活动的变化会直接影响到企业的营销。在当今商业经济中，一个企业垄断整个目标市场的情况是很少的，即使一个企业已经垄断了整个目标市场，竞争对手依然有可能想加入进来。因为只要存在着需求或代替品转移的可能性，潜在的竞争对手就会出现。例如，最为明显的是竞争对手的价格、广告宣传、促销手段的变化，新产品的开发，售前、售后服务的加强等，都将直接对企业造成威胁。同时，企业要想获得成功，不仅要考虑目标顾客的需要，还必须比竞争对手更有效地满足顾客的需要和欲望。因而企业必须密切注视竞争者的任何细微变化，并制订出相应的对策。识别出主要竞争者后，还需进一步判断：

1. 每一个竞争者在市场上追求的目标是什么

企业要进一步了解竞争者，就必须对每一个竞争者的目标组合进行分析和研究，如成本领先、技术领先、服务领先、盈利能力、市场占有率等，并要了解竞争者的重点目标是什么，以有利于企业做出有针对性的营销反应，如一个以“技术领先”为主要目标的企业，对其他企业推出的新的产品品种会非常敏感，会做出强烈的竞争反应。

2. 每一个竞争者的行为推动力是什么

企业之间采取的战略越相似，其竞争就越激烈。企业进入某一战略群体时，要考虑进入不同战略群体的难易程度和成本高低，如小型企业适于进入投资和声誉都较低的群体；同时企业进入某一战略群体时，要明确谁是主要的竞争对手，制订差异性较大的竞争战略，以吸引相同的目标顾客群体。

此外，企业要充分估量竞争者的优势和劣势，要收集竞争对手的情报资料，从产品开发、产品组合、营销战略、现金流量、市场份额、销售额、销售渠道等多方面对竞争者进行分析和研究，以发现竞争者的薄弱环节和错误判断，利用竞争对手的劣势获得成功。

（六） 社会公众

社会公众是指对农资企业或农产品生产企业、基地、专业户的生存和发展具有实际的和潜在的利害关系，或有影响力的一切团体和个人。公众是农业生产企业或专业户寻求目标市场时的人缘基础。公众对农业企业营销方式的态度，农业企业营销行为对公众利益的影响，其相互之间有着极强的内在联系。企业周围的公众主要有：

1. 金融公众

金融公众对企业的融资能力有重要的影响，主要包括银行、投资公司、证券经纪行、股东等。

2. 媒体公众

媒体公众是指报纸、杂志、广播、电视、新媒体等具有广泛影响的大众传播媒体。它们对企业的声誉和市场形象具有举足轻重的影响。

3. 政府公众

负责管理企业经营活动的有关政府机构。企业管理机构在制订营销计划时，必须认真研究和考虑政府政策的发展变化。如大型绿化苗木企业，判断政府在基础建设方面，如城市绿化、公路建设、房地产开发等方面的政策变化，有利于企业及早预测其生产规模，有利于营销活动的开展。

4. 市民行业团体

即各种消费者保护组织、环境保护组织、少数民族团体等。比如环保组织认为某一绿化树种的绿化效果较差，就可能影响到该绿化树种的销售。

5. 地方公众

即企业所在地的居民、社会组织等。企业应同当地的地方公众，如邻里居民和社区组织等保持良好关系。

6. 一般群众

企业需要关注一般群众对企业产品及经营活动的态度。虽然一般群众并不是有组织地对企业采取行动，但是一般群众对企业的印象却影响着消费者对该企业及产品的看法。

7. 企业内部公众

企业内部公众包括董事会、经理、职工等。一些公司有内部的业务通讯或采用其他信息沟通方法向企业内部公众通报信息并激励他们的积极性。当企业雇员对自己的企业感到满意时，他们的态度也就会感染企业以外的公众。

社会公众会对企业的生存和发展产生巨大影响，社会公众可能有增强企业实现其目标的能力，也可能有妨碍企业实现其目标的能力。所以，企业需要时刻关注公众的态度，努力保持与主要公众的关系，树立和保护企业的良好形象。

二、 调查问卷的设计

调查问卷又称调查表，它是以书面问答的形式了解被调查者对营销环境的反应和看法，以此获得信息资料的一种调查方式。调查问卷的设计，是市场调查的一项基础性工作，调查问卷设计的好坏直接关系到能否达到预期的目的。

（一） 调查问卷的基本结构

1. 问卷的基本要求

从内容上看，一份好的问卷调查表至少应该满足以下几方面的要求：一是问题具体、表述清楚、重点突出、整体结构清晰；二是确保问卷能完成调查任务与目的；三是便于统计整理。

2. 问卷的基本结构

问卷的基本结构一般包括四个部分，即说明信、调查内容、编码和结束语。其中调查内容是问卷的核心部分，是每份问卷都必不可少的内容，而其他部分则根据设计者需要取舍。

（二） 问卷设计的过程

问卷设计的过程一般包括十大步骤，即确定所需信息、确定问卷类型、确定问题内容、确定问题类型、确定问题措辞、确定问题顺序、问卷的排版和布局、问卷测试、问卷定稿、问卷评价。

1. 确定所需信息

确定所需信息是问卷设计的前提工作。首先要进行探索性调研，发现研究问题；其次参照调研主题对问题进行筛选，排除不必要问题；最后确定所需信息。

2. 确定问卷类型

在确定问卷类型时，必须先综合考虑调研费用、时效性要求、被调查对象、调查内容等制约因素。

3. 确定问题内容

根据个体差异性，在确定问题内容时，要与被调查对象联系起来。分析被调查者群体，然后确定问题内容。

4. 确定问题类型

问题类型归纳起来分为 5 种：自由问答题、两项选择题、多项选择题和顺位式问答题及评定法，其中两项选择题、多项选择题和顺位式问答题三类均可以称为封闭式问题。

（1）自由问答题　自由问答题也称开放型问答题。只提问题，不给具体答案，要求被调查者根据自身实际情况自由作答。自由问答题主要限于探索性调查，在实际的调查问卷中，这种问题不多。自由问答题的主要优点是被调查者的观点不受限制，便于深入了解被调查者的建设性意见、态度、需求等；主要缺点是难于编码和统计。

例如，您的合作社近两年内准备购买哪些植保机械？

您认为××公司生产的植保无人机好不好用？

（2）两项选择题　两项选择题又称真伪法或是非法，一般适用于书面的调查。这种方法是把要调查的内容具体化为调查提纲、调查表或信函时，能让被调查者客户很方便在"是"与"不是"或"好"与"不好"等两种对立的答案中择其一作答。两项选择题的特点是简单明了；缺点是所获信息量太少，两种极端的回答类型有时往往难以了解和分析被调查者群体中客观存在的不同态度层次。

例如，你是否购买过北大荒公司生产的种子？

A. 是　B. 否

（3）多项选择题　多项选择题是从多个备选答案中选一个或多个。这是各种调查问卷中采用最多的一种问题类型。多项选择题的优点是便于回答，便于编码和统计；缺点是问题提供答案的排列次序可能会引起偏见。

例如，您销售的玉米种子是哪个公司的产品？

A. 袁隆平农业高科技股份有限公司　　B. 中国种子集团有限公司

C. 山东登海种业股份有限公司　　D. 中农发种业集团股份有限公司

E. 北大荒垦丰种业股份有限公司　　F. 河南秋乐种业股份有限公司

请在选择的答案序号上打√号

您购买北大荒种子的原因是什么？

A. 便宜　　B. 高产　　C. 抗病　　D. 无替代品　　E. 大品牌

在使用此法时要注意：备选答案预先编号；备选答案应尽可能包括可能的情况，但应避免重复；备选答案不宜过多，一般不超过 10 个。

（4）顺位式问答题　顺位式问答题又称序列式问答题，是在多项选择题的基础上，要求被调查者对询问的问题答案，按自己认为的重要程度和喜欢程度顺位排列。调查问卷中，往往是几种类型的问题同时并存，单纯采用一种类型问题的问卷并不多见。

例如，请列出您购买金土地种子主要考虑的因素，请按重要程度选出三项：最重要（　　）；其次（　　）；最后（　　）

A. 产品知名度　B. 供货服务　C. 产品价格　D. 供方促销　E. 高产抗病　F. 批零差价　G. 等货时间　H. 供方广告　J. 其他（请注明）＿＿＿＿＿

例如，某车载式喷雾器生产厂对客户购买喷雾器有关因素进行调查，请您将选购喷雾器时所考虑的因素按先后顺序编号。

A. 价格便宜　B. 维修方便　C. 材料优良　D. 雾化效果好　E. 外形美观　F. 方便实用　G. 耗油量小　H. 动力足

这里值得指出的是，用顺位式进行调查时，应注意决定顺位的数目不宜过多，一般不超过 10 个；顺位取到第几位，根据调查的目的来决定，若只是一般地了解调查项目的顺位，可采用全部顺位；若只想了解某些重点，可采取前两位或前三位。

（5）评定法　评定法就是要求被调查者客户表示自己对某个问题的认识程度。

例如：经过多年使用，您对××厂生产的植保无人机的质量和性能的可靠性有何看法？

很可靠（　　）很好用（　　）一般（　　）不可靠（　　）很不可靠（　　）

请根据您单位的看法在（　　）中打√号。

5. 确定问题措辞

问题的措辞指将问题的内容和结构翻译成调研对象可以清楚而轻松理解的用语。这是设计一张问卷的关键，同时也是最困难的任务。不重视问题的措辞，而把精力主要集中在问卷设计的其他方面，这样做的结果有可能降低问卷的质量。问题措辞方面应注意以下几点

（1）问题的陈述应尽量简洁，避免使用技术用语，因为大多数调研对象不理解专业术语；

例如，您认为植物源农药的分销充分吗？

在上面的例子中，“植物源农药”“分销”等词可能给调研对象带来理解上的困惑；

（2）尽量避免提带有双重或多重含义的问题；

（3）最好不用反义疑问句，避免否定句；

（4）避免问题的从众效应和权威效应。

6. 确定问题顺序

问卷中的问题应遵循一定的排列次序，问题的排列次序会影响被调查者的兴趣、情绪，进而影响其合作积极性。所以一份好的问卷应对问题的排列作出精心设计。

一般而言，问卷的开头部分应安排比较容易的问题，这样可以给被调查者一种轻松、愉快的感觉，便于他们继续答下去。中间部分最好安排一些核心问题，即调查者需要掌握的资料，这部分是问卷的核心部分，应该妥善安排。结尾部分可以安排一些背景资料，如职业、年龄、收入等。个人背景资料虽然也属事实性问题，也十分容易回答，但有些问题，诸如收入、年龄等同样属于敏感性问题，因此一般安排在末尾部分。当然在不涉及敏感性问题的情况下也可将背景资料安排在开头部分。

7. 问卷的排版和布局

问卷的设计工作基本完成后，便要着手问卷的排版和布局。问卷排版和布局的要

求是整齐、美观，便于阅读、作答和统计。

8. 问卷测试

问卷初稿设计工作完毕之后，不要急于投入使用，特别是对于一些大规模的问卷调查，最好是先组织问卷的测试，如果发现问题，再及时修改，测试通常选择20～100人，样本数不宜太多，也不要太少。如果第一次测试后有很大的改动，可以考虑是否有必要组织第二次测试。

9. 问卷定稿

当问卷测试工作完成，确定没有必要再进一步修改后，可以考虑定稿。问卷定稿后就可以交付打印，正式投入使用。

10. 问卷评价

问卷评价实际上是对问卷的设计质量进行一次总体性评估。对问卷进行评价的方法有很多，包括专家评价、上级评价、被调查者评价和自我评价。

【典型人物案例】

2023年3月，农业农村部公布2022年全国乡村特色产业产值超10亿元镇和超亿元村名单，贵州省修文县河滩村成功入围超亿元村榜单。

金秋时节，黔贵大地硕果盈枝，沃野飘香。河滩村猕猴桃产业园内，一株株藤蔓枝叶葱茏、硕果累累，散发着诱人的清香。藤架下，果农们正忙着采摘，不一会儿，背篓里就装满了新鲜的猕猴桃。

从典型农业村到人均年收入6.4万元的“亿元村”，河滩村的致富密码，离不开村党支部书记王建国。

河滩村猕猴桃种植，要从20世纪80年代末说起。彼时，为扭转村里发展滞后的局面，村里动员群众发展猕猴桃种植，走高效水果种植致富路。面对传统农业“转行”，大家纷纷摇头。

“我先来!”时任河滩村党支部书记的王建国成为第一个“吃螃蟹”的人。2003年，王建国与几名党员联手开荒种藤，3年苦心经营，首批果树终于挂果，这让他信心大增，又扩大了规模。然而，因收效不能立竿见影，大部分群众选择退场，这令王建国反生斗志，坚持种植。一分耕耘，一分收获。经历过挫折后的王建国更加努力学习先进技术和销售经验，聘请农业专家到田间地头研究，根据当地土壤土质，从40余个品种中选定“贵长”作为主栽品种。当年他共种植了100多亩猕猴桃，其中改种的“贵长”品种有60多亩。在销售方面，他已与周边省市大型水果市场建立了合作，基本解决了猕猴桃的销路问题。2010年，修文县委、县政府看到河滩村猕猴桃产业发展潜能，通过修建产业路、免费发苗等方式，鼓励村民种植。

“2015年，全村种植面积达到1.2万亩。”王建国介绍，种植规模稳定后，村里成立了5个合作社，由22名种植大户科学示范种植，在剪枝、授粉、疏果等方面对农户开展一对一帮扶指导，不断提升产业竞争力。

近几年，随着电商平台兴起，河滩猕猴桃有了更广阔的销售空间。“我们的猕猴桃都是现摘现发，口感香糯、酸甜适中。”王建国带头网络直播带货，不到10分钟就收到4个订单。网络大订单带来的高收益，激活了整条产业链。猕猴桃种植基地农民的积极性大大提高，越来越多外出打工的年轻人回到家乡参与种植，在产量和品质提升上持续发力，推动猕猴桃产业高质量发展。

在电商时代，什么样的农产品能走俏网络？王建国认为，农产品真正销售的是它潜在的附加值，比如一种精神、一种健康生活的理念。基于此，王建国先后在陕西、河南、四川、湖南、浙江、江西等地建立了猕猴桃种植基地，从而实现了一年四季鲜货供应。如今，王建国带领河滩村以“山上种桃，田间种菜，林下养鸡”的立体生态农业发展模式，打造“一村一品”特色产业，强力推进农业产业化、规模化种植，探索出一条符合河滩村致富奔小康的路子。

典型人物事迹感想
典型人物工匠精神总结凝练

任务1　制订农产品与农资企业微观营销环境调研计划

在师傅指导带领下，参与到一个强有力的调研团队，配合团队一起制订农产品与农资企业微观营销环境调研计划，并按照进度计划时间表进行调研实施。

【任务目标与质量要求】

了解市场调研的基本步骤和方法，制订农产品与农资企业微观营销环境调研计划。在制订调研计划时，确定好调研主题，实事求是地安排调研内容。调研工作计划具有灵活性，要有积极参与、敢于分担的职业精神。

【学习产出目标】

（1）能对微观营销环境进行分析；

（2）能设计可行的调研问卷；

（3）能制订农产品与农资企业微观营销环境调研计划。

【工作程序与方法要求】

工作程序与方法要求见表 3-2-1。

表 3-2-1　工作程序与方法要求

工作程序	内容	具体方法	要求
确定调研目标	确定调研目标	按照不同需要，市场调研的目标有所不同。	具体、明确、有效。
设计调研方案	确定调研对象	根据农资企业调研目标确定调研对象，调研对象一般为农资批发商、零售商、生产商和消费者等。	分层次、有代表性。
	确定调研内容	根据本次调研的基本情况，由销售经理组织销售员共同确定调研内容，大致包括：企业基本情况、财务、生产、技术、产品及营销情况等信息；向农产品经营者、生产专业户和其他竞争者提供生产与经营所需资源的供应商；本行业的竞争者，来自替代品的生产者、潜在加入者、原材料供应者和购买者等多种力量的竞争者；经销商、货物储运商、营销服务机构和金融中介；消费者；社会公众等。	清楚公司运营模式及销售目标，明确调研任务，调研要详细，表述要清晰。调研内容要围绕目标开展，通过调研收集和掌握大量资料，作为制订计划的依据。
	确定调研方法	选定调研方法必须根据调研对象的特点和所确定的调研类型加以选择，可确定一种或多种方法。问卷法、电话访问、实地调研等。	简单、方便、容易操作。
	调研地区与范围	本地区的农业管理部门、各大农资批发店、零售店、经营者、消费者等。	清楚当地目标用户需求、市场竞争现状、本企业产品现状等。
	样本的抽取	在调研对象中抽取，制订一个抽样方案，以保证抽取的样本能反映总体情况。	科学、有代表性。
	资料收集和整理方法	调研法、观察法和实验法。农资企业做市场调研时，采用调研法较为普遍，调研法又可分为案头调研法、面谈法、电话调研法、邮寄法等。资料的整理方法一般采用统计学中的方法，利用 Excel 工作表格，进行统计处理，获得大量的统计数据。	细心、科学、负责。

续表 3-2-1

工作程序	内容	具体方法	要求
确定调研目标	确定调研目标	按照不同需要，市场调研的目标有所不同。	具体、明确、有效。
制订调研工作计划	组织领导及人员配备	由公司营销部或企划部负责此次调研，成立调研小组，调研人员由销售员组成。	人员配比合适，熟悉调研任务，沟通能力强、团结一致。
	工作进度安排	将市场调研项目整个进行过程安排一个时间表，确定各阶段的工作内容及所需时间。市场调研包括以下几个阶段： ①调研工作的准备阶段，包括调研表的设计、抽取样本、访问员的招聘及培训等； ②实地调研阶段； ③问卷的统计处理分析阶段； ④撰写调研报告阶段。	计划项目齐全，工作措施明确，人员配置、成本费用准备充足，按标准准备资料及管理考核。
	调研经费预算	调研表设计及印刷费；访问员培训费，访问员劳务费、礼品费；调研表统计处理费用等。	合乎实际、经费预算清单简明扼要。根据实际开支预算经费，要在公司经费许可内进行费用预算。

【业务知识】

农资企业微观营销环境调研计划书的制订

农资市场微观环境调研方案是农资市场营销调研的基本框架，在实际操作中一般以调研计划书的形式出现。包括以下几方面内容：

（一） 调研背景

农资经营企业面临的市场现状。

（二） 正文

1. 调研目的

明确在调研中要解决哪些问题，通过调研要取得什么样的资料，取得这样的资料有什么样的用途等。

2. 调研对象

当地农业局、种子管理站、农资批发商、零售商、农户等。

3. 调研内容和范围

（1）农产品及农资企业内部　包括企业基本情况、财务、生产、技术、产品及营销情况等信息，农业经营企业内部的其他部门会影响到企业经营部门的营销活动。在制订企业营销计划时，营销部门应该兼顾企业的其他部门，如最高管理层以及财务、研发、采购、生产等部门。

（2）供应商　指向农产品经营者、生产专业户和其他竞争者提供生产与经营所需资源的单位和个人。农产品供应商提供的资源包括种子、农药、化肥、地膜、生产工具等。

（3）市场中介　经销商、货物储运商、营销服务机构和金融中介等。

（4）竞争者　在竞争性市场上，除来自本行业的竞争者，还有来自替代品的生产者、潜在加入者、原材料供应者和购买者等多种力量的竞争。

（5）消费者　消费者是农产品的购买者（包括顾客、最终消费者和农产品加工、经营者），也是农产品生产者服务的对象和目标市场。

（6）社会公众　指对本组织实现其营销目标具有实际的或潜在的利益关系或影响的各种群体或个人，主要包括政府公众、媒介公众、金融公众、群众团体公众、地主公众、一般公众、企业内部公众等。

4. 调研方法和抽样设计

根据微观调研的特点，一般采取的调研方法和抽样设计为：

（1）调研方法主要有问卷法、访问法、观察法等；

（2）抽样设计包括随机抽样、系统抽样、配额抽样等。

5. 调研区域

一般调研的区域就是营销的区域。

6. 调研进度

详细地列出完成每一步骤所需的天数以及起始中止时间。

×月×日—×月×日，方案与问卷设计；

×月×日—×月×日，调研实施；

×月×日—×月×日，数据处理与分析；

×月×日—×月×日，报告撰写与发布。

7. 经费预算

在进行预算时要将可能需要的费用尽可能考虑全面，以免将来出现一些不必要的麻烦而影响调研进度。

（1）问卷设计、印刷费　　××元

（2）调研费　　××元

（3）数据处理（编码、录入、处理、分析）　××元

（4）报告撰写与制作　　××元

（三） 附录

（1） 人员调度；

（2） 抽样方案的技术说明及细节说明；

（3） 问卷设计中的有关技术说明；

（4） 数据处理方法、所用软件等方面的说明。

【业务经验】

调研问题确定后，还不宜进行大范围的正式调研。为了使调研具有针对性，调研人员对企业内外部情况进行一次初步情况分析。为此，应尽可能利用本企业内部现有资料，包括各种报表、记录、统计资料、用户来函和财务决算等。同时，要向企业内部有关人员（如销售经理、业务员等）精通本问题的有关专家、学者及有代表性的批发商、主要零售商和养殖场户主动征求意见，以便掌握足够的资料，缩小正式调研的范围。如果在非正式调研阶段，已经找出问题及产生问题的原因，并提出了解决问题的方法与策略，就不需进入正式调研。但是大部分问题不可能通过预备调研解决，还需进一步深入调研。

【案例分析】

四川金堂县盛产脐橙，几乎每年都有许多水果商争先恐后地赶往金堂进货，然后运到成都驷马桥水果批发市场销往全国各地。去年金堂脐橙喜获丰收，但两块钱一斤的价格都没人愿意进货。记者曾为此采访驷马桥的批发商们，水果商说："这种脐橙以前一天要销几千斤，现在一天最多只能销几百斤，哪个还敢去进货嘛？"究其原因，他们说："很简单嘛，现在省外的'皇帝柑'进来了，顾客欢迎这种新品种，脐橙是老品种，当然就不好卖了。"

这个例子说明：在买方市场条件下，消费者的需求是不断变化的，生产者绝不能满足于把一种产品生产出来就一劳永逸了，因为再好的产品也有它的生命周期，关键是要不断适应市场的变化。

分析：脐橙卖不出去的原因是什么？试分析从中得到的启示。

【工作任务实施记录与评价】

工作任务实施记录与评价见表 3-2-2 至表 3-2-7。

表 3-2-2 调研计划方案的制订

师傅指导记录	调研计划方案质量评价	评价成绩
		年　月　日

（说明：指导内容、调研计划方案可附页）

表 3-2-3　农资市场调研计划申请表

调研名称			
调研时间		调研区域	
调研人		调研目标	
调研内容			
调研方法		调研样本量	
时间安排			
预算		备注	
市场部经理意见			
市场营销部总经理意见			

表 3-2-4　调研经费预算表

项目内容	单价/元	单位	数量	合计/元	
交通	长途汽车				
	当地公交				
	自驾				
住宿	标间				
餐饮					
调研报告会	传单				
	宣传展板				
	宣传册				
	大海报				
	DVD 光盘				
	横幅				
	矿泉水				
其他	笔记本、笔				
	培训期间打印费用				
	应急药品（防中暑、擦伤等）				
	队服				
	访谈小礼品				

表 3-2-5 调研方案完成时间及责任落实表

项目	完成时间	负责人	项目	完成时间	负责人
调研方案、问卷的设计			数据预处理阶段		
调研方案、问卷的修改、确认			调研报告撰写阶段		
实地访谈阶段			论证阶段		

表 3-2-6 出差申请表

姓名		工号		出差时间	
部门		职位		出差事由	
出差目的地		随行人员			
费用预算		部门主管意见			
主管领导意见		费用审核（财务部）			

表 3-2-7 学徒关键职业能力及职业品质、工匠精神评价表

项目	A	B	C	D
工作态度				
吃苦耐劳				
团队协作				
沟通交流				
学习钻研				
认真负责				
诚实守信				

任务 2 农产品与农资企业微观环境调研

在师傅指导带领下，进行农产品与农资企业微观环境信息收集，为企业分析宏观营销环境对其影响的方式和程度提供依据。

【任务目标与质量要求】

了解市场调研的步骤，能够进行农产品与农资企业微观环境信息收集。要求有团队合作精神、能够积极参与、主动承担工作的职业精神，善于与人交流的职业能力。

【学习产出目标】

（1）能够组建和培训市场调查人员、完成本次调研任务；

（2）能以调查问卷为工具，熟练的进行市场调研，为企业的决策提供准确的市场信息和可靠的数据；

（3）能够进行信息收集；

（4）能够通过人际沟通技巧完成市场调研任务，具有问卷整体设计优化意识。

【工作程序与方法要求】

工作程序与方法要求见表 3-2-8。

表 3-2-8　工作程序与方法要求

工作程序	内容	具体方法	要求
问卷设计	1. 编制调查提纲； 2. 设计调查问卷； 3. 完善调查问卷。	根据调研目标和调研内容，由销售经理组织营销员进行调查问卷的设计。 1. 以调查提纲为基础，提出问题； 2. 以判断、单选、多选为主设置客观题，提高互动效率； 3. 适时设置填空和简述题，关注受访者的个体感受。	具体、明确、有效，设计的问题简单容易回答。紧扣目标。
调研人员的选择和培训	选择调研人员。	选择职业道德素质高、较强的业务素质和良好的身体素质的人。	分层次、有代表性。
	培训：明确调研的具体目的和现实意义；明确要求，遵守规则；注重业务，强化技能。	根据本次调研的基本情况，由销售经理组织销售员共同确定调研内容，对相关人员进行培训。具体培训方法有集中讲授、以会代训、以老带新、模拟训练、实地锻炼、哈雷斯培训法。	清楚公司运营模式及销售目标，明确调查任务，调查要详细，表述要清晰。调研内容要围绕目标开展，通过调研收集和掌握大量资料，作为制订计划的依据。
实施调研，信息收集	1. 准备问卷； 2. 发放问卷； 3. 收集问卷。	做好实地调研的组织领导工作；做好实地调研的协调、监督工作；调研资料的回收。	工作任务落实到位，工作目标清晰、责任明确。

【业务知识】

调查问卷的制订

一份完整的调查问卷通常包括标题、问卷说明、被调查者基本情况、调查内容、编码、调查者情况等内容。

一、 问卷标题

问卷标题是概括说明调查的研究主题，使被调查者对所要回答什么方面的问题有一个大致的了解。确定标题应简明扼要，易于引起回答者的兴趣。

二、 问卷说明

问卷说明旨在向被调查者说明调查的目的、意义。有些问卷还有填表须知、交表时间、地点及其他事项说明等。问卷说明一般放在问卷开头，通过它可以使被调查者了解调查目的，消除顾虑，并按一定的要求填写问卷。

三、 被调查者基本情况

这是指被调查者的一些主要特征，如在消费者调查中，消费者的性别、年龄、民族、家庭人口、婚姻状况、文化程度、职业、单位、收入、所在地区等。又如，对企业调查中的企业名称、地址、所有制性质、主管部门、职工人数、商品销售额（或产品销售量）等情况。通过这些项目，便于对调查资料进行统计分组、分析。在实际调查中，列入哪些项目，列入多少项目，应根据调查目的、调查要求而定，并非多多益善。

四、 调查主题内容

调查的主题内容是调查者所要了解的基本内容，也是调查问卷中最重要的部分。它主要是以提问的形式提供给被调查者，这部分内容设计的好坏直接影响整个调查的价值。对企业微观环境的调查内容主要包括以下几方面：

1. 对当地农产品与农资企业的调查

包括企业的财务状况、人员素质、管理水平、研究与开发能力、生产制造与采购成本等方面的影响等。

2. 对企业供应商进行调查

包括供货的稳定性和及时性、供货的价格变动、供货的质量水平等。

3. 对市场中介的调查

主要包括经销商、货物储运商、营销服务机构和金融机构等。

4. 对消费者的调查

主要包括消费者的收入水平、购买能力、消费结构、忠诚度、消费习惯、需求特点、购买动机等。

5. 对竞争者的调查

包括竞争对手的经营特色、价格、促销手段、广告宣传、新产品的开发、售前售后服务等。

6. 对公众的调查

公众对企业营销方式的态度、品牌的认可度等。

五、 作业证明的记载

在调查表的最后，附上调查员的姓名、访问日期、时间等，以明确调查人员完成任务的性质。如有必要，还可写上被调查者的姓名、单位或家庭住址、电话等，以便审核和进一步追踪调查。对于一些涉及被调查者隐私的问卷，上述内容则不宜列入。

【业务经验】

调查问卷询问语注意事项

调查问卷中常常用到询问用语。询问用语在问卷调查中对调查结果有绝对的影响。应注意以下几点：

1. 避免提一般性的问题

一般性问题对实际调查工作并无指导意义。

2. 避免用不确切的词

例如“您今年大概种了多少亩地?”这种“大概”“普通”“经常”“一些”等不确定的词以及一些形容词，如“美丽”等这些词语，各人理解往往不同，在问卷设计中应避免或减少使用。

3. 避免使用含糊不清的句子

即问题的含义不清楚、不明确或者有歧义，这种问题有些是由问卷设计者对所提问题的目的和用意不清楚造成的，有些是由表达不当，对问题的用语推敲不够造成的。

例如，您对近年来农产品的感觉是（　　）。

A. 几乎没什么变化　　B. 变化不大　　C. 变化较大　　D. 变化很大

您认为这种变化是（　　）。A. 有利的　　B. 不利的

4. 避免引导性提问

如果提出的问题不是“中性”的，而是暗示出调查者的观点和见解，力求使回答者跟着这种倾向回答，这种提问就是“引导性提问”。比如“你为什么不去张三的农资店购买化肥?”此时你得到的答案是他们不去张三农资店的原因，但你真正需要了解的是他们为什么选择你的店，根据顾客对其他农资店的看法，来了解顾客为什么选择你的店，可能会导致错误的推测。

5. 避免提断定性的问题

例如“您一天吃多少蔬菜?”这类问题即为断定性问题，被调查者如果根本不知道

自己吃多少蔬菜，就会造成无法回答。

6. 避免提被调查者难堪的问题

如果有些问题非问不可，也不能只顾自己的需要，穷追不舍，应考虑回答者的自尊心。

7. 问句要考虑时间性

时间过久的问题易使人遗忘。

8. 拟定问句要有明确的界限

如果调查者对此没有明确的界定，调查结果也很难达到预期要求。

9. 问句要具体

一个问句最好只问一个要点，一个问句中如果包含过多的询问内容会使回答者无从答起，给统计汇总也带来困难。

10. 要避免问题与答案不一致

所提问题与所设答案应做到一致。

11. 决定问题先后顺序

（1）第一个问题一般都是有趣且容易答复；

（2）由浅入深，慢慢引入比较难答的问题；

（3）问题要一气呵成，且应注意问题前后连贯性。

【案例分析】

仲景香菇酱是由仲景宛西集团旗下仲景食品研制生产的。研制之初，企业就找准了他们的竞争对手——一家独大的调味酱行业老大“老干妈辣酱”。无数调味酱产品屡战屡败，仲景香菇酱如何才能在老干妈高度忠诚的品牌市场里，找到自己的一席之地和生存空间呢？

经调研，企业发现消费市场一直把酱菜作为餐桌上的配角，主要消费价值和定位是下饭。与之相比，仲景香菇酱以香菇为主要原料，营养价值高，适应性强，这是最大的优势和不同。仲景食品独创的菇类发酵技术，使生产出来的香菇酱自然、浓郁、有嚼劲，回味悠长，完全可以“大口吃”。“香菇酱，肉一样”，所以一经推出即引爆香菇酱热潮，开启了营养佐餐新时代，成为继“老干妈”之后又一现象级餐桌食品品牌新贵。“营养佐餐”是企业为仲景香菇酱的实效定位，这个定位一举将酱菜市场切分成两大阵营：营养佐餐酱和非营养佐餐酱。这就帮仲景香菇酱在未来的中国调味酱菜市场形成与老干妈品牌不同的市场格局。

分析：仲景香菇酱成功营销的关键因素是什么？

【工作任务实施记录与评价】

工作任务实施记录与评价见表 3-2-9 至表 3-2-17。

表 3-2-9　设计问卷调查

师傅指导记录	问卷调查质量评价	评价成绩
		年　月　日

（说明：指导内容、问卷调查表可附页）

表 3-2-10　工作日志

姓名：　　　地点：　　　　时间：

访问者姓名	电话	地址	畅销产品	备注

表 3-2-11　市场上畅销产品调研

产品名称	规格	含量成分	产地	价格	畅销原因	备注

表 3-2-12　培训人员签到表

序号	姓名	年龄	学历	联系电话	备注

表 3-2-13　农资市场调研问卷表

<table>
<tr><td>被调研人姓名</td><td></td><td colspan="2">联系方式</td><td colspan="3"></td></tr>
<tr><td>经营范围</td><td></td><td colspan="2">年销售额</td><td colspan="3"></td></tr>
<tr><td colspan="2">调研项目</td><td colspan="5">内容</td></tr>
<tr><td colspan="2">1. 请问：您干农资____年了？您觉得什么农资产品最受当地农民朋友的欢迎？</td><td colspan="5">A. 地产　B. 国产　C. 进口</td></tr>
<tr><td colspan="2">2. 请问：你们地区有哪个种类的农资最畅销？</td><td colspan="5">A. 种子　B. 农药　C. 化肥　D. 饲料　E. 兽药　F. 其他</td></tr>
<tr><td colspan="2">3. 在您所在的地区，哪些肥料（农药）最畅销？</td><td>A.</td><td>B.</td><td colspan="3">C.</td></tr>
<tr><td colspan="2">4. 您所经营的这些品牌都有哪个方面的支持方式？</td><td>A. 促销拉动</td><td>B. 彩页宣传</td><td colspan="2">C. 媒体传播</td><td>D. 其他</td></tr>
<tr><td colspan="2">5. 您都代理了哪些品牌？</td><td colspan="5"></td></tr>
<tr><td colspan="2">6. 您所在地区种植农作物种类以什么为主？</td><td>A. 粮食作物</td><td>B. 经济作物</td><td>C. 蔬菜</td><td>D. 果树</td><td>E. 其他</td></tr>
<tr><td colspan="2">其他</td><td colspan="5"></td></tr>
</table>

表 3-2-14　走访企业调研表

企业名称		地址		
负责人		联系电话		
注册资金		成立时间		
主要经营项目		经营类型		
经营情况	上年度销售收入/万元		增长率	
	上年度净利润/万元		增长率	
生产模式		销售模式		
研发情况		研发占销售比重		

表 3-2-15　经销商（供应商）问卷调查

片区		店名	
店铺地址			
经销商姓名		性别	
年龄		从事农资时间	
主要经营项目		经营规模	
经营品牌			
其他			

表 3-2-16　农产品（农资）产品信息调研表

产品名称	厂家	主要成分	有效含量	规格	零售价

表 3-2-17　竞争对手调研表

调研区域		调研人员		调研时间	
企业基本情况	竞争对手名称				
	营销方针及做法				
	主要销售方式				
销售人员情况	姓名		学历、年龄		
	服务时间		销售员特长		
	待遇水平		主要客户		
	其他				

续表 3-2-17

调研区域		调研人员		调研时间	
产品情况	产品种类				
	产品性能		产品品质		
	产品占有率		产品价格		
其他					

表 3-2-18　农产品消费者特征分析表

	购买渠道	购买状态	选用价位	功效选择	更换频率	其他
年轻人	超市或绿色专柜	想吃就买	几十元到上百元不等	健康绿色	看见新品种经常更换	
老年人	菜市场	吃完再买	低价	便宜	偶尔尝试	

表 3-2-19　客户调查表

客户名称		电话			地址	
负责人		年龄		电话	性别	
总经理		年龄		电话	性别	
接洽人		年龄		电话	负责事项	
合同中的特殊要求						
经营状况	经营态度	□积极　□保守　□踏实　□不定　□投机				
	业务发展	□兴隆　□成长　□稳定　□衰退　□不定				
	业务范围	□农产品　□种子　□农药　□其他				
	销货对象					
	价格	□合理　□偏高　□偏低　□削价				
	业务金额	每年_____，月销量_____，淡季_____，旺季_____。				
	组织	□独自经营　□合资公司　□股份有限　□有限公司				
	员工人数					
	同业地位	□引领者　□有影响　□一级　□二级　□三级				
付款方式	态度					
	付款期					
	方式					
	手续					
与本公司往来情况	年度	主要合作产品	金额	旺季/月	淡季/月	

表 3-2-20　代理商调查评估表

公司概况	公司名称		法人代表		年龄				
	公司地址		电话		员工人数				
	成立日期		资本额		业务范围				
资产和损益	营业额		毛利		经费				
	固定资产	土地：□自　□租，金额　建筑物：□自　□租，金额							
	净收益		库存额						
体制和能力	经办动机		下期计划		工程能力				
	员工状态		地段条件		可能性				
销售情况	项目	内销	外销	种别	（　）%	销售方法	商店销售		
	销售额				（　）%		推销		
	销售量			连锁店面	数量	需求类别	□个人 □公司 □其他		
	商标				地域				
	客户			回收方式	现金　%　票据　%				
	库存				分期付款　%，其他　%				
评价	项目	比重	评价	项目	比重	评价	项目	比重	评价
	关心程度			销售能力					
	执着态度			控制能力					
	综合看法								

表 3-2-21　学徒关键职业能力及职业品质、工匠精神评价表

项目	A	B	C	D
工作态度				
吃苦耐劳				
团队协作				
沟通交流				
学习钻研				
认真负责				
诚实守信				

任务 3　农产品与农资企业微观环境调研资料归纳整理

数据收集已经完成，所有填答完成的问卷也已收齐。现在，你面对着一大堆问卷，需要着手完成资料的确认和编辑（问卷质量监控），这是数据处理过程的第一步。第一步非常关键，否则就应验了“进垃圾出垃圾”的谚语。问卷质量监控，首先要做的是数据确认，也就是尽可能地保证每份问卷都是有效的，即问卷调查是以指定的方式和程序进行的。在确认工作完成后，便要进入数据的编辑。数据编辑涉及检查调查人员的失误，确保每个需要回答的问题都有答案，跳跃方式正确，并对开放性问题的答案进行审核。

在师傅指导带领下，进行农产品与农资企业微观环境信息整理，为企业进行SWOT分析。

【任务目标与质量要求】

掌握信息整理的方法，做好本团队调查项目数据的确认和编辑整理工作，能够运用各种统计图表和计算机软件进行调研数据的整理。数据整理准确、及时、适用，要有良好的数据分析能力。

【学习产出目标】

（1）会进行数据整理与筛选；

（2）会利用计算机进行数据分析。

【工作程序与方法要求】

工作程序与方法要求见表3-2-22。

表3-2-22　工作程序与方法要求

工作程序	内容	具体方法	要求
资料确认	1. 检查资料的有效性； 2. 检查资料的真实性； 3. 检查资料的完整性； 4. 删除或补充资料。	1. 从市场调查资料中选取一切有关的、重要的参考资料，剔除无关紧要的、没有参考价值的。 2. 将挑选出来的全部资料按照一定的逻辑顺序排列，使之前后连贯、一致，并且根据实际需要，将其中某些数据进行换算或调整，以便进行比较。	重要的工作要有记录、有备案、可查证，各流程职责明确。资料要求齐全、无重复，工作仔细认真。
数据分类	分类	对已经核实的资料，分别归入不同类别。	分层次、有代表性。会使用统计图表。
	编号	按照不同类别分门别类地编号收存。	
数据整理统计	1. 数据分析； 2. 理论分析。	调研数据可以用Excel电子表格软件完成，利用上述统计数据，按照调研目的和要求，针对调研内容完成全面的分析工作。	数据全面，有针对性；会熟练使用电脑和数据处理软件。

【业务知识】

市场调查资料的分析

市场调查所获的全部原始资料经过编辑、汇总和分类、制表制图等阶段后，就可以转入下一步的工作——资料分析。这是整个市场调查资料分析工作的最后阶段。资料分析的主要任务是利用经过调查得来的全部情况和数据，去验证各种因素的相互关系和变化趋势。

一、 明确调查资料分析的意义

市场资料分析的本质是对已整理的数据和资料进行深加工，从数据导向结论，从结论导向对策，使调研者从定量认识过渡到更高的定性认识，从感性认识上升到理性认识，从而有效地回答和解释原来定义的市场调研的问题，实现市场调研的目的和要求，满足管理决策的信息需求。在市场调查的全过程中，市场调查资料分析是最关键的阶段。

二、 按程序进行调查资料的分析

在分析市场调查资料之前，需要明确分析的程序，以便更好地开展分析工作。

（1）明确调研问题　在对市场调查资料分析之前，调研者或分析员首先应回顾和明确市场调研的课题、调研的目的和任务、通过市场调研需要解决的问题。

（2）界定分析内容　分析内容的界定应根据市场调研内容来。首先，应划分分析研究的构面，然后，再对每个构面下应分析研究的子项目（小问题）进行区分，从而构成一个分析的内容体系。

（3）提取数据　将整理后的统计表、统计图中的数据进行提取。

（4）选定方法　即根据分析项目的性质、数列的类型、变量的多少和分析研究的要求，选择合适的分析方法。

（5）对比研究　即对数据资料进行对比、分析处理。

（6）概括结论　即对事物的本质属性和规律性做出界定。

（7）综合集成　主要包括分析过程的质量评审、分析图表的编辑整理、各个子项目分析结论的评价、调研问题的总结论（总观点）的归纳、概括等。

（8）撰写报告　用书面报告的方式解释调研问题。

【业务经验】

统计表和统计图的特点

1. 统计表

统计表是指记载汇总结果和公布统计资料的表式，它具有系统、完整、简明、集中的特点，而且便于计算、查看，由总标题、横行标题、纵栏标题、指标数值4部分构成。

例如，据国家统计局数据，2022年1—3月我国农产品行业出口交货值为573.60亿元，累计增长14.2%。2021—2022年农产品行业出口交货值情况见表3-2-23。

表3-2-23　2021—2022年农产品行业出口交货值情况

时间	出口交货值 当月值/亿元	同比增长/%	出口交货值 累计值/亿元	累计增长/%
2021年4月	191	−0.7	685.4	0.4
5月	191.8	−0.3	877.5	0
6月	189.6	−0.2	1072.4	1.1
7月	178.4	−6.6	1245.6	−0.6
8月	182.2	−0.1	1428.7	−0.5
9月	200.9	0.8	1638.6	−0.6
10月	198.8	4.7	1844.2	−0.2
11月	215.9	5.2	2060.1	2.1
12月	228.6	8.3	2290.5	3.5
2022年1—2月	—	—	357.80	16.5
3月	214.80	11.0	573.60	14.2

（数据来源：国家统计局，中国产业研究院）

2. 统计图

统计图是表现数字资料的一种重要形式，它具有形象生动、直观、概括、活泼、醒目等特点，它可以使读者一目了然，具有较大的吸引力和说服力。统计图可以揭示现象的内部结构和依存关系，显示现象的发展趋势和分布状况，有利于进行统计分析和研究。

例如，把上面案例以统计图形式表示出来，见图3-2-2。

【案例分析】

美国的一个摄制组，想拍一部中国农民生活的纪录片，于是他们来到中国某地农村，找到一个柿农，说要买1 000个柿子，请他把这些柿子从树上摘下来，并演示一下储存的过程，价钱是1 000个柿子1 000元人民币。

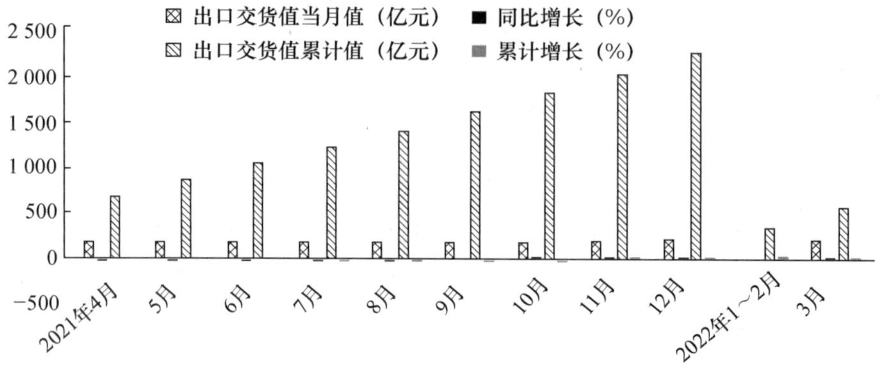

图 3-2-2　2021—2022 年农产品行业出口交货值情况

（数据来源：国家统计局，中国产业研究院）

这位柿农很高兴地同意了。于是他找来一个帮手，自己爬到柿子树上，用绑着弯钩的长杆，看准长得好的柿子用劲一拧，柿子就掉下来，滚得地上到处都是。另一人则在地上手脚飞快地把柿子捡到竹筐里，同时还大声和树上的人拉家常。一边观望的美国人觉得这样很有趣，用摄像机将整个过程拍摄下来，然后又拍摄了柿子储存的过程。

美国人付钱后就准备离开，柿农一把拉住他们，提醒他们将柿子带走。美国人说不需要，他们买柿子的目的已经达到了。

柿农不知道，他的 1 000 个柿子虽然原地不动就卖了 1 000 元人民币，但那几位美国人拍摄的他们采摘和储存柿子的纪录片，在美国市场上却可以卖出更高的价格。

柿农不知道，在那几个美国人眼里，柿子并不值钱，值钱的是中国柿农独特有趣的柿子采摘、储存的生产生活方式。

柿农不知道，一个柿子在市场上只能卖一次，但如果将柿子制成“信息产品”，就可以卖一千次一万次甚至千千万万次。

这样的“柿农”，乡村里有，城市里也有。生活在当今这个世界，光会种“柿子”，只知道“柿子”值钱，那是远远不够的。现在的社会进入了信息化社会，我们要想发家致富，就必须拓宽我们的思路，改变我们的观念，收集大量的信息，找到真正有价值的卖点，创造最大的价值。

分析：上面的案例给你的启示是什么？

【工作任务实施记录与评价】

工作任务实施记录与评价见表 3-2-24 至表 3-2-31。

表 3-2-24 农产品与农资市场结构与占比数据统计表

	农产品	化肥	农药	种子	饲料	其他
市场规模						
占比						
趋势						

表 3-2-25 经销商（供应商）访问信息统计表

序号	姓名	详细地址	联系电话	微信	邮箱

表 3-2-26 当地主要农产品（农资）调研信息统计表

序号	产品名称	规格	生产厂家	有效成分	卖点	备注

表 3-2-27 某一区域同类企业数量汇总表

序号	同类企业名称	负责人姓名	联系电话	备注

表 3-2-28 企业产品市场调查分析汇总表

调查内容	产品分类			
	产品 A	产品 B	产品 C	产品 D
上市日期				
销售年数				
获利率				
市场占有率				
价格				
品质				
外观				
竞争产品				
竞争产品差异性				
产品改进状况				
替代品现状				
其他				

表 3-2-29　客户地址分类统计表

地区：　　　　　　　　负责人：

项目	客户名称	地址	经营类别	不宜访问时间	备注

表 3-2-30　调查问卷回收统计表

调查对象	发放问卷/份	回收问卷/份	回收率/%	有效问卷/份	有效率/%

表 3-2-31　学徒关键职业能力及职业品质、工匠精神评价表

项目	A	B	C	D
工作态度				
吃苦耐劳				
团队协作				
沟通交流				
学习钻研				
认真负责				
诚实守信				

任务 4　农产品与农资企业微观环境分析

在师傅的带领下，能够根据调研所得数据，对农产品与农资企业微观环境进行准确分析，找出优势和劣势，为撰写营销微观环境分析报告奠定基础。

【任务目标与质量要求】

能够根据调研所得数据，对农产品与农资企业微观环境进行准确分析，找出优势和劣势。要有数据分析能力和良好的逻辑思维能力。

【学习产出目标】

(1) 能对农产品与农资经营企业做 SWOT 分析，找出优势和劣势；

(2) 会做 SWOT 分析图；

(3) 会制订相应的营销策略。

【工作程序与方法要求】

工作程序与方法要求见表 3-2-32。

表 3-2-32 工作程序与方法要求

工作程序	内容	具体方法	要求
分析环境因素	内部环境因素包括优势因素和弱点因素，它们是公司在其发展中自身存在的积极和消极因素，属主动因素，一般归类为管理的、组织的、经营的、财务的、销售的、人力资源的等不同范畴。	利用统计、列表、作图等方法把收集来的信息进行整理，分析法分析企业面临的是机会还是挑战，反映了企业的优势还是劣势。	1. 数据要求真实性、完整性、准确性； 2. 在调查分析微观环境因素时，不但要考虑公司的历史与现状，而且更要考虑公司的未来发展。
构造 SWOT 矩阵	S（优势）是组织机构的内部因素，具体包括有利的竞争态势、充足的财政来源、良好的企业形象、技术力量、规模经济、产品质量、市场份额、成本优势、广告攻势等。 W（劣势）是组织机构的内部因素，具体包括设备老化、管理混乱、缺少关键技术、研究开发落后、资金短缺、经营不善、产品积压、竞争力差等。	将调查得出的各种因素根据轻重缓急或影响程度等排序方式构造 SWOT 矩阵。在此过程中，将那些对公司发展有直接的、重要的、大量的、迫切的、久远的影响因素优先排列出来，而将那些间接的、次要的、少许的、不急的、短暂的影响因素排列在后面。	考虑问题全面，条理清楚，便于检验。
制订行动计划	1. 设定一个目标； 2. 制订任务计划。	运用系统分析的综合分析方法，将排列与考虑的各种环境因素相互匹配起来加以组合，得出一系列公司未来发展的可选择对策。	制订计划的基本思路是发挥优势因素，克服弱点因素，利用机会因素，化解威胁因素；考虑过去、立足当前、着眼未来。

【业务知识】

农产品与农资企业微观环境分析

SWOT 分析法是编制计划的首要步骤，它能够帮助市场营销人员将精力集中在关键问题上。SWOT 的每个字母分别表示优势、劣势、机会与威胁。

一、 SWOT 微观环境分析的主要内容

在 SWOT 分析法中，优势和劣势指的是内部要素，见表 3-2-33：

表 3-2-33　SWOT 微观环境分析的主要内容

优势	劣势
明确的发展目标	企业发展前景不明朗
发展战略科学合理	设备老化
市场形象佳	管理混乱
资金实力强	缺少关键技术
技术力量雄厚	研究开发落后
产品质量优	资金短缺
市场份额大	经营不善
规模经济和市场优势	产品积压
销售网络健全	竞争力弱
管理水平高	产品缺少市场吸引力
其他能对产品与服务产生增值效应的方面	不良的声誉

二、　内外环境的综合分析与营销对策

对企业而言，通过外部环境分析找到高收益、低风险的理想环境对选择行业或项目无疑有重要价值。但找到理想环境只是成功的必要条件之一，如果创业团队没有把握机会的资源条件，市场机会也不会转化为企业的盈利。在外部环境一定的条件下，企业内部资源（包括理念文化、制度规范、团队合作、技术、资金等）条件是把握机会、化解威胁的根本性力量。

将外部环境中的机会、威胁与内部环境中的优势、劣势结合在一起，可以对企业内部的业务战略做如图 3-2-3 所示的划分。

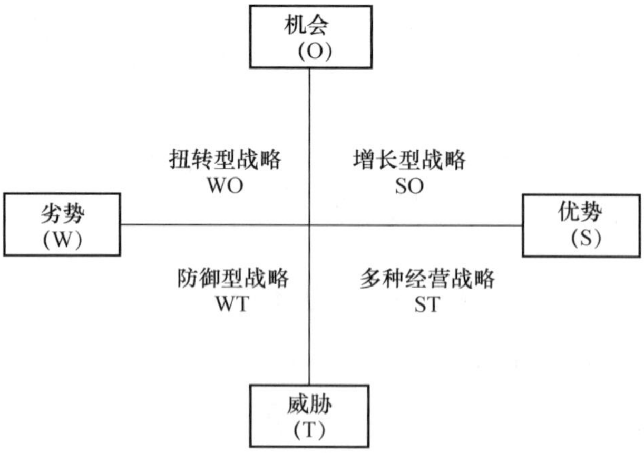

图 3-2-3　SWOT 矩阵可供选择的四种战略

1. SO 战略

这是增长型战略，需积极进取，即以企业的优势去把握与之相应的市场机会。在企业的优势同所出现的市场机会相一致的情况下，SO 战略的胜算把握会较大。

2. ST 战略

这是多种经营战略，需积极防御，即以企业的优势去应对可能出现的市场风险。在这种风险出现时，其他企业有可能无力承受，而被淘汰；企业如果在这方面具有优势，则可能因此而获得成功。为有效规避风险，企业往往采用多种经营的方式。

3. WO 战略

这是扭转型战略，需谨慎进入。面对某种市场机会，企业可能并不具有相应的竞争优势。但如果机会的吸引力足够大，企业也可能依然要把握。只不过通过 SWOT 分析，了解自身在面对机会时所存在的弱点，就能够对此引起足够重视，并能以适应的策略予以防护。只要准备充分，策略得当，也可能取得成功。

4. WT 战略

这是防御型战略，需谨慎防御。企业高度重视在业务发展中所可能出现的各种风险，并注意到在面对风险时所存在的不足之处。从而使企业在事先就能做好充分的防范准备，在风险出现时，能从容应对。

【业务经验】

成功应用 SWOT 分析法的简单规则

SWOT 分析法具有很强的主观性，因此不要过多地依赖它。不同的人会得出不同的 SWOT 结论。成功应用 SWOT 分析法的简单规则：

* 进行 SWOT 分析的时候必须对公司的优势与劣势有客观的认识；
* 进行 SWOT 分析的时候必须区分公司的现状与前景；
* 进行 SWOT 分析的时候必须考虑全面；
* 进行 SWOT 分析的时候必须与竞争对手进行比较，比如优于或是劣于你的竞争对手；
* 保持 SWOT 分析法的简洁化，避免复杂化与过度分析；
* SWOT 分析法因人而异。

利用 SWOT 分析法分析可发现，农资行业的特点是市场化程度低，很多地区还沿用了计划经济体制时期的机制，对政府的依赖性很强；农资行业市场混乱，市场不成熟，同其他行业相比，无论是政府职能部门的监控力度，还是营销的流通环节都较其他行业有很大差距；企业规模都相对较小，经营者或管理者水平相对较低，营销手段落后，普遍沿用“企业＋经销商＋客户”的传统营销手段，缺乏对农民在产品、技术等方面的服务与支持；农民消费水平低，消费习惯和消费意识也同城市居民在商品消费上存在很大差异，还普遍存在只认低价不认效果的现象。农民在农资产品消费时，对所购买的产品，尤其是新产品往往存在很大疑虑。在没有看到别人的使用效果前很难实现产品购买行为。

要想经营成功，企业必须能够适应其所处环境，能够根据环境变化进行自我调节。此外，企业要随时关注环境的发展变化以制订相应策略。

【案例分析】

“一元水果”顾客爱买

近两年来，郑州的冷饮摊上增加了一类“一元货”，即切削后分块零卖的水果。商人们把哈密瓜、菠萝、西瓜等削好，切成一块一块的，插上一根木条，每块卖一元。“一元水果”的生意非常红火。虽然“一元水果”相比整卖的水果要贵一些，但顾客还很喜欢买。

首先，“一元水果”的定价迎合了顾客的消费心理，且满足了特定消费者的消费需求。郑州是一个大城市，仅每天流动人口吞吐量就在上百万人，因而客源相对稳定。一元钱一块西瓜、一块哈密瓜、一块菠萝，价格不高，对于行色匆匆的顾客也免去了找零钱的麻烦。另外，市场上的冷饮价格，少的一般单价也在一元左右，贵的要几元甚至更多。相比之下，一元钱一块水果实惠得多。

其次，这类产品满足了消费者特定的消费需求。夏天行人口渴，若买一个西瓜一个人又吃不完，白白浪费，而此时精明的商人推出一元钱一块西瓜，既满足了行人的特定需要，又很快卖出了大量西瓜，比卖整瓜又多赚了钱。在冰棍、汽水充斥的市场，特别是目前冷饮色素含量过高的情况下，行人换换口味，吃上营养丰富又可口的天然水果，也花不了几个钱，何乐而不为呢？

“一元水果”的出现正是由于商人们琢磨透了消费者的心理。

分析：从以上材料分析，“一元水果”比整卖的水果要贵一些，为什么顾客还很爱买呢？

【工作任务实施记录与评价】

工作任务实施记录与评价见表 3-2-34 至表 3-2-39。

表 3-2-34　产品微观环境分析

师傅指导记录	产品微观环境分析质量评价	评价成绩
		年　月　日

（说明：指导内容、微观环境分析报告等相关材料可附页）

表 3-2-35　农资产品微观环境分析表

环境细分	内容	数据及重大影响事件	备注
企业	包括公司的财务状况、人员素质、管理水平、研究与开发水平、生产制造与采购成本等方面。		
供应商	企业在寻找和选择供应商时应特别注意以下几点：1. 产品质量；2. 供货能力；3. 商业信誉与历史表现；4. 质量保证与赔偿政策；5. 产品价格；6. 技术力量；7. 财务状况；8. 地理位置；9. 售后服务。		
市场中介	市场中介包括经销商、货物储运商、营销服务机构和金融中介。		
消费者	包括消费者对本公司产品的忠诚度、购买频率等。		
竞争者	竞争对手的价格、广告宣传、促销手段的变化，新产品的开发，售前、售后服务等。		
公众	企业周围的公众包括金融公众、媒体公众、政府公众、市民行为团体、地方公众、一般群众、企业内部公众。		

表 3-2-36　微观环境分析识别表

环境类型	项目	内容	信息来源	具体现状描述	SWOT 分析 S（优势）W（劣势） O（机会）T（威胁）
宏观环境	企业自身				
	供应商				
	营销中介				
	顾客				
	竞争对象				
	公众				

表 3-2-37　某企业微观环境 SWOT 分析表

项目	具体内容	营销对策
优势	1.	
	2.	
劣势	1.	
	2.	

表 3-2-38　某企业内部环境评价表

	关键外部因素	权重	得分（－5～＋5）	加权数
优势	研发能力强大	0.25		
	产品性质、质量、口碑处于行业领先水平	0.15		
	销售网络完善	0.20		
	管理能力强	0.10		
	小计			
劣势	资金紧张	0.10		
	生产设备落后	0.10		
	工艺水平不高	0.10		
	小计			
综合	合计	1.00		

表 3-2-39　学徒关键职业能力及职业品质、工匠精神评价表

项目	A	B	C	D
工作态度				
吃苦耐劳				
团队协作				
沟通交流				
学习钻研				
认真负责				
诚实守信				

任务 5　撰写农产品与农资企业微观环境调研报告

在师傅的带领下，能够根据调研结果拟定企业微观环境调研报告大纲，并组织相关人员讨论修改，完成调研报告的撰写工作；在部门领导的组织下，协助成立调研报告策划小组，参与整个调研报告会的策划、组织实施，包括选定报告会的时间、地点、参与人等，选定报告会主持人，会场多媒体设备检测，会场的布置（条幅制作悬挂、字幕设计、报告席、评委席、观众席的安排等）。

【任务目标与质量要求】

（1）熟悉调研报告的书面表达规范、包含要素和框架结构；

（2）高质量撰写调研报告，事实清楚、数据翔实、图文并茂、结论明确、建议可行；

（3）根据调研目的和数据统计分析结果，撰写市场调研报告；

（4）了解口头沟通技巧，准备好汇报提纲，做好有创意的PPT。具有良好的逻辑思维能力及写作能力。

【学习产出目标】

（1）能够撰写调研报告；

（2）撰写汇报提纲和制作汇报PPT。

【工作程序与方法要求】

工作程序与方法要求见表3-2-40。

表3-2-40　工作程序与方法要求

工作程序	内容	具体方法	要求
拟定调研报告大纲	掌握调研报告的主要论点、论据、结论及报告的层次结构。	包括报告的主要论点、论据、结论及报告的层次结构。请领导对于拟订的大纲进行审定或者讨论，修改通过后再进行初稿的撰写。	紧扣调研主题、简洁明了。
撰写市场调研报告初稿	1. 题目 2. 目录 3. 正文（调研目的、方法、步骤、对象、报告分析、结论及建议） 4. 附录	根据报告大纲由一人或数人分工进行初稿的撰写。	参与人数不宜过多。报告要努力做到准确、集中、深刻、新颖。
讨论修改调研报告	组织相关人员讨论调研报告，对提出的意见进行修改。	1. 再次审查报告是否符合调研要求、分析方法是否得当、数据是否准确、结论是否正确、结构是否合理。 2. 根据意见进行修改。	参与讨论的人要求对专业非常熟悉，所提出的意见具有很强的参考价值。
提交市场调研报告	形成报告，上交领导审核。	调研报告经过批准后，可以正式提交或发布。	完整、准确、简洁。
口头报告的准备	制作汇报PPT。	汇报人要提前做好口头汇报的准备，使用电脑、投影设备，制作演示稿，为听众提供一份汇报流程和主要结论的汇报提要。	汇报人对报告内容非常熟悉，具有较强的口头表达能力和沟通能力。

【业务知识】

提交市场调研报告

一、撰写报告提交函

市场调研报告征得各方意见并进行修改后就可以定稿并提交。提交报告前，调研人员需将定稿后的调研报告打印为正式文稿，且应使用质地较好的纸张打印、装订，封面应选择专门的封面用纸、封面上的字体大小、空白位置应精心设计。粗糙的外观或一些小的失误和遗漏都会严重地影响阅读者的兴趣，甚至信任感。

二、制作报告幻灯片

大多数客户或企业的高层决策者都希望通过调研报告会的方式，听取调研的口头汇报，原因在于他们根本没有时间仔细阅读书面调研报告。报告会可以发挥多重作用，一是可以把多个群体集中在一起，共同听取调研过程及结果，让每个相关群体都清楚了解调研目的和采用的调研方法；二是可以突出调研结论，让调研使用者感受到报告的可信度和应用价值，促使决策者使用调研信息。

近几年，为寻求沟通调研结果的更有效方式，市场调研人员纷纷使用演示软件来进行调查报告的提交和汇报。

（1）利用多种字体和字号创建项目图表，并且可以进行字体加粗、变斜体、添加下划线。

（2）可以创建出多种不同类型的、用于展示特定调研发现的图形（饼状图、柱形图、折线图等)，而且只需单击鼠标就可以对这些图形进行修改和测试。

（3）在演示及切换幻灯片时，有多种动画效果，还可以在幻灯片中插入声音、视频（项目组分析的现场录像)。

事实上，使用图表展示信息比用文字显得更有效、更具说服力，而且调研委托方一般都指明报告应以图表为基础，要求尽量少用文字。

因此，在调研报告定稿之后，调研小组成员应制作调研报告的汇报演示文稿，将调研活动实际开展的情况、调研结果的分析、提出的结论及建议等，通过合适的文字、图片、图形、表格等进行展示。

三、汇报调研报告

汇报调研报告即对调研报告进行口头报告，这是一种直接沟通方式，它更能突出市场调研的结论，使相关人员对市场调研的主题意义、论证过程有一个清晰的认识。

口头报告的优点有三：一是时间短、见效快，节省决策者的时间与精力；二是听取者对报告的印象深刻；三是口头汇报后可以直接进行沟通和交流，提出疑问，并做出解答等。事实上，对于一项重要的市场调研报告，口头报告是必需的一种交流途径。

在进行调研报告解释之前，调研组成员还需要做一些准备工作：

1. 列出汇报提要

为每位听众提供一份关于汇报流程和主要结论的汇报提要。提要应留出足够的空白，以利于听众作临时记录或评述。但在汇报提要中注意最好不出现统计资料和图表。

2. 准备视觉辅助设备

使用手提电脑、投影设备，制作演示稿，内容包括摘要、调研方案、调研结果和建议的概要性内容。视觉辅助是指依靠现代化的手段，如投影仪、幻灯机等。调研人员能根据听众所提出的问题，展示出“如果……那么……”的假设情况。摘要、结论和建议也应制作成可视材料。

3. 打印好调研报告

报告是调研结果的一种实物凭证，鉴于调研人员在介绍中省略了报告中的许多细节，为委托者及感兴趣者准备报告复印件，使其在听取介绍前就能思考所要提出的问题，就感兴趣的环节仔细阅读等。

4. 把握介绍的技巧

（1）注意对介绍现场的选择、布置；

（2）语言要生动，注意语调、语速等；

（3）注意表情和形体语言的使用。

不管如何安排，有效的口头汇报均应以听众为中心，充分了解听众的身份、兴趣爱好、教育背景和时间等，精心安排口头陈述的内容，将其写成书面形式，也可以使用各种综合说明情况的图表协助表达，尽可能直观地向全体目标听众进行传达，以求收到良好的效果。

提交报告后，调研人员还应追踪了解调研报告是否已被采纳，采纳的程度及解决问题的实际效果，以便总结经验教训，进一步提高进行市场调研的工作水平。

【业务经验】

提交函的写法

如果市场调研项目是由客户委托的，则往往会在报告的目录前面附上提交函（即一封致客户的提交函）和委托书。

提交函的内容主要是大概阐述一下调研者承担并实施的项目的大致过程和体会（但不提及调研的结果），也可确认委托方未来需要采取的行动（如需要注意的问题或需要进一步做的调研工作等）。有时候，提交函还会说明委托情况。例：提交函的写法：

尊敬的总裁，您好：

按照您在×年×月×日委托书中的要求，我已经完成了对×年×月特色农产品市场销售情况的调研分析，现提交标题为“×公司特色农产品市场环境分析调研”的报告。该报告的基础是目标市场上120位已经成为×公司顾客或对特色农产品感兴趣的人的现场访问、问卷调查，在报告中我们进行了详细的描述。本次调研采用了市场营销调研的惯例；相信该报告符合贵公司的限制条件，其结果是可靠且有效的。我希望您对本次调研的结果（结论和建议）感到满意，并且希望该结果能对贵公司特色农产品在未来的销售情况有所帮助。如您有什么问题，请立即与我联系。

致礼！

××公司×××

【案例分析】

农产品反季节栽培曾一度是各地农民调整产业结构、提高种植效益的首选，然而近一段时期以来，这种一味赶早的果蔬产品却频频遭遇市场红灯，造成货多压市，产品滞销，让众多赶早农户叫苦不迭。专家分析认为，当前我国农产品市场变化快，往往会因为区域性一哄而上的规模种植而出现烂市，大棚早熟栽培自然也不例外。专家建议，农民朋友在选择品种和上市时间时，不要轻信一方提供的信息，要搜集该农产品上一年的市场销售行情、新的政策法规等，据此判断该种什么、什么时候种，只有这样才能抓住市场的空当，避免卖货难的问题。

分析：从这个案例中，你获得的信息是什么？影响农产品成功营销的因素有哪些？

【工作任务实施记录与评价】

工作任务实施记录与评价见表3-2-41至表3-2-44。

表3-2-41 撰写调研报告

师傅指导记录	调研报告质量评价	评价成绩
		年　月　日

（说明：调研报告及其他相关资料可附页）

表 3-2-42 调研报告审批表

调研报告名称			
起草部门		起草人	
报告内容			
审批时间	审批意见		审批人

表 3-2-43 费用报销表

车费	补助	住宿费	电话费	其他	合计（元）

表 3-2-44 学徒关键职业能力及职业品质、工匠精神评价表

项目	A	B	C	D
工作态度				
吃苦耐劳				
团队协作				
沟通交流				
学习钻研				
认真负责				
诚实守信				

项目三 农产品与农资企业目标客户分析及产品设计

【项目描述】

农产品与农资企业目标客户分析主要包括 4 方面内容：其中市场细分、目标客户分析、市场定位，通常被称为 STP 策略。市场是庞大的，一个企业不可能占据所有的市场，所以企业要想长远地发展，在进行营销之前就要做好对市场的分析，结合自身的优势选择更有利于自身发展的市场。同时，在进入营销之前，还应该进行产品设计，包括产品的创新、产品的品牌和包装等。本项目共包括 6 个工作任务即客户分析、制订农产品与农资企业目标客户调研计划、实施农产品与农资企业目标客户调研、进行农产品与农资产品定位分析和进行产品创意设计。

【专业知识准备】

市场上有着成千上万的顾客，他们的需要各异，但是异中有同。农产品经营者进行市场细分，就是要发现顾客之间在需要上的差异，然后把需要相同的顾客归为一类。这样，就可以把市场划分为若干相同消费者群组成的市场。这些由相同的消费者群组成的市场之间的需要存在着明显的差别，而在每个细分市场之内，顾客需要的差别较小。由此可见，市场细分是在遵循求大同存小异的原则下进行的。

顾客需要的差异是市场细分的内在依据。只要存在两个以上的顾客，便可根据其需要、态度和购买行为的不同，进行市场细分。因此，有人说："除非你只有一个顾客，只卖一个品种，否则就有市场细分问题。"正常情况下，任何一个农产品经营者都不可能满足市场上所有顾客的需求。况且在市场竞争中，一个企业不可能在行销过程中都占绝对优势。为了有效地进行竞争，农产品经营者必须评价、选择并集中力量用于最有效的市场，这便是市场细分的外在强制。所以市场细分是生产企业选择适当的目标市场的重要依据，也是企业顺利实现经营目标的保证。

一、 农产品与农资市场细分

所谓农产品与农资市场细分，就是农产品和农资企业根据市场中不同消费者在需求特点、购买行为和购买习惯等方面的差异，把总体市场划分为若干个不同类型的购买者群的过程。随着农产品的丰富及消费行为的多样化，消费者对农产品的需求、欲望、购买行为以及对企业营销策略的反应等表现出巨大的差异性。每个用户或消费者群就是一个细分市场，或称子市场。每一个细分市场都是由具有类似需求倾向的消费者构成的群体，分属不同细分市场的消费者对同一农产品的需求与欲望存在明显差异。

（一） 市场细分的依据

由农产品与农资市场细分的概念可知，市场细分的客观依据是消费者需求的多样性。只要消费者的需求存在差异性，就可以进行市场细分。具体地讲，市场细分的依据主要有以下几点：

（1）消费者需求客观上存在多样性　随着农业生产力水平和人们生活水平的提高，消费需求的多样性越来越明显。农业生产企业要根据这种客观要求，细分消费群体，生产和经营多样化的农产品，并针对各种消费群体运用不同的营销组合策略。

（2）消费者购买动机客观上存在多样性　消费者受社会、家庭等诸多因素的影响，在认识、感情、意念等心理活动过程中会形成不同的购买动机，从而引起不同的购买行为。消费者购买动机是引起购买发生的前提，因此，企业应当认真研究和掌握目标消费者的购买动机，有的放矢地制订和实施营销策略，以取得农产品营销的成功。

（3）消费者购买行为的多样性　消费者由于收入、性格、素养等不同而存在着购买心理的差异，会产生多种类型的购买行为，如理智型、冲动型、经济型、习惯型、情感型、不定型等。企业应注意分析影响消费者行为的心理因素，了解不同消费者的态度和信念，生产符合不同心理需求的农产品。在促销手段上要设法迎合消费者的心理需求。正确选择目标市场，有针对性地开展产品营销活动，使消费者的潜在需求变为现实需求。

（二） 市场细分的标志

消费者对农产品和农资产品的需求与偏好主要受地理因素、人口因素、心理因素及购买行为因素等方面的影响。因此，这些影响因素都可以作为农产品市场细分的标志。市场细分标准见表 3-3-1。

（三） 市场细分方法

农产品与农资企业可以按照细分标准进行市场细分，但由于各农业企业产品经营目的、产品规格不同，因而在细分方法上也应有所差别。

表 3-3-1 市场细分标准

细分标准	细分变量
地理因素	区域、气候、地形、交通运输条件等。
人口因素	年龄、性别、家庭规模、家庭收入、职业、教育、文化水平、家庭生命周期、民族、社会阶层。
心理因素	个性、购买动机、价值取向、态度等。
购买行为因素	购买时间、追求的利益、使用者状况、使用率、忠诚度等。

1. 单一因素细分法

单一因素细分法是根据影响市场需求的某一种因素对整体市场进行细分的方法。农产品市场细分的依据是消费者需求的多样性、差异性。消费者对产品的需求与偏好主要受地理因素、人口因素、心理因素、购买行为因素等方面的影响。因此，这些因素都可以作为农产品与农资市场细分的依据。

（1）地理细分　地理细分是按照消费者所处的地理位置、自然环境来细分市场，比如，根据国家、地区、城市规模、气候、人口密度、地形地貌等方面的差异将整体市场分为不同子市场。地理因素之所以作为市场细分的依据，是因为处在不同地理环境下的消费者对于同一类产品往往有不同的需求与偏好，他们对企业采取的营销策略与措施会有不同的反应。如在我国南方沿海一些省份，某些海产品被视为上等佳肴，而内地省份的许多消费者则觉得味道平常。又如，考虑到我国市场营销环境的差异性很大，华龙集团制订了区域产品策略，最大限度地分割当地市场，因地制宜，各个击破。其产品在河南有“六丁目”，东北地区有“东三福”，山东有“金华龙”等。

地理变量易于识别，是细分市场应考虑的重要因素，但处于同一地理位置的消费者需求仍会有很大差异。比如，在我国一些大城市，如北京、上海，流动人口逾百万，这些流动人口本身就构成一个很大的市场，很显然，这一市场有许多不同于常住人口市场的需求特点。所以，简单地以某一地理特征区分市场，不一定能真实地反映消费者的需求共性与差异，企业在选择目标市场时，还需结合其他细分变量予以综合考虑。

（2）人口细分　人口细分是指以人口统计变量，如年龄、性别、家庭规模、家庭生命周期、收入、职业、教育程度、宗教、种族、国籍等为基础细分市场。消费者需求、偏好与人口统计变量有着很密切的关系。比如，只有收入水平很高的消费者才可能成为进口水果、名贵鲜花、高档蔬菜等的经常买主。人口统计变量比较容易衡量，有关数据相对容易获取，因此企业经常把它作为细分市场的依据。例如，华龙集团根据收入因素推出不同档次的产品，2 000 年以前，华龙主推的大众面有“108”“甲一麦”“华龙小仔”，中档面有“小康家庭”“大众三代”，高档面有“红红红”“煮着吃”。同时，华龙集团根据年龄因素还推出适合少年儿童的“A 小孩”干脆面系列和适合中老年人的“煮着吃”系列。

除了上述方面，经常用于市场细分的人口变数还有家庭规模、国籍、种族、宗教等。实际上，大多数公司通常采用两个或两个以上人口统计变量来细分市场。

（3）心理细分　按照地理标准和人口标准划分的处于同一群体中的消费者对同类产品的需求仍会显示出差异性，这可能是消费者心理因素在发挥作用。心理因素包括个性、购买动机、价值观念、生活格调、追求的利益等变量。比如，消费者在购买农产品时，有不同的购买动机：有求实动机、求廉动机、求名动机、求美动机、显贵动机、好奇动机等。有些老年人买菜专挑便宜的买，是出于求廉动机；有些年轻人买菜专买自己没有吃过的特菜，是出于好奇动机。

（4）购买行为细分　购买行为细分是根据购买者对产品的了解程度、态度、使用情况及反应等将他们划分成不同的群体。行为变数能更直接地反映消费者的需求差异，因而成为市场细分的最佳起点。比如，根据顾客是否使用和使用程度细分市场，通常可分为经常购买者、首次购买者、潜在购买者和非购买者。根据消费者使用某一产品的数量大小细分市场，通常可分为重度使用者、中度使用者和轻度使用者。消费者购买某种产品总是为了解决某类问题，满足某种需要。然而，产品提供的利益往往并不是单一的，而是多方面的。消费者对这些利益的追求往往会有所侧重，比如生产销售鲜花的企业，可以根据消费者一年四季对鲜花的不同要求，将鲜花市场消费者划分为不同的子市场。根据人们偏好不同，也可把西红柿按需分为鲜食、炒菜、做酱等产品上市。

2. 综合因素细分法

综合因素细分法是根据影响消费者需求的两种或两种以上的因素进行市场细分。如选择一蔬菜市场，应考虑农产品质量是高档还是低档，价位是高价还是低价，若选择高收入家庭作为目标市场，应开发高档次和较高价位农产品。

3. 系列因素细分法

系列因素细分法是根据两种或两种以上的因素，且按照一定的顺序由粗到细依次对市场进行细分，下一阶段的细分是在上一阶段选定的子市场中进行的。这种方法可使目标市场更加明确具体，有利于涉农企业更好地制订相应的市场营销策略。如蓝莓市场系列因素细分法见图 3-3-1。

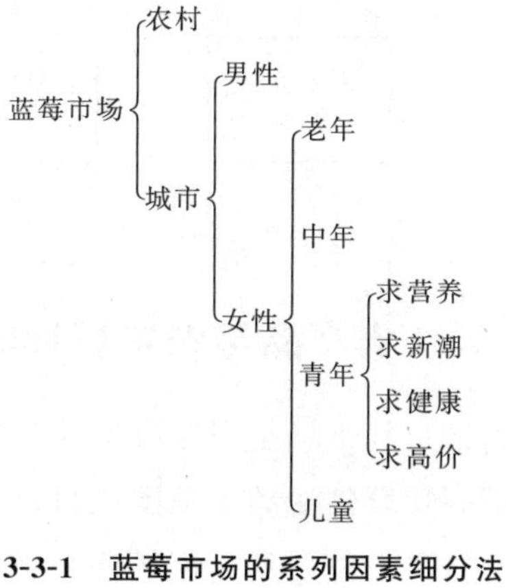

图 3-3-1　蓝莓市场的系列因素细分法

（四）市场细分的原则

市场细分遵循以下原则：

（1）可衡量性　细分市场的规模、购买力以及特性能被测量。

（2）差异性　细分市场在观念上能被区分，并且对不同的营销组合方案有不同的反应。

(3) 有获利能力　细分出来的市场要足够大，使农资企业有获利的可能。

(4) 可进入性　细分出来的市场是农资企业可以利用现有的人力、物力和财力去占领的。

(5) 稳定性　细分出来的市场不但要有一定的市场容量和发展潜力，而且要有一定的稳定性，即占领市场后相当长时期内，不需要改变自己的目标市场。

(五) 市场细分流程

市场细分流程见图 3-3-2。

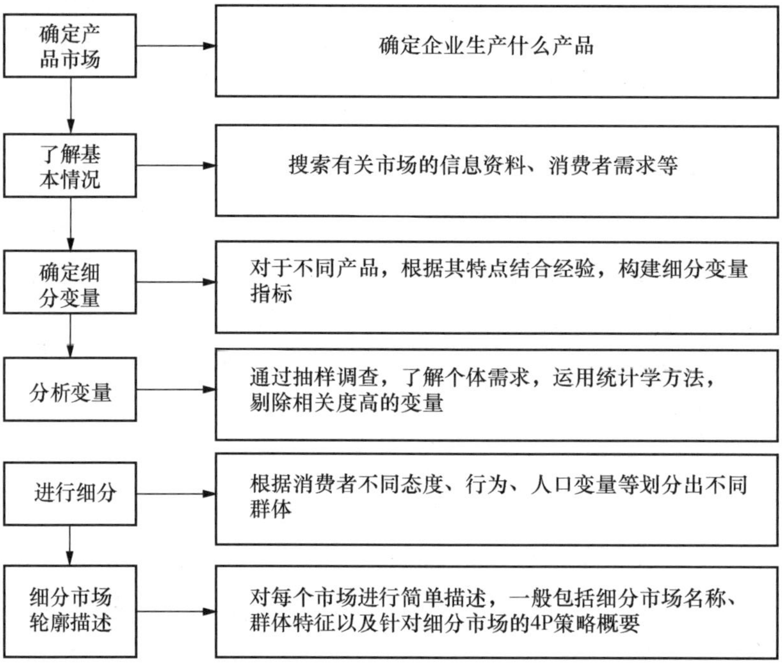

图 3-3-2　市场细分流程

二、农产品与农资目标市场选择

所谓目标市场是指在市场细分的基础上，企业所确定的为之服务的最佳细分市场。企业的一切营销活动都是围绕目标市场进行的。选择和确定目标市场，明确企业的具体服务对象，关系到企业任务、企业目标的落实，是企业制订营销策略的首要根据和基本出发点。

(一) 评估细分市场

在评估时，需要考虑以下因素：

(1) 细分市场是否具有吸引力　如它的大小、成长性、盈利率、规模经济、风险高低、行业竞争结构等。

(2) 是否符合企业经营发展的目标　某些细分市场虽然较大，但不符合企业的长远目标，因此不得不放弃。

(3) 企业是否拥有资源和能力　即使某个颇有吸引力的细分市场符合本企业的目标，但如果本企业缺乏在该市场成功竞争的资源和能力，也只能放弃。

（二） 选择目标市场

首先要做的是从数量庞大但不充分的事实和数据中，挑选必须加以考虑的重要因素，这些因素包括：

★市场上的品牌定位

★消费者动机和购买方式

★分销渠道和真正确定消费者有效购买产品的因素（推动策略）

★广告策略和大量吸引购买力的促销手段（拉动策略）

★影响分销商和消费者对产品反应的可能定价抉择

★营销定量分析，它使人更易明了公司在哪儿可以获利，以及每种可能的营销组合给公司财务带来的影响。

1. 选择目标市场的步骤

(1) 估计目标市场的需求　目标市场需求是指在既定的市场环境中，某一类消费者购买某种产品的总额。这种市场需求数量的变化取决于消费者对某种产品的喜好程度、购买能力和经营者的营销努力程度。如果某种产品确实为消费者所喜爱，并且消费者的购买能力不断提高，经营者的营销策略正确，就有可能增加需求数量。估计目标市场需求时既要估计现实的购买数量，也要对潜在增长的购买数量进行估计，从而测算出最大市场需求量。农产品与农资企业要根据所掌握的最大市场需求量来决定是否选择这个市场作为目标市场。

(2) 分析自己的竞争优势　市场竞争可能有多种情况，如品牌、质量、价格、服务方式、人际关系等诸多方面的竞争，但总的来说可以分为 2 种基本类型：一是在同样条件下比竞争者定价低；二是提供满足客户特种需要的服务，从而抵消价格高的不利影响，比如某一农资店销售的杀螨剂，比其他农资店经销的同一品牌的杀螨剂要贵，但是在本店购买此农药可以免费进行植保无人机喷药服务。农资企业在与市场同类竞争者的比较中，要分析自己何处为长，何处为短，尽量扬长避短，或者以长补短，从而超越竞争者占领目标市场。

(3) 选择市场定位的战略　企业在生产经营活动中要根据各自目标市场的情况，结合自己的条件确定竞争原则。

2. 进入目标市场的模式

农产品与农资企业可以考虑以下 5 种进入目标市场的模式（图 3-3-3）。

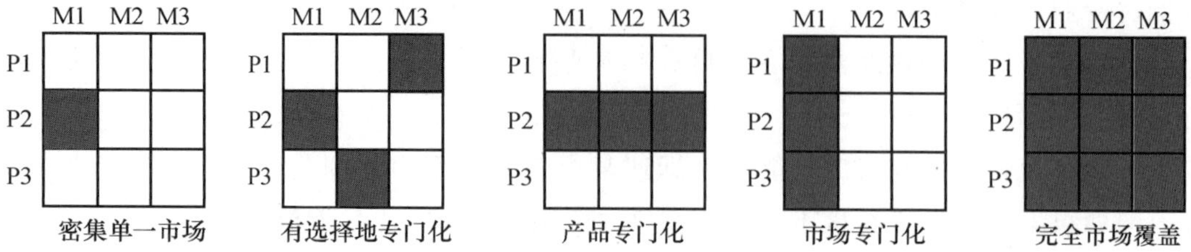

注：P代表产品，M代表市场

图 3-3-3　选择目标市场的模式

（1）密集单一市场　农产品与农资企业可以选择一类目标客户，并为其提供专业服务。这种模式能更好地满足细分市场需要，在用户群体中树立起较好的声誉，但在细分市场不景气或某个强大的竞争者决定进入细分市场时，农产品与农资企业就可能遭受灾难性后果。如只供应反季节蔬菜生产企业、只提供无人机喷药的农资企业等。

（2）有选择的专门化　农产品与农资企业在若干个经过挑选的、符合企业的要求和能力的细分市场上进行市场营销活动，各个细分市场之间的联系很少，这样可以分散企业的风险，但同时也缺乏协同效应。如种子公司既生产西瓜种子，又生产棉花种子，还生产玉米和油葵种子，选择了多个需求群体。

（3）产品专门化　农产品与农资企业向各类顾客提供同一产品或服务。这种模式在生产方面具有协同效应——企业可以使用同一种生产能力，满足需求各不相同的顾客，这种模式的威胁来自生产方面和替代品。比如化肥生产企业生产适用于各种种植作物品种的肥料。

（4）市场专门化　市场专门化是指专门为满足某个目标顾客群体的各种需要而提供各种服务。这种模式在营销方面具有协同效应——企业可以使用同一种营销资源，满足同一批顾客的需求。如某农资公司专业销售棉花种子、植保、化控、脱叶剂等方面的产品，满足棉农的各种需要。它的威胁主要来自市场方面，如农资企业服务的市场萎缩了，农资企业的生存就会受到威胁。

（5）完全市场覆盖　完全市场覆盖是指农产品与农资企业用各种产品或服务满足各个细分市场上顾客的需求。这种模式对农业企业各方面资源要求较高，如财力、物力、人力等。一般来说，当企业达到相当大规模时，才考虑采用这种模式。如中化集团在农业方面主要经营化肥、种子、农药，涵盖资源、研发、生产、销售、农化服务全产业链。

（三）目标市场策略

1. 目标市场策略的分类

根据不同农产品与农资产品差异或企业发展需要，农产品与农资企业可以采取3种目标市场策略，它们的优缺点比较详见表3-3-2。

（1）无差别市场策略　无视差异，对整个市场仅提供一种产品（图 3-3-4）。

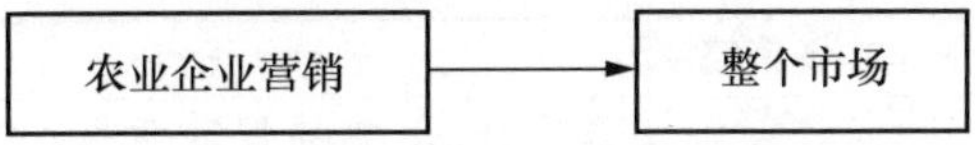

图 3-3-4　无差别市场策略

无差别市场策略就是企业把整个市场作为自己的目标市场，只考虑市场需求的共性，而不考虑其差异，运用一种产品、一种价格、一种推销方法和使用相同的分销渠道，去占领总体市场的策略。比如以前的蔬菜、粮油、白糖、食盐这些产品大多都采用无差异的营销策略。

（2）差别性市场策略　重视差异，为每一个细分的子市场提供不同的产品（图 3-3-5）。

差别性市场策略就是把整个市场细分为若干子市场，针对不同的子市场，设计不同的产品，制订不同的营销策略，满足不同的消费需求。如玉米生产企业把整体市场按消费者的喜好划分为几个子市场，分别制订营销组合策略：水果玉米、糯玉米、又甜又糯玉米，还有花玉米、黄玉米、白玉米、黑玉米等。

（3）集中性市场策略　仅选择一个细分后的子市场，提供相应的产品（图 3-3-6）。

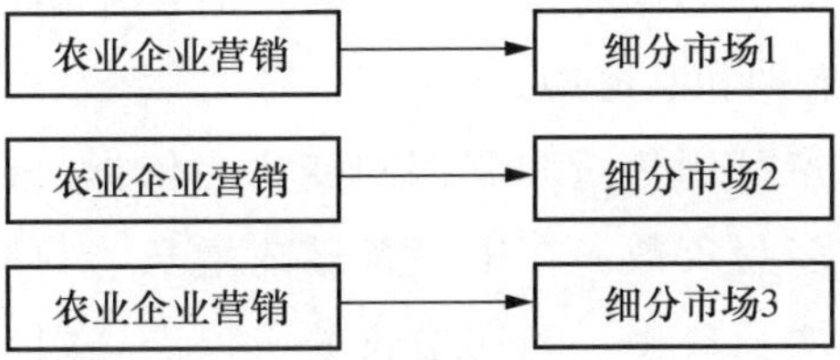

图 3-3-5　差别性市场策略

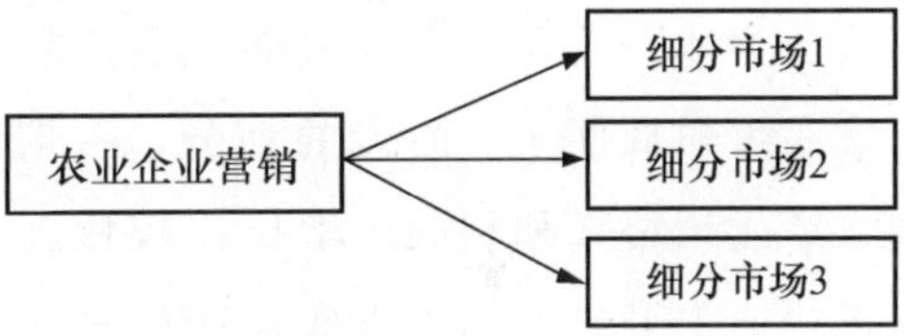

图 3-3-6　集中性市场策略

集中性市场策略就是在将整个市场分割为若干个细分市场后，选择一个或少数几个细分市场作为目标市场，实行专业化生产和销售。在个别少数市场上发挥优势，提高市场占有率。如一家生产大米的企业，主攻开发糙米市场，因为糙米是联合国粮农组织推进的最佳营养食品之一，具有减肥瘦身、治疗贫血、降糖减脂等功效，针对减肥美容的女性、孕妇、商务人士、中老年人开发。目前在国际市场上开始出现了第三代水果产品，如蓝莓、红莓、树莓等，突出食品保健功能，受到了消费者的欢迎。但因其生产规模小，难储存，因此在供给上还不能满足大众需求。我国山东某地也开始投入生产这种产品，并采用了集中市场策略，将产品定位于高端保健、营养消费群，并通过集中采摘营销吸引高端消费者。同时，为了延长产品在市场上的经营时间，开发了果浆、果汁、果酒等加工产品（表 3-3-2）。

2. 选择目标市场策略应考虑的因素

（1）企业实力　企业实力是选择目标市场策略应考虑的首要因素。企业实力主要包括财力、生产能力、技术开发能力以及经营管理能力等。如果实力较强，可采用无差别性市场营销策略或者差别性市场营销策略；如果企业实力较弱，则应采用集中性市场营销策略。

表 3-3-2 3 种目标市场策略优缺点比较

目标市场策略	优点	缺点
无差别市场策略	产品单一，容易保证质量，能大批量生产，降低生产和销售成本，取得规模效应，节省市场调研和宣传费用，有利于提高利润水平。	难以满足消费者多样化的需求，不能适应瞬息万变的市场形势，应变能力差，其适用范围逐步缩小。
差别性市场策略	全面满足消费者的不同需求。能适应越来越激烈的市场竞争，有利于扩大销售、占领市场、提高企业声誉。	增加了管理难度，提高了生产和销售费用。目前只有力量雄厚的大公司采用这种策略。
集中性市场策略	容易迅速占领市场并得到优势，提高市场知名度，较少的资金投入，较低的生产成本可以获得较高的经济效益。	由于业务单一、目标市场范围小，一旦发生较大的变化或者遇到强的竞争对手容易陷入困境。

（2）产品的市场生命周期 产品生命周期是指一种新产品从开始进入市场到被市场淘汰的整个过程。根据产品不同时期表现出来的不同特点，典型的产品生命周期一般可以分为 4 个阶段，即导入期、成长期、成熟期和衰退期。

产品生命周期 4 个阶段的划分，一般是以产品销售量和利润的变化为依据。在投入期，产品销售量和利润额增长比较慢，利润多为负数，在销售量迅速增长，利润由负变正快速上升时，则进入成长期；一旦销售增长放慢，利润增长处于停滞，则产品进入成熟期；在成熟期的后一阶段，产品销售量缓慢减少，利润额开始下降。当销售加快递减，利润也较快下降时，产品进入市场衰退期。产品市场生命周期因产品属性的差异性而长短不一，有的几年，有的几十年。企业在产品市场生命周期的各个阶段的策略是不一样的，因而企业必须连续追踪其产品处于产品生命周期的哪个阶段。一般认为，销售增长率低于 10％为投入期，高于 10％为发展期，重新回落到 1％～10％之间为成熟期，负增长为衰退期。

典型的产品生命周期包括导入期、成长期、成熟期和衰退期，产品生命周期一般呈抛物线状，但不同产品生命周期曲线形状不同。这是因为产品市场生命周期是由人们的消费习惯、市场供求变化、科学技术进步以及社会发展等因素决定的。有些产品从投入市场就炙手可热，成长迅速，因而可直接进入成长期；另一些产品则可能增长特别缓慢，即由投入期缓慢成长直接进入成熟期；还有些产品经过成熟期后，再次进入第二次迅速增长期。目前除了典型的抛物线曲线外，还有循环再循环型、高潮接高潮型、非连续型等多种不同形式的产品生命周期曲线（图 3-3-7）。

①导入期及其策略。导入期指农产品或农资产品刚刚进入市场向市场推广介绍的阶段。此时，产品品种少，顾客对产品还不了解，除少数追求新奇的顾客外，几乎无人实际购买该产品。生产者为扩大销路，不得不投入大量的促销费用，对产品进行宣

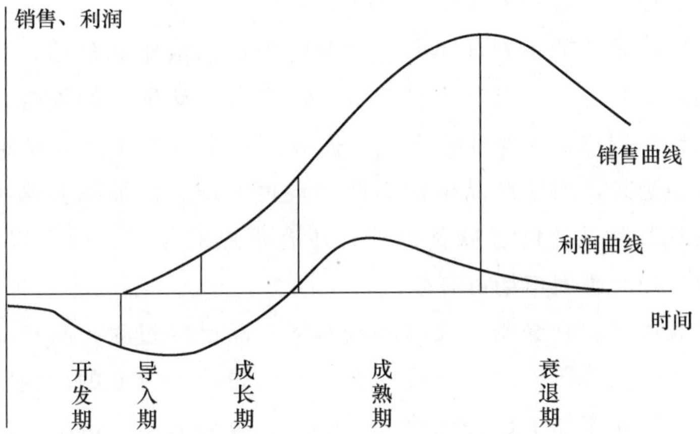

图 3-3-7　农产品与农资产品的市场生命周期曲线

传推广。该阶段由于生产技术方面的限制，产品生产批量小、制造成本高、广告费用高、产品销售成本偏高、销售量有限，经营企业通常不能获利，反而可能亏损。如有机蔬菜的生产和销售，广大消费者对它还不太了解，有机意识不够，导致某些企业出现微利。

策略：根据这一阶段的特点，企业应努力做到：

★投入市场的产品要有针对性。产品要有特色，与老产品相比有较大的优势。不断提高产品的质量、性能。

★进入市场的时机要合适。设法把销售力量直接投向最有可能的购买者，使市场尽快接受该产品，以缩短介绍期，更快地进入成长期。

②成长期及其策略。成长期指农产品或农资产品已经为广大消费者所接受，此时，产品试销效果良好，购买者逐渐接受该产品，产品在市场上站住脚，并且打开了销路，这是需求增长阶段。需求量和销售额迅速上升，生产成本大幅度下降，利润迅速增长，同时竞争者看到有利可图，纷纷进入市场参与竞争，使同类产品供给量增加，价格随之下降，企业利润增长速度逐步减慢，最后达到生命周期利润的最高点。

策略：针对成长期的特点，企业为维持市场增长率，延长获取最大利润的时间，可采取改善产品品质、争创优质名牌产品，开发更多的系列产品，寻找新的细分市场、扩大销售网点，进一步扩大产品的知名度和影响力。改变广告宣传的重点，由单独介绍产品转为树立产品形象，适时降价等策略。我国一些地方已经开始意识到品牌的重要性了，诸如“一村一品”“一乡一品”的营销模式。

③成熟期及其策略。成熟期指农产品或农资产品在市场上已经非常普及，开始大批量生产，并稳定进入市场销售。随着购买产品的人数增多，市场需求趋于饱和。此时，产品普及并日趋标准化，成本低而产量大。销售增长速度放缓直至转而下降。因为竞争加剧，导致同类产品生产农资企业之间不得不加大在产品质量、花色、规格、

包装服务等方面的投入，在一定程度上增加了成本。

策略：这一阶段企业的主要任务是：适时降低产品成本和价格，千方百计提供优质服务，保持利润不减少。对成熟期的产品，宜采取主动出击的策略，包括发现产品的新用途、寻求新的用户、改变推销方式、提高促销水平、扩展分销渠道或提高服务质量等，使成熟期延长，或使产品生命周期出现再循环。例如顾客购买花卉是为了欣赏，但当企业发现某种花卉除了欣赏以外，还有驱虫的作用，就可以重新细分市场，宣传其新的功效，以此扩大市场占有率。

④衰退期及其策略。衰退期指农产品或农资产品已经过时，新产品或新的代用品出现，产品进入了淘汰阶段。由于科技发展以及消费习惯改变的原因，产品销售量和利润持续下降，产品在市场上已经老化，不能适应市场需求，市场上已经有其他性能更好、价格更低的新产品，以满足消费者的需求。此时成本较高的经营企业就会无利可图而陆续停止生产，直至该类产品最后完全退出市场。

策略：面对处于衰退期的产品，企业需要进行认真的研究分析，决定采取什么策略，在什么时间退出市场，通常有以下几种策略可供选择。

★继续策略　继续沿用过去的策略，仍按照原来的细分市场，使用相同的分销渠道、定价及促销方式，直到这种产品完全退出市场为止。

★集中策略　把企业能力和资源集中在最有利的细分市场和分销渠道上，从中获取利润。这样有利于缩短产品退出市场的时间，同时又能为企业创造更多的利润。

★收缩策略　抛弃无希望的顾客群体，大幅度降低促销水平，尽量减少促销费用，以增加利润。这样可能导致产品在市场上的衰退加速，但也能从忠实于这种产品的顾客中得到利润。

★放弃策略　对于衰退比较迅速的产品，应该当机立断，放弃经营。可以采取完全放弃的形式，如把产品完全转移出去或立即停止生产；也可采取逐步放弃的方式，使其所占用的资源逐步转向其他产品。

在产品生命期的不同阶段中，销售量、利润、购买者、市场竞争等都有不同的特征，见表 3-3-3。

表 3-3-3　产品生命周期不同阶段特征

项目	导入期	成长期	成熟期		衰退期
			前期	后期	
销售量	低	快速增大	继续增长	有降低趋势	下降
利润	最小或负	大	高峰	逐渐下降	降低或负
购买者	爱好新奇者	较多	大众	大众	后随者
市场竞争	小	进入市场	增加	达到高峰	减少

产品生命周期理论为企业产品的更新提供了战略指导，为企业的战略发展提供了科学的依据。生命周期的不同阶段对企业制订营销目标的影响是不同的。市场经济的竞争复杂多变，企业只有掌握市场的主动权，才能在激烈的市场竞争中立于不败之地。

(3) 竞争状况企业　在选择目标市场策略时还必须考虑竞争者的情况。当竞争者少时，可采用无差别性市场营销策略；竞争者多，竞争激烈时，应选择差别性市场营销策略或集中性营销策略。在农产品相对过剩的时期，传统的无差别性市场营销策略致使农产品销售困难，竞争激烈，选择差别性市场营销策略或集中性营销策略有利于缓解竞争的压力。

(4) 市场特点　企业选择目标市场策略的目的是为消费者服务并争取顾客，因此，顾客购买农产品的行为特征是企业确定目标市场策略时必须考虑的因素。在农产品市场，普通农产品相对过剩，顾客对优质农产品和特色农产品则有特殊的需求，此时，实施差别性营销策略或集中性营销策略将大有作为。

(5) 市场营销宏观环境　一方面国家的宏观政策影响着人们的消费行为；另一方面农产品市场受国家政策的影响较大，因此，选择目标市场策略时必须考虑农产品市场营销的宏观环境。

3. 对目标市场策略的分析和评估

为保证目标市场的最优化，除了必须掌握一定的决策技术，遵守决策程序，还必须通过周密细致和全面的调查研究与预测，对各细分市场的状态和变化趋势、企业的营销能力和营销特点做出全面的分析评估。

对各细分市场状态的评估主要是通过对市场容量的分析，估计出各细分市场的获利程度。这种分析评估一般从以下两个方面着手：

(1) 估计整个细分市场目前的基本容量有多大　这需要通过对消费者的数量、购买力、消费习惯以及对价格变动的敏感程度等情况调查，分析商品的可销量、可销金额及营销利润。

(2) 估计各细分市场的市场需求潜力有多大　即通过对消费者数量的增减趋势、收入和购买力的变动以及消费倾向及其他可能出现的变化的分析预测，大体估计出各细分市场今后一段时期内的商品可销量、可销金额及营销利润的变动趋势。

由此可见，目标市场的选择是在市场细分的基础上，对市场进行全面评估，选择要进入的市场，再根据企业的具体情况，选定适合的营销策略。

三、 农产品与农资市场定位

市场定位就是农产品与农资企业根据竞争者现有产品在市场上所处的位置，针对消费者或用户对该产品某种特征或属性的重视程度，强有力地塑造出本企业产品与众不同的、给人印象鲜明的个性或形象，并把这种形象生动地传递给顾客，从而使该产品在市场上确定适当的位置。

市场定位首先是产品定位，是生产经营种子、农药、化肥还是其中一种，是蔬菜生产还是花卉生产，在分工明确，专业化大生产的时代，产品的明确地位显得非常重要。

（一） 农产品与农资市场定位的方法

市场定位的方法多种多样，但农产品与农资具有与一般产品不同的特点，因而其定位方法有其独特性。

1. 根据产品质量和价格定位

产品的质量和价格本身就是一种定位，一般来说，在消费者看来，较高的价格意味着较高的产品质量。农产品价格普遍较低的情况下，对优质农产品实行高价，使其与普通农产品区别开来，满足消费者对优质农产品的需求，从而达到定位的目的。如德瑞特番茄种子定位的就是温室高端；新疆天山面粉的定位是高品质；老干妈辣椒酱定位强调其使用的辣椒原料；王守义十三香强调其专门的调料配方。

2. 根据产品的用途定位

同一种农产品可能有多种用途，如有的农产品既可以供消费者直接食用，又可用于食品加工，那么就可以分别对它们进行不同的定位。此外，为一种老产品找到新用途时，也可用这种定位方法。比如新疆伊犁的吊干杏，既可以鲜食也可以晾干了吃杏干。

3. 根据产品的特性定位

农产品的特性包括其种源、生产技术、生产过程、产地等，这些特征都可作为农产品定位的依据。如“绿色农产品”“无公害蔬菜”“可以吸着吃的水蜜桃”等都是根据农产品的特性进行定位。尤其是当农产品这种特性是竞争者无法提供时，这种定位更有效。

4. 根据消费者的习惯定位

按照农产品消费者对产品的习惯看法确定产品形象，进行目标市场定位。如北方人喜欢吃面食，南方人喜欢吃米等。

（二） 农产品与农资市场定位的策略

农产品与农资市场定位的策略是指农产品生产经营者根据目标市场的情况，结合自己的条件确定竞争原则。通常可分为 3 种：

1. “针锋相对式”策略

这种定位策略是把产品定在与竞争者相似的位置上，与竞争者争夺同一细分市场。例如，有的农户在市场上看别人经营什么，自己也选择经营什么。采用这种定位策略要求经营者具备资源、产品成本、质量等方面的优势，否则，在竞争中会处于劣势，甚至失败。

2. “填空补缺式”策略

这种定位策略不是去模仿别人的经营方向，而是寻找新的、尚未被别人占领，但又为消费者所重视的经营项目，以填补市场空白的策略。例如有的农户发现在肉鸡销售中大企业占有优势，自己就选择经营饲养“农家鸡”“柴鸡”，并采取活鸡现场屠宰销售的方式，填补大企业不能经营的市场“空白”。

3. “另辟蹊径式”策略

当农产品经营者意识到自己无力与同行业有实力的竞争者抗衡时，可根据自己的条件选择相对优势来竞争。例如，有的生产经营蔬菜的农户既缺乏进入超级市场的批量和资金，又缺乏运输能力，就利用区域集市，或者与单位食堂联系，甚至走街串巷，避开大市场的竞争，将蔬菜销售给不能经常到市场购买的消费者。

（三） 农产品与农资市场定位的步骤

农产品与农资市场定位的实质是农业经营者取得在目标市场上竞争优势的过程。因此，市场定位的过程包括 3 个步骤。

1. 确定本企业竞争优势

通过营销调研，了解目标顾客对于农产品与农资的需要及其欲望的满足程度，了解竞争对手的产品定位情况，分析顾客对于本企业的期望，得出相应研究结果，从中把握和明确本企业的潜在竞争优势。

2. 准确选择企业竞争优势

从经营管理、技术开发、采购供应、营销能力、资本财务、产品属性等方面与竞争对手进行比较，准确地评价本企业的实力，找出优于对手的相对竞争优势。

3. 实现独特的竞争优势

通过一系列的营销工作，尤其是宣传促销活动，把其独特的竞争优势准确地传递给潜在顾客，并在顾客心目中形成独特的企业及产品形象。为此，企业首先应使目标顾客了解、认同、喜欢和偏爱本企业的市场定位。

例如，人们一提到五常大米，就想到“新鲜纯正、生态健康、营养安全”“守护国人餐桌上的幸福”的广告语，五常大米的优势首先来自五常市优质的自然资源，昼夜温差 10～20 ℃，无霜期 110～160 天，这些天然生产要素赋予了五常大米独特的品质。颗粒饱满、质地坚硬、饭粒油亮、香味浓郁，水稻中干物质积累多，营养成分高，可速溶解的双链糖含量高，所以吃起来香甜。此外，五常采用的水稻品种是自己培育的优良品种，很少外引，为优质稻米的持续开发打下了基础。还有五常的环境优良，绿色植被覆盖率高，无工业污染，达到了国家制定的生产绿色食品的标准。市场定位示意图见图 3-3-8。

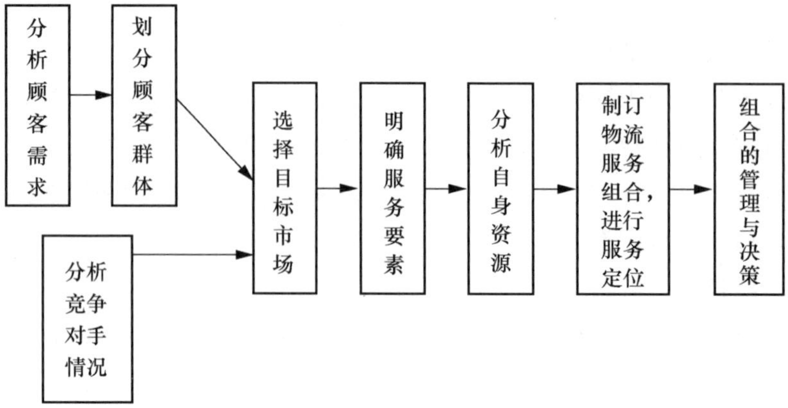

图 3-3-8　市场定位示意图

（四） 市场定位的主要内容

市场定位的主要内容包括产品定位、企业定位、竞争定位和消费者定位。产品定位侧重于产品实体定位质量、成本、特征、性能、可靠性等；企业定位，即企业形象塑造、品牌、员工能力、知识和可信度等；竞争定位确定企业相对于竞争者的市场位置；消费者定位确定企业的目标顾客群。

1. 产品定位

在当前市场中，有很多人对产品定位与市场定位不加区别，认为两者是同一个概念，其实两者是有一定区别的。具体说来，目标市场定位（简称市场定位）是指企业对目标消费者或目标消费者市场的选择；而产品定位是指企业对应什么样的产品来满足目标消费者或目标消费市场的需求。从理论上讲，应该先进行市场定位，然后才进行产品定位。产品定位是对目标市场的选择与企业产品结合的过程，也即是将市场定位企业化、产品化的工作。

在产品定位分析中，主要包括以下内容：

（1）产品的功能属性定位　产品本身所固有的性质和特征有哪些？可以满足消费者什么样的需求。

（2）产品的产品线定位　产品线指的是一群相关的产品，这类产品可能功能相似，销售给同一顾客群，经过相同的销售途径，或者在同一价格范围内。所谓的产品线定位解决的是产品在整个企业产品线中的地位，本类产品需要什么样的产品线，即解决产品线的宽度与深度的问题。

（3）产品的外观及包装定位　产品外观与包装的设计风格、规格等。

（4）产品卖点定位　卖点，简单说就是特色，就是在同类产品中的优势。产品卖点定位就是提炼出产品独特销售主张。比如“田园文化”品牌定位于消费者的一种休闲理念和生活态度。还有纪念品定位，如桃核雕刻；观赏品定位，如微型蔬菜“盆景”；装饰品定位，如蛇瓜、彩椒、印字水果、袖珍西瓜等；娱乐品定位，如迷宫玉米田、农家乐等。

（5）产品的基本营销策略定位　这里涉及产品价格策略、沟通策略与渠道策略等内容。另外，产品是做市场领导者、挑战者、跟随者还是补缺者，也是亟待商榷的一个问题。

（6）产品的品牌属性定位　即根据产品的某项特色来定位。例如，某品牌的“矮壮素”“落叶剂”“生根粉”，“矮壮”“落叶”“生根”就是它能带给消费者的特定的品质特征。

2. 企业定位

即企业形象、品牌塑造、员工能力、知识、言表、可信度。指企业通过产品及其品牌，基于客户要求，将其独特的个性、文化和良好形象塑造于消费者心目中，并占据一定位置。企业如何定位见图 3-3-9。

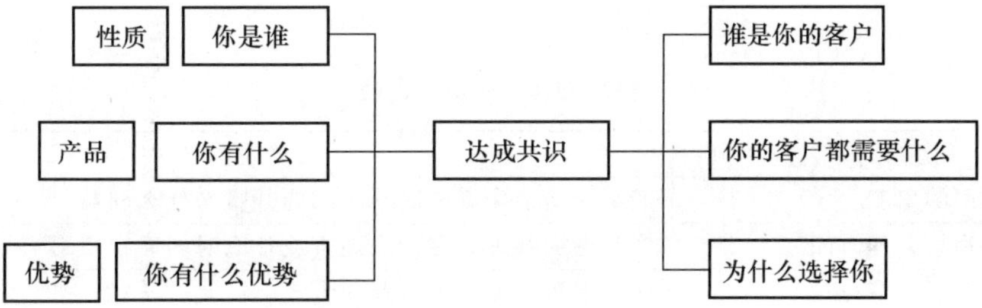

图 3-3-9　企业如何定位

3. 竞争定位

确定企业相对与竞争者的市场位置。企业为了占领目标市场，需要进行产品定位，以强化自己的竞争优势，这就是市场竞争定位。市场竞争定位的目的是在目标市场上吸引更多的顾客，塑造区别于竞争者的特色和形象，以求在目标客户心目中树立独特的形象，从而营造一种能够影响客户购买的氛围。

（1）竞争定位有四个组成要素：能反映企业的实力；与众不同；简单易懂并且足够吸引客户的注意力。研究每一位竞争对手的时候，企业渴望在这 4 个方面都强过别人。竞争定位的四要素见图 3-3-10。

图 3-3-10　竞争定位的四要素

（2）竞争定位的程序见图 3-3-11。

4. 消费者定位

确定企业的目标客户群（表 3-3-4）。

图 3-3-11　竞争定位的程序

表 3-3-4　消费者定位

定位点	具体说明
使用的角度	产品能给消费者解决某个问题并带来什么利益
使用场合和时间	产品会被某类人在什么地方或什么时间经常使用
消费者购买目的	购买者买产品是为了什么
消费者心理	消费者生活方式的不同代表着消费态度消费心理的不同

四、 农产品与农资产品策划

在营销策划中，最基本也最核心的工作就是产品策划，能否为市场提供适销对路的产品，并有效地传递给消费者，是所有企业面临的重要问题。任何一种产品的销售都不会是“永远不落的太阳”，市场营销人员必须依照产品的生命周期和市场竞争特点进行有针对性的营销策划，以适应信息万变的市场，并尽可能延迟产品的市场寿命，同时，尤其要注意对产品品牌、包装和服务的策划。农产品与农资产品策划的主要内容包括产品组合策划、新产品开发策划、产品包装策划和农产品与农资品牌策划。产品策划的主要内容见图 3-3-12。

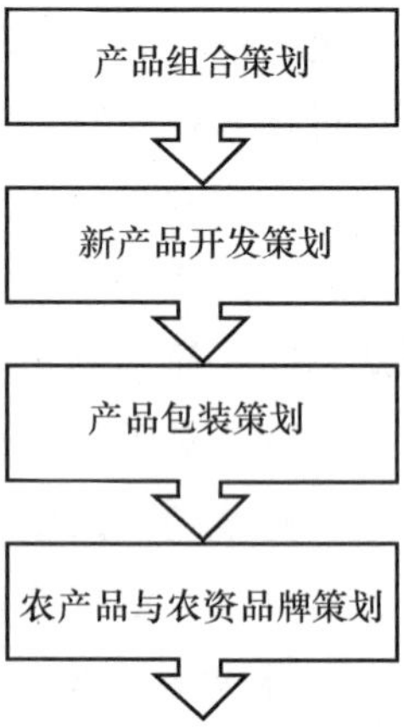

图 3-3-12　产品策划的主要内容

（一） 产品组合策划

农产品与农资企业为了更好地满足目标市场的需要，同时分散经营的风险，往往生产经营多种产品。企业如何根据市场需要和自身能力决定生产经营哪些产品，并明确各产品之间的配合关系，如何在专业化的同时达到多样化，对经营企业的兴衰有着重要的影响，农产品与农资企业需要对产品组合进行研究选择。

1. 产品组合及其相关概念

产品组合是指一个农产品或农资企业提供给市场的全部产品线和产品项目的组合，即企业的业务经营范围。

产品线又称产品大类，是指产品在技术上和结构上密切相关，具有相同、相似或相关使用功能，规格不同而满足同一目标消费群需求的一组系列产品。一条产品线就是一个产品类别，产品线由若干产品项目组成。

产品项目是指一类产品中品牌、规格、式样、价格有所不同的每一个具体产品，即通常说的某一产品的具体品名和型号。例如，某农产品公司经营蔬菜、面粉、食用油等，这就是产品组合；蔬菜、面粉、食用油等大类就是产品线；蔬菜中的辣椒、茄子、西红柿等就是产品项目。

2. 产品组合四个要素

（1）宽度　指农产品与农资企业拥有不同产品线的数目多少。例如，一个农药企业可以生产杀虫剂、杀菌剂、除草剂、植物生长调节剂等不同类型的产品，说明这个企业的产品线比较宽。一个企业的产品线宽，服务对象就多，覆盖的地域就广，该企业的抗风险能力就强，可以有效地防止因某种产品滞销而影响企业的效益。但是产品线越宽运营资金需要越多，所以企业采取产品线的宽窄要视企业自身情况而定。

（2）长度　指产品组合中所包含的产品项目的总和。如上所述，如果蔬菜有叶菜、瓜果、茎菜，食用油有菜籽油、花生油、豆油，面粉有特一粉、特二粉。那么产品组合的长度就是8。

（3）深度　指每类产品所包含花色、式样、规格的多少。组合深度可以满足尽可能多的细分市场对同一产品的需求，增强企业的竞争能力。例如，同一种农药，可以分成不同的包装、不同的剂型、不同的含量，以满足不同的使用对象。

（4）关联度　指一个农产品与农资企业的各个产品线在最终使用、生产条件、分销渠道和其他方面相互关联的程度。产品组合紧的比较容易管理，能让企业集中生产和营销上的优势及有限资源充分利用。例如，化学杀虫剂和生物杀虫剂的作用机理不同，关联程度较小。在产品营销中，产品组合密度虽然不能决定营销成败，但是恰当运用产品的关联性对于占领市场有一定的益处。如某农资零售商既经营农药又经营饲料和农膜，那么，这个企业有三条产品线，但这三条产品线的关联度比较小。关联度的大小取决于经营企业的经营目标、市场环境和经销人员的业务水平。一般而言，关联度越小，消费群体越分散，上下联系越广泛，对营销人员的业务能力要求也越高。

某农资公司的产品组合见表3-3-5。

表 3-3-5　某农资公司的产品组合

	产品组合的宽度				
	农药	种子	化肥	兽药	饲料
产品组合的长度	杀虫剂	粮食作物种子	N 肥	抗生素类	粗饲料
	杀菌剂	粮油种子	P 肥	合成抗药类	青贮饲料
	植物调节剂	蔬菜种子	K 肥	抗寄生虫药	青绿饲料
	除草剂	花卉种子	复合肥料	消毒剂	能量饲料
	杀螨剂	草坪及牧草种子	微量元素肥料	……	……

3. 分析产品组合需要考虑的因素

分析产品组合，一般需考虑以下几个方面的因素。

（1）对产品处境的分析　要对企业的每项产品逐一分析，可利用杜拉克六层次产品处境分析法。这“六层次产品”分别是：

①企业未来的主要产品，即新产品，这种产品也可能是由目前的主要产品改进而来的；

②企业目前的主要商品；

③企业主要盈利的产品；

④企业过去的主要产品，即产销量大但销路日渐萎缩的产品；

⑤仍可继续经营，尚未完全失去销路的产品；

⑥完全失去销路或未打开销路的产品。

企业将产品组合中全部产品项目的“处境”进行判定后，再决定每一个项目的剔除、保留和发展。对产品处境的分析，要结合对产品的经济生命周期的研究。

（2）产品定位分析　分析本企业产品定位的优劣，提出产品再定位的设想。

（3）产品组合对企业经营的影响　主要考察产品的总体组合方式，每项产品对企业经营的影响，以明确经营产品项目中的主次关系，做到有主有次，主次扶持，以充分发挥企业的优势和潜力。

对企业产品组合的改进，主要方法是调整。通过调整，扩展企业的产品组合或缩减组合。企业要从实际情况出发，根据自身的营销目标、营销范围、营销能力（人、财、物的优劣势）等因素来确定。扩展企业的产品组合，实行更多大类或品种的生产经营，可以充分利用人力、物力和财力，减少经营的风险，但同时提高了经营的复杂程度；缩减企业的产品组合，实行更少大类、更专业化的经营，有利于企业采取先进的生产技术和营销方法，提高效率、成本和费用，提高产品质量和服务水平，但是要承担较大的经营失败的风险。因此，要求企业有关决策人员，善于把更多大类与专业化结合起来，妥善地处理以上矛盾，使企业的产品组合独具特色，并通过不断调整保持最佳状态。

4. 产品组合基本策略

（1）全线全面型　全线全面型是指农产品与农资企业向市场提供需要的各种产品，即其宽度和深度都大的产品组合策略。该模式适用于实力较强的大型农资企业。如某农业企业既种植粮油作物，又种植瓜果蔬菜，还开办粮油加工厂，而且还经销农产品。

（2）市场专业型　市场专业型是指农产品与农资企业向某个专业市场提供需要的各种产品，即其宽度和深度较大，但关联度较小的产品组合。比如粮食商品交易市场、农资市场等。

（3）多条产品线专业型　多条产品线专业型是指农产品与农资企业专注于某类产品的生产，即其宽度和深度较小，但关联度较大的产品组合。

（4）一条产品线专业型　一条产品线专业型是指农产品与农资企业根据自己的专业特长，集中经营单一的产品线，即宽度最小、深度一般的产品组合。如某农资公司只做除草剂。

5. 产品组合调整策略

通常产品组合的调整策略大体分为 5 种：

（1）扩大产品组合策略　就是拓宽产品组合的宽度、加强产品组合的深度和产品组合的关联度。

（2）缩减产品组合策略　就是削减产品线或产品项目，特别是要取消那些获利小的产品，以便集中力量经营获利大的产品线和产品项目。

（3）向上延伸策略　就是在原有产品线内增加高档次、高价格的产品项目。

（4）向下延伸策略　就是在原有产品线中增加低档次、低价格的产品项目。

（5）双向延伸策略　就是在原有产品线中，一方面增加高档产品，另一方面增加低档产品，力求扩大产品的市场阵地。

产品组合的调整策略比较见表 3-3-6。

表 3-3-6　产品组合的调整策略比较

策略类型	优点	缺点
扩大产品组合策略	满足不同消费者的需要、提高占有率，完善产品系列、扩大市场规模，分散经营风险	不利于专业化较高的投资水平
缩减产品组合策略	集中农业企业有限资源，有利于生产的专业化，提高单个产品的生产效率和质量	选择不当易加大经营风险，不能满足不同消费者的需要
向上延伸策略	提高农业企业的整体形象 获得较高的利润 提高农资企业的技术和管理水平	企业的固有形象不易改变，较高的投资水平
向下延伸策略	借助原有的品牌形象，增加销售额，扩大市场占有率，完善产品系列	处理不当会影响原有的好品牌形象
双向延伸策略	充分利用农业企业的生产能力，满足不同层次消费者的需要，扩大市场占有率	农业企业的营销费用和管理费用增加

（二） 新产品开发策划

产品生命周期为我们提供了一个重要启示。在当代科学技术水平迅速发展、消费者需求变化加快、市场竞争激烈的情况下，生产者要持续不断地发展壮大，就必须不断地推出新产品，更新换代，以适应市场需求变化。因此，开发新产品是关系到生产者能否生存和发展的战略重点。

1. 新产品的含义

新产品是指运用科学技术新发明的或者本市场上前所未有的产品。如蔬菜新品种、新型农药、本店过去没有销售过的产品等。从市场营销的角度，只要在功能或形态上发生改变，与原产品产生差异，即可视为新产品。

2. 开发新产品的程序

开发新产品的程序见图 3-3-13。

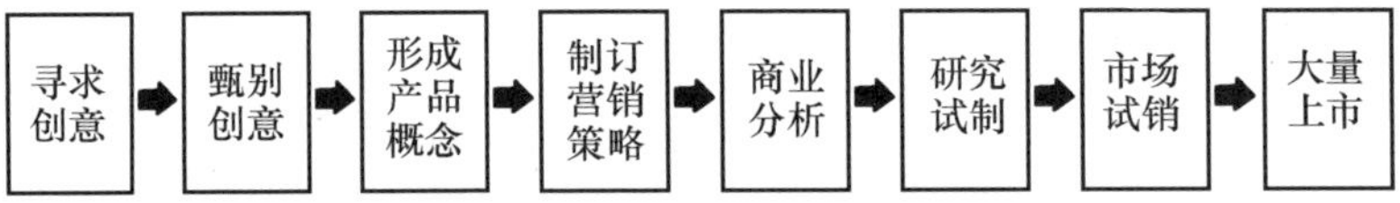

图 3-3-13 开发新产品的程序

3. 新产品类型及开发策略

（1）全新型新产品　全新型新产品是指借助科学技术的进步，采用新原理、新技术而创造的新产品。如最先生产出的草甘膦、抗枯萎病的棉花品种，我国 20 世纪 80 年代开发出的沙棘产品、酸枣产品，新西兰首先开发出的猕猴桃等。野生资源的开发也多属全新产品。这类新产品多问世于科学技术在某方面的突破，极为难得，绝大多数企业都很难开发出全新型新产品。这类新产品的上市往往会改变消费者的生产方式或者生活方式，具有极其重大的意义。

开发策略：高新技术的开发一般采用当代前沿技术和最新成果，研制出与原产品在原理、结构、材料和技术上截然不同的产品，这类产品一般需要高投入，而且风险大，周期长，但回报率也相当高，适于实力雄厚的企业采用。

（2）换代型新产品　换代型新产品是指在原有产品的基础上，部分采用新技术、新材料制成的产品，它比原产品在性能上有重大突破和提高，逐渐取代原有产品并导致其被市场淘汰。如更新换代的水稻、小麦、玉米等。就玉米而言，近 20 年来已更新四五代，淀粉含量达到 72%～74%，并培育出高油玉米、高蛋白玉米等。

开发策略：换代产品的开发难度较高，且周期相对要短，是中小企业常采用的一种方式。

（3）改进型新产品　又称老产品的改进，这种新产品是对原有产品的品质、性能、款式、包装等作不同程度的改进，以求提高质量、改善性能、增加规格型号、翻新花色款式。在新产品开发中，属于此类新产品的占大多数。这类产品能够更好地满足消费者需求与偏爱，受到消费者的欢迎。如南方的香蕉过去只是鲜销，为了扩大市场，满足人们周年需要，开发出香蕉干、香蕉脯、香蕉罐头等食品，远销全国各地。前几年水产企业将鱿鱼加工为小包装成为一个热点，由于鱿鱼丝、鱿鱼片大量上市，以后不断从形态等方面加以改进，形成“鱿鱼卷”“鱿鱼条”等产品，受到世界各地人民的欢迎。还有净菜、果汁、富硒红薯、水果玉米、盆栽苹果等都受到了消费者的喜爱。

开发策略：这类产品的开发周期短、投入小、见效快，一般被大、中、小型企业广泛采纳。

（4）仿制型新产品　仿制型新产品又称本企业新产品，指本企业通过改进、借鉴先进技术而模仿市场上已有的产品，这类产品属企业第一次生产或某地区第一次上市的新产品。对本企业来说，这样的新产品投资少，成本低，风险较小。如通过引进、驯化、选育而形成的农产品新品种等。比如山东寿光市的西红柿，原属于大果型的品种，后来引进了以色列的小果形品种“圣女”西红柿，来满足市场的需要。仿制产品能缩短产品开发时间，降低设计成本，易被市场接受，因此从市场竞争和企业经营上来看，仿制新产品是无法避免的发展趋势。

4. 开发新产品的要求

开发新产品所需要的费用高、风险大。为使新产品开发尽可能地成功和发展，一般应符合以下几点要求。

（1）有特色　所谓特色就是要具有新的性能或新的用途，有较强的独创性、时尚性和适应性。能满足众多消费者的需要，让消费者感到这种产品确实与众不同，从而产生购买欲望。

（2）有能力　是指根据自己的实力，包括生产条件、技术力量、资金保证等方面的能力，尽量开发既能发挥自身优势，又符合市场需求的新产品。在技术缺乏和生产条件较低的情况下，勉强开发新产品，难以保证产品质量，也不易被消费者接受。

（3）有市场　要有潜在的市场需求和用户需求，这是新产品开发成功的保证。为此要认真做好对目标市场和目标用户需求调查，着重分析消费者对产品的品质、性能、规格等方面的要求，做到有的放矢。研究开发出适应性较强、受消费者欢迎的产品，只有这样，产品才会有一定的市场生命力。

（4）有效益　在新产品投入生产和市场销售后，能大幅度提高经济效益，亦能提高社会效益。

5. 新产品的开发创新

对产品本身任何要素的创新都能给消费者带来新的感受，都可以作为产品创新。目前农产品创新的方法主要有以下几种：

（1）产品形式的创新

★“大”变“小”或“小”变“大”

农产品大变小后，市场价格明显提高的例子有很多，比如樱桃西红柿、无刺水果黄瓜、袖珍西瓜等；农产品小变大的例子有巨型南瓜、大樱桃等，都能带来更好的经济效益。

★“白”变“黑”或“黑”变“白”

近年来黑色食品比较流行，一些农户抓住商机发展黑色食品，取得了很好的效益。比如黑米与大米经济效益之差、紫糯玉米和普通糯玉米价格之差等，除了常见的黑米、黑芝麻、黑豆外，又培育出了黑小麦、黑花生、黑红薯等新品种。

★“高”变“矮”或“矮”变“高”

有的植物“高”变“矮”后可以身价倍增，如将桃树、柑橘树、柚树、彩椒、番茄等矮化后进行盆栽作为盆景出售，价格大幅度提高。将一些热带水果，如香蕉、木瓜矮化后栽植在北方的温室大棚内，使其能够在异地生长、结果；或将樱桃树、油桃树、枇杷树等矮化后栽植于温室或大棚内，使其提早成熟，显著提高种植效益。

也有植物“矮”变“高”后可以明显改善品质、提高售价，如对韭菜、西芹喷施生长促进剂后，叶片变长、变嫩，产量与价格均有提高；在温室培育多年生番茄、茄子，使植株巨型化，可以提高其总体产量与效益。

★“土”变“洋”或“洋”变“土”

如将山里的竹笋、野菜等加工包装后销往城市，价格会成倍提高。也有人在别人大力引进洋货时，反其道而行之，发展土货也能提高价格。如别人从外地引进高产的小麦、养殖外来蛋鸡时，种植本地优质玉米、养殖本地优良蛋鸡反而效果更好。

新产品开发必须适应社会经济发展需要，适销对路。没有市场的产品，对企业而言，再新也没有意义。消费者对农产品需求的多样化，也使得农产品消费出现了新的动向。如五彩椒、黑小麦等农产品虽然分属辣椒、麦类，但因为颜色特别、营养价值高，不仅市场销路好，而且经济效益高。因此，新产品要有自己的特色，适应和满足消费者需求的新变化。

（2）产品实体的创新

★繁育彩色农产品

近年来，科学家们培育出了许多彩色的水果、蔬菜，如黑桃、紫红甘蓝、彩色番茄等，特别是彩色蔬菜深受消费者喜爱。如紫色甘蓝、紫糯玉米、紫甜椒、红菜心以及一些果型细小、形状奇异，颜色特异的瓜类、豆类。以紫甘蓝为例，据分析，其蛋白质、碳水化合物含量分别为普通甘蓝的 1.4 倍和 2 倍，其铁、锌、维生素等含量比普通甘蓝高。烹调时，不论是清炒、凉拌、汤食或腌渍，其味道均清新可口、柔中带爽、食之不厌。尽管这些彩色蔬菜并非当今食用蔬菜的主流产品，但因为它富有不同凡响的魅力，所以能激发消费者的兴趣，为蔬菜市场不断增加新货源。

★开发保健农产品

当今，人们很注意通过饮食疗法来进行保健和美容，所以保健型的农产品特别畅销，如小型红南瓜，果皮深红、果肉粉甜、风味独特，对降低人体血脂、增强胃肠蠕动和减轻脑血管硬化均有良好疗效。又如红扁豆和四棱豆可帮助肠胃消化、清热祛湿。紫薯对老人有滋补强身，增强免疫力等功效。

以水果为例，可以利用水果的皮、种、核加工保健品，如水果甜粉就是利用果皮、果渣、落果、损伤果等制成的，甜粉可以制作水果饮料和食品添加剂。果皮糖是利用柑橘、柚子等鲜果的果皮进行糖煮加工可制成营养丰富、风味独特的果皮糖，具有止咳、止喘、润喉、化痰功效，是一种畅销保健品。还有果皮油，可从梨、苹果、柑橘等果皮中提取果皮香精油。这是一种具有天然香味的保健食用油，含多种维生素，可以用来制酒和做糕点等。

还可以用山楂、核桃、葡萄、橄榄等水果的种核加工保健食用油或药用油。山楂核油具有较强的抗菌作用，对麻疹、神经性皮炎、婴儿胎毒等多种皮肤病有较好的疗效。食用适量核桃油，对神经衰弱、高血压和冠心病有一定疗效。

（三） 产品包装策划

农产品与农资产品的包装是为在流通过程中保护产品、方便贮运、促进销售，按一定技术方法而采用的容器、材料及辅助物等，也指为了达到上述目的而采用容器、材料和辅助物的过程中施加一定技术方法等的操作。目前，包装已成为强有力的营销手段。设计良好的包装能为消费者创造方便价值，为生产者创造促销价值。

1. 包装技术

（1）真空包装技术　这种包装可以减少袋内氧的含量，防止产品腐烂。

（2）气调包装技术　气调包装与真空包装一样，通常与冷藏相结合，在冷藏基础上的气调包装具有安全、卫生、经济、保鲜效果良好等优点，在国内外食品行业得到广泛的应用。

（3）脱氧包装技术　在密封的包装容器内，脱氧剂能把容器内的氧气全部除去，将腐败变质降到最低限度。

另外，辐射储藏保鲜技术、电磁场处理包装技术、空气电离技术等也得到应用。

2. 包装方法

（1）包装的大小　主要受消费者的购买使用习惯及购买力的影响。目前许多农产品为了消费者食用方便，在量上采用小包装、一次性的包装形式，如山西的小黄米，在设计精美的图案箱里，采用每袋200克的小包装，便于家庭食用和保存。

（2）包装的形状　主要取决于产品的形状和性质。方形包装有利于节省空间和方便运输时的摆放，圆形的盒子占空间大，不利于存放。

（3）包装的构造　包装的构造应能突出产品的特点，体现产品的功能，同时应开启方便。如鸡蛋的包装一定要结实、有弹性、防震性好，保证鸡蛋在运输和销售过程中不会因运送颠簸或多次摆放而破损。

（4）包装的颜色　确定主打色，是农产品包装设计重中之重。主打色的作用是以最快的速度传递给人们于包装产品的直观属性，这种直观属性也可以理解为消费硬核。农产品都有自己的本色，如大米是乳白色、苹果是红色、柑橘是橙黄色、大豆是黄色、猕猴桃是绿褐色、茄子是紫色……，农产品包装设计大多数应用的是其本色，以原汁原味的本色勾起消费者购买农产品的欲望。

（5）包装的材料　包装材料的选用除了能有效地保护产品外，还应该考虑材料与环境保护的关系，应多选用多功能、简单化、容易回收的绿色产品包装物。多层瓦楞纸箱、热收缩膜包装、真空包装、防震袋包裹、泡沫箱等都是非常必要的包装形式。一些生鲜农产品、鲜花等对包装的要求特别高，在配送过程中一般需要低温或者冷冻处理。天天果园、本来生活网和顺丰优选等电商平台选择用白色泡沫箱包装，内部放置充气塑料包和冰袋等。此外，由于农产品具有很强的地域性特征，结合产地的竹、木、棉、麻等特色材料也很重要，将其加工运用于包装中，既能减少成本，还能使农产品具有原生态韵味。

（6）符合销售地的风俗习惯　在包装设计中，应充分利用当地自然材料，如使用竹条、草茎、树叶来包裹、捆扎食品或用品。这种就地取材、因陋就简取材于自然的包装手法，自人类早期至今日一直在使用，能达到很好的包装功效，并且可以循环利用。如南方食品粽子、荷叶鸡蛋、竹筒饭等都是采用天然材料进行包装。这种包装具有朴素、简洁、自然的特色。

（7）经济实用　选用的包装材料要尽量便宜；要设计多用途和多次使用的包装；要尽可能合理地利用包装空间；要避免过分的包装。

（8）显示出产品的特点　比如，为突出鲜明的地域特色，淘品牌“西域果园”就在包装上体现出维吾尔族“果叔”的形象（图 3-3-14）。

（9）文字设计一目了然　例如辣酱品牌 Hugo's Hot Sauce 的包装就非常有创意，产品用极简的插画，表现辣味的轻重（图 3-3-15）。这些插画，可谓让人瞬间就选择好自己想要的辣味。

图 3-3-14　西域果园包装设计

图 3-3-15　Hugo's Hot Sauce 的包装

3. 包装策略

（1）类似包装策略　对生产的产品采用相同的图案、近似的色彩、相同的包装材料和相同的造型进行包装，便于顾客识别出本企业产品。对于忠实于本企业的顾客，类似包装具有促销作用，还可节省包装的设计、制作费用。但类似包装策略只适宜于质量相同的产品，对于品种差异大、质量水平悬殊的产品则不宜采用。

（2）再使用包装策略　指包装内的产品用完后，包装物还有其他用途。如精美的水果篮、花篮、种子包装袋可被再利用。这种包装策略可使消费者感到一物多用而引起其购买欲望，而且包装物的重复使用也起到了对产品的广告宣传作用。但要谨慎使用该策略，避免因成本过大引起商品价格过高的营销产品销售。

（3）附赠包装策略　积攒商品包装物附赠奖券或实物，或包装本身可以换取礼品，吸引顾客的惠顾效应，导致重复购买。比如在水果篮里附赠奖券或实物，在种子袋里附赠农药、植物激素等，除草剂附赠安全剂等。

（4）改变包装策略　即改变和放弃原有的产品包装，改用新的包装。由于包装技术、包装材料的不断更新，消费者的偏好不断变化，采用新的包装以弥补原包装的不足，但在改变包装的同时必须配合好宣传工作，以消除消费者以为产品质量下降或其他的误解。

（5）更新包装策略　更新包装，一方面是通过改进包装使销售不佳的商品重新焕发生机，重新激起人们的购买欲；另一方面是通过改进，使商品顺应市场变化。有些产品要改进质量比较困难，但是如果经常变一变包装，给人带来一种新鲜感，销量就有可能上去。

（6）绿色包装策略　在包装设计时，选择可重复利用或可再生、易回收处理、对环境无污染的包装材料，容易赢得消费者的好感与认同。如用纸质包装替代塑料袋装，羊毛材质衣物中夹放轻柔垫纸来取代硬质衬板，既美化了包装，又顺应了发展潮流，一举两得。

（7）开窗式包装策略　开窗式包装策略是指在包装物上留有“窗口”，让消费者通过“窗口”来直接认识和了解产品，其目的在于直接让消费者体会、认识产品的品质。

（8）分量式包装策略　分量式包装策略即对一些称重产品，根据消费者在购买时间、购买地点和购买量不同采用重量、大小不同的包装；也有一些价格较贵的产品，实行小包装，给消费者以便利感；还有一些新产品，为让消费者试用而采用小包装，其目的在于给消费者以便利、安全感，比如茶叶的包装。

（9）等级式包装策略　由于高收入、文化程度较高的消费层比较注重包装设计的制作审美、品质和个性化；而低收入消费层则更偏好经济实惠、简洁便利的包装设计。因此，企业将同一商品针对不同层次的消费者制订不同等级的包装策略，以此来争取不同层次的消费群体。

（10）礼品式包装策略　这种包装策略是指包装华丽，用于节日馈赠、走亲访友，其目的在于增添气氛，满足人们交往、礼仪之需要，借物寓情，以情达意。如鲜花做成精美的花束、水果制成果篮等。

4. 产品包装的创新

随着人们消费水平和社会科技水平的提高，新产品不断被开发出来，产品样式也越来越多，技术性也越来越强，人们对农产品的包装质量要求也越来越高，未经包装的农产品的价格和经过精致包装的农产品价格往往是天壤之别。现在很多地方仍沿用劣质塑料袋、旧麻袋、破箩筐等原始的包装方式，结果导致很多好的农产品在市场上卖不到好价钱。要想实现农产品的高价销售，必须进行农产品包装的创新。

产品包装必须兼顾创意性和实用性，不能纯粹地为了创意吸引眼球而去做出不方便的包装，消费者也许第一次会为了创意买单，但不会再为了单纯的创意第二次买单，所以当下的包装设计，十分推崇功能性包装创意理念。例如香菜，可以在底部增添塑料滤水器，只需垫一张湿巾，就可以延长新鲜时间；对于水果的包装可以贴心注明颜色，显示水果的新鲜程度；对于有毒性的农药，可以内附手套、量筒等便于操作的物品来吸引消费者的购买。

（四） 农产品与农资品牌策划

1. 品牌

品牌是用以识别某个销售者或某群销售者的产品或服务，并使之与竞争对手的产品或服务区别开来的商业名称及其标志，通常由文字、标记、符号、图案和颜色等要素或这些要素的组合构成。品牌最持久的含义是其价值、文化、个性，它们构成了品牌的实质。包括：

（1）品牌名称　指品牌中可以用语言称谓表达的部分，如新疆老龙河西瓜、四川不知火丑橘、史丹利复合肥等。

（2）品牌标志　可被认出、易于记忆但不能用言语称呼的部分。

（3）商标　是经过注册登记而受法律保护的品牌或品牌的一部分。商标作为区别企业商品的标准，一般都印在商品的包装及标签上。

2. 品牌内涵

（1）属性　属性是品牌最基本的含义，品牌首先代表着特定的商品属性，如绿色农产品具有无污染、安全、优质、营养的特点。如某一新上市的除草剂，重点宣传三大产品特点，即：全新的专利成分，解决抗性难题；斩草除根，降低杂草基数；快速除草，增强水稻竞争优势。新产品品牌形象建立不仅能提升自身产品销量，同时对于系列产品的销售都有极大的促进作用。

（2）利益　品牌体现了特定的利益。顾客不是在买属性而是买利益，这就需要属性转化为功能性或情感性的利益。比如，同样都是香甜软糯的黄糯玉米，东北农嫂玉米品牌就抓住了现代生活的特点，专为家长和上班族定制了儿童营养代餐和适合上班族开袋即食的常备零食两种产品。在宣传上也融入了营养、健康、休闲等现代元素，紧紧地抓住成家立业的年轻人这个消费群体。

（3）价值　品牌体现了生产者的某些价值感。

（4）文化　品牌可以代表某种文化。如黑龙江五常大米、阳澄湖大闸蟹、丹东的九九草莓，山东的烟薯25号等，这些农产品的品牌文化已经成功塑造并进行了良好的宣传，人们一想起这些，就会想到“产地好、味道好”的品牌形象。

（5）个性　不同的品牌会使人们产生不同的联想，这是由品牌个性所决定。如褚橙是人格化的品牌，“人生总有起落，精神终可传承”是褚时健人生起落数十年的励志精神。

（6）用户　品牌暗示了购买或使用产品的消费者类型。当消费者可识别某一品牌的六个方面时，称之为深度品牌，否则只是一个肤浅的品牌。

3. 产品品牌营销

（1）做好品牌定位　品牌定位是指为自己的品牌在市场上树立一个明确的、有别于竞争对手的、符合消费者需要的形象，其目的是在消费者心目中占据一个有利的位置。成功的品牌定位是产品进入市场、拓展市场的助推器。比如，当顾客想要购买大米时首先会想到“五常”或者“兴安盟”大米。顾客想要购买香甜可口的梨时会第一时间想起库尔勒香梨，想要吃酸甜可口的梨时又会首先想起南果梨。

（2）塑造品牌形象　生产者如果既能在一个品牌的性格塑造中保持其一致性，同时又实现品牌与顾客的有效沟通和情感交流以达成独特的识别特性，就可以完成其品牌的性格塑造，为产品的差异化创造有利条件。比如，老干妈和褚橙这两个品牌就是基于陶华碧和褚时健的个人形象和创业故事而建立的。

（3）加强品牌的传播与维护　在现代信息社会中，不重视推广宣传，就不能及时将有关品牌的信息传达给消费者和公众，品牌就难以被消费者和公众知晓，也就失去了创立品牌的意义。在新媒体迅速发展，网络营销平台丰富多样的当下，商家可选择诸如微博、小红书等社交平台，抖音、快手等短视频平台，淘宝、京东等直播平台，微信、QQ等社群交流平台来对农产品与农资产品进行宣传。通过多管齐下的方式，提升大众对品牌的认知。

（4）积极采用品牌延伸与扩展策略　品牌延伸与扩展是指利用已获成功的品牌推出新产品，其最大优点是可以充分发挥成功品牌的效应，迅速推出新产品，省心省力，产品成功的概率也会增大。比如，2022年1月9日，“这个冬天，莓你不行”安慕希AMX丹东草莓新品发布会暨2022年东北·丹东第一届草莓酸奶节启幕，其间伊利安慕希与丹东草莓达成深度合作，并宣布安慕希AMX丹东草莓新品首发上市。2022年4月11号，瑞幸咖啡和海南椰树集团正式官宣，推出联名款年度新品椰云拿铁，将咖啡与冷榨生椰浆相结合，新产品问世，许多年轻学生纷纷在朋友圈中打卡，足以显示其销售火热。

【典型人物案例】

“枣”当家“枣”致富

刘毅彬，出生在“中国红枣之乡”的河南郑州。这里盛产新郑大枣（图 3-3-16），味甜核小，一度成为同品类中的佼佼者。

图 3-3-16　新郑大枣

刘毅彬种植红枣已有十几年，是新郑有名的红枣种植大户，2022 年他被评为“勤劳致富模范”。十几年前，刘毅彬突发奇想，村里每家每户都种植红枣，每到 6 月份，就有大量贩子来村里收购红枣，收购价极低，但在市场上经过分级加工就能卖一个好价钱。经过一晚上深思熟虑，刘毅彬决定自己创办红枣加工厂。可是由于缺少经验，只会种不会卖，第一年就赔了底朝天。吸取了以往失败教训后，刘毅彬意识到做生意不能蛮干，要想突围，就抓两点——创新和品质。

为了保证枣的质量，刘毅彬采用“农户种枣＋公司”收购模式，给农民免费培训，种植优质大枣。此外，刘毅彬还特别注重产品包装，他打破常规，将自己研制的“鸡心人参枣”率先改用 100 克的精致小包装，一经投放，在深圳、广州卖得异常火爆，仅半年时间，销售额就达到 30 万元。随后，刘毅彬了解到人们不喜欢吃带核的枣后，又迅速设计了一款去核器，“无核鸡心枣”当年就成为走俏的出口商品，远销韩国、日本、美国等国家和地区。但由于科技含量不高，跟风的人比较多，仅上市两年，无核枣就已经没有利润空间了，还存在着一定的风险。刘毅彬很快又发明了便于携带的枣片，并在 2000 年开了第一家直营店，在大规模招贤纳士和频频建起加盟店后，便携式枣片一时间风靡全国。红枣在刘毅彬的手里实现了七十二变——生产出 10 多个系列 200 多种产品。

为了抢占大众休闲消费市场，2017 年，刘毅彬以 9.9 亿元收购中国另一休闲零食品牌，完成了国内零食电商并购第一案。此后，公司业绩实现了快速增长。2019 年，该公司实现营业收入 59.61 亿元，同比增长 20.44%，归属于上市公司股东的净利润 1.93 亿元，同比增长 48.66%。

刘毅彬表示：我认为企业的成长有四个要素，坚持、创新、准确定位、合理改变。其中最重要的就是坚持，一个人只要能一直坚持一件事，他就能成为这方面的专家。如果仅仅单纯追求钱，看到哪里有钱就去哪，靠着这种利益驱动下的追求就容易放弃。

典型人物事迹感想
典型人物工匠精神总结凝练

任务1　客户分析

许多企业拥有先进的设备、优质的产品和服务，可最终不能在市场上占领一席之地，也无法扩大其市场份额，造成这种后果的主要原因在于企业并没有对客户资料进行比较细致的划分及分析，导致最终企业没有对他们的目标客户和目标市场做出正确的选择。因此，企业必须在获得客户资料后对这些客户进行有效具体的分析，从中选择出能够为企业获利的有效客户群体。

通过客户调查和营销业务的开展，企业可获得大量的客户信息。为了最大限度地利用和维护客户资源，企业必须及时对获取的客户信息进行深入分析与科学管理。

【任务目标与质量要求】

在师傅的带领下，掌握客户信息收集的方法，能够建立客户档案卡，进行客户分析和管理。在信息收集和档案管理工作中，要具备严谨认真的态度、细心周到的作风。

【学习产出目标】

（1）能制作客户信息档案卡、建立三级客户资料；

（2）能对所收集的客户信息进行分析，做出需求预测；

（3）能制作重点客户资料卡。

【工作程序与方法要求】

工作程序与方法要求见表3-3-7。

表 3-3-7 工作程序与方法要求

工作程序	内容	具体方法	要求
识别客户	客户界定，确定基本的客户群体	根据与企业的关系，客户分为个人客户（如农业生产者，种植户）、团体客户（个体经销商，种植合作社）、渠道客户（代理商，专业农资营销公司）。	系统、层次清晰，工作认真、细心，有判断力。
收集信息	建立客户档案	在师傅的指导下，建立客户资料卡，系统统计客户信息，包括基础信息、客户特征、业务状况、交易现状等。如农资经销商的经营范围、销售额、个人喜好、所处区域种植结构等。	明确企业发展方向，理清各类客户核心需求。
区分客户	客户信息分析	客户并非越多越好，而是越精准越好。客户分析主要包括客户类别分析和客户差异分析。主要从客户性质、交易程度、交易数量、市场地位及区域位置等类别区分。或者针对贡献的价值或对产品和服务的需求不同进行区分。	层次明确，注重差异。
分选客户	客户筛选	建立筛选机制，制定筛选标准，将重点客户或具有发展潜力的客户保留，淘汰无利润、无发展潜力的客户。客户筛选时应参考客户一定时期内的购买额、收益性、安全性、未来性、合作性等因素。针对上述衡量指标，进行比较、筛选，剔除低价值客户，找出未来需要关注的目标客户。如农资企业应关注区域种植结构变化，针对不同区域进行客户类别划分，有目标的建设企业产品结构体系。	标准化、数量化、客观化。
客户管理	建立目标客户资料库	将目标客户的各项资料加以科学化记录、保存，并分析、整理、应用，借以巩固双方的关系，从而提升销售业绩的管理方法。借助客户名册、客户资料卡，将目标客户分为潜在客户、现有客户和老客户三类，做好分类管理。如现有的农资经销商，潜在的新一代农业从业者，农业技术服务公司等，均需要有一定的产品与服务。	突出重点指标权重。

【业务知识】

客户分析

一、 客户信息分析

客户分析对于企业来说非常重要，企业要想知道不同的客户有什么不同的需求，就必须对客户信息进行合理与系统的分析。对于客户消费特征与商务效益的关系也可以通过分析客户来获得，最终可以让营销策略更合理。当然，客户分析还有一个重要原因，就是挖掘潜在客户，以此扩充商业规模，企业也因此可以快速发展。对于客户数据信息的分析，可以从以下几个方面入手：

（1）关于客户个性化需求分析　在企业发展过程中，理应将“客户为中心”的个性化服务放在首位。在实施客户关系管理中，其中一个重要目标便是分析客户的个性化需求，然后对这种需求采取相应的措施，同时，对于不同客户对企业效益所产生的不同影响进行分析，进而做出有利于自身的决策。

（2）关于客户行为分析　企业会经常收集客户信息，然后利用这些信息了解客户的需求，从中观察与分析客户行为对于企业收益的影响，将企业与客户关系及其企业的利润得到最大化。

（3）有价信息分析　以前企业总是传统地依靠经验来进行信息推测。现如今，企业会利用客户分析系统，运用科学手段与方法，对客户的各种信息进行收集、分析与利用，从中轻而易举地获得有价值的信息。

二、 客户分析的内容

对客户需求进行深度细分并应对客户需求变化，需要有效的客户细分，在进行合理与系统的客户分析后，企业便能了解不同的客户有什么需求。在客户关系管理中所说的客户分析，具体来说，包含以下几方面：

1. 商业行为的分析

主要是通过对客户的资金、流量，还有历史记录等方面的数据来对客户的综合利用状况进行分析，包括产品分布情况、消费者保持力分析、消费者损失率分析、升级或交叉销售分析。

2. 客户特征的分析

包括客户行为习惯的分析（通过客户购买记录来对其价值进行识别，以价值对客户进行分类）和客户产品意见的分析（不同客户会对不同产品提出不同的意见，还有以什么态度来面对新产品与服务，以此来确定客户对于新事物的接受程度）。

3. 客户忠诚的分析

与寻求新客户相比，维持老客户显得更加经济，这也是企业与企业之间显现出来的新的竞争手段。这种具有隐蔽性的巩固客户忠诚度的手段，不会让竞争对手看到任何策略变化。

4. 客户注意力的分析

其中包括客户的意见、咨询、接触及满意度的分析。客户的意见分析主要是对一定时期内客户提出的意见类型、产品、解决问题的时间等意见进行识别与分析，从中得出哪些问题可以解决、哪些不能解决，其原因为何。客户咨询分析主要是指通过客户咨询产品、服务与受理咨询部门及发生和解决咨询时间来进行分析，从中了解到在一定时期内客户的咨询活动，并对这些建议的执行情况进行跟踪。客户接触评价主要是通过产品及时间段来评估，在一定时期内各部门主动接触客户的数量。客户满意度分析主要是指通过产品、区域来对一定时期内感到满意与不满意的客户进行识别，对其特征进行详细描述。

5. 客户营销的分析

企业如果想要对潜在趋势与销售数据模型有个清楚的理解，就应全面观察整个行销过程，进行分析研究。

6. 客户收益率的分析

在客户关系管理中，客户分析占据重要位置，能帮助企业在最大程度上提高客户的满意度。判断出哪些客户能为企业带来利润，应分析每一位客户的成本与收益。

【业务经验】

客户资料管理

为了更好地提升销售业绩，不仅需要不断地开拓新客户，而且需要维护老客户，只有双管齐下，才能有不断增长的业绩。客户资料管理的一个重要手段就是建立客户档案，档案的建立可以有效地扩展销售渠道，挖掘潜在客户，还能提高客户对企业的满意度并增强企业的盈利能力。建立客户方案需要注意几个问题：

（1）档案的建立是为了帮助企业了解客户，档案建立得越详细，越有利于销售工作的开展；

（2）要保证客户的资料是准确的；

（3）随时更新客户档案。

一、 客户资料管理的基本工具

客户资料管理的基本工具主要包括客户资料卡和客户名册。

1. 客户资料卡

（1）客户资料卡的基本内容　客户资料卡也叫客户卡或客户管理卡，客户资料卡按客户类型可分为个人客户资料卡和组织客户资料卡。由于个人客户资料卡内容相对简单，这里我们仅对组织客户资料卡内容进行介绍。

（2）客户资料卡的分类　A级为“重量级客户”，B级为“次重量级客户”，C级为“一般客户”。

2. 客户名册

二、 客户资料管理的基本内容

1. 客户信息档案

客户信息档案是指对客户信息进行整理，建立目录、立卷，以及分门别类存放在指定地方的工作。

2. 客户信息保管

3. 客户信息使用

4. 客户信息保密

三、 客户资料整理的原则

客户信息整理要坚持动态管理、重点管理、灵活运用以及专人负责四个原则。

1. 随时更新、以变应变、动态管理

市场在变，客户也在变，因此要把客户信息建立在已有资料的基础上进行随时更新，而不是建立在一个静态档案上。

企业要做到“知己知彼”——随时了解客户的经营动态、市场变化、负责人的变动、体制转变等信息，加强对客户信息收集、整理，为企业管理人员做决策提供辅助参考。企业可以定期（如每隔 1 个月）开展客户信息资料档案全面修订核查工作，对那些成长特别快或丢失掉的客户，要仔细分析原因。可以将企业的客户群分门别类地整理为重要、特殊、一般性客户 3 个层次，对不同层次的客户采用不同的动态管理方法。

2. 抓两头、放中间

在客户信息整理中，企业可以采取“抓两头，放中间”的重点管理方法，也就是把大客户和最差客户的信息作为重点来抓——这样有利于企业产生最大化利润并降低企业风险。

首先，对主要客户的信息整理不能仅仅停留在一些简单的数据记录和单一的信息渠道来源上，要坚持多方面、多层次了解大客户的情况，如业务员信息、市场反馈、行业人士、网站、内部消息，以及竞争对手的情况等，对于大客户的信息要经常加以关注，分析处理后注意归档留存。

其次，对一些风险性较大的客户信息，如企业经营状况变差、企业开始欠账、企业信誉度下降、企业面临破产改制等信息，客户管理人员应该随时了解其经营动态，做好记录，确保档案信息的准确性、时效性，并不定期访问调查，不定时提醒业务经理、业务客户当前状况，最大限度地做好客户的风险控制。

3. 灵活运用、提高效率

对于搜集完成的客户信息，企业不能将它束之高阁。建立一个准确、完备、客观的客户信息库，对企业的各个部门特别是对企业的领导来说，就像给他们戴上了放大镜和显微镜，凭借客户信息库他们就能灵活地运用客户信息，随时一目了然地了解客户，大大减少了企业领导和每位营销人员工作的盲目性，有效地了解客户动态并提高了办事效率，增强了企业的竞争力。

企业领导希望了解客户信息，只要进入客户信息库，客户所有的资料档案就可以一览无遗，他们就可以有针对性地寻找客户的相关信息，既省心又省事。这些客户信息直接来源于销售部门和市场部门，记录了客户的需求、产品偏好等全方位信息，能够给企业领导的决策起到很好的参考作用。

4. 慎之又慎、专人负责

客户是企业的命脉，客户资料的泄露势必会给企业带来损失，甚至影响企业的生存。因此，企业对于客户信息的管理要慎之又慎，最好指派专人负责。企业在选择客户信息管理人员时，应该选择那些在企业工作时间较长、忠诚度高、有一定的调查分析能力、久经考验的员工。

【案例分析】

建立顾客档案

现在许多商超和饭店建立“顾客档案”的做法，给人留下了很深刻的印象。在山东，一家农资直营店推出了产品回访制度，引来了大批回头客。顾客凡在本店购买商品，无论价钱贵贱，直营店都为顾客建立档案，并在 3 个月内派专业人员回访了解使用情况，免费解决出现的问题，此后则每年回访一次。当年累计消费达到 500 元时，就升级为重点客户，所有药品打 8.8 折，会员日半价，同时享受终身免费的田间技术咨询服务。显然，这种做法非常吸引人，排除了消费者的后顾之忧，不仅真正体现了服务意识，同时也是真正为自己赢得忠诚客户的最好办法。

在上海，一家经营鲜花的促销手段值得称道：友情追踪。把凡来该店购买过鲜花的顾客情况收集起来建成档案。每当顾客的喜庆日子来临，店家就送上贺卡、温馨提示、祝福以及一些小礼物以示祝贺。于是，顾客对该店产生了好感，也心甘情愿地成为他们的“回头客”。

营销的过程实际上是与人打交道的过程，人是有感情的，以诚待人、以情感待人是生意兴隆的关键因素之一。

分析：分小组交流讨论，客户档案在产品营销中起到的作用；小组成员交流分享。

【工作任务实施记录与评价】

工作任务实施记录与评价见表 3-3-8 至表 3-3-22。

表 3-3-8　制作客户信息档案卡、建立三级客户资料

师傅指导记录	客户档案卡制作质量评价	评价成绩
		年　月　日

（说明：客户档案卡、信息资料可附页）

表 3-3-9　客户档案

公司名称	联系人及联系方式	联系人职务	公司卡片、LOGO或者客户照片	是否合作、合作次数和时间、合作金额	认识客户的途径	是否参观过公司	公司的主要推广途径
客户公司名称、规模、面积、成立年限、年采购额等	我们的产品销量和客户的采购习惯及要求	客户个人习惯及其爱好	客户对交货期的时效性要求，是否加急	客户对品种要求的严格程度	客户主要卖哪些产品	客户卖得最好的产品	
客户公司的优势、劣势	重要邮件的内容	客户给我们的建议	客户是否和其他同行公司合作	公司图片或和客户合影	是否报价、对价格是否满意	付款方式	合作条款
客户是否有制订的货代及联系方式	客户订单的要求	是否签订过合同	证书要求	上次订单中的错误	客户投诉	接下来重点跟进的内容	

表 3-3-10　客户名册

编号	客户名称	客户地址	客户类型	负责人	经办人	联系方式	交易日期	购买产品	合同金额	付款情况

表 3-3-11　客户信息调查表

<table>
<tr><td>客户名称</td><td colspan="3"></td></tr>
<tr><td>地址</td><td></td><td>联系方式</td><td></td></tr>
<tr><td>客户性质（个体、企业）</td><td></td><td>法人代表</td><td></td></tr>
<tr><td>经营范围</td><td colspan="3"></td></tr>
<tr><td>公司规模</td><td colspan="3"></td></tr>
<tr><td rowspan="3">经营状况</td><td>经营方式</td><td colspan="2"></td></tr>
<tr><td>区域地位</td><td colspan="2"></td></tr>
<tr><td>年销售额</td><td colspan="2"></td></tr>
<tr><td rowspan="2">与本公司业务往来</td><td>时间</td><td>主要采购产品</td><td>销售额简介</td></tr>
<tr><td></td><td></td><td></td></tr>
</table>

表 3-3-12　客户跟踪服务记录表

<table>
<tr><td colspan="2">编号</td><td colspan="2"></td><td colspan="2">姓名</td><td colspan="2"></td></tr>
<tr><td colspan="2">公司名称</td><td colspan="2"></td><td colspan="2">办公地址</td><td colspan="2"></td></tr>
<tr><td>联系电话</td><td colspan="2"></td><td>生日</td><td></td><td colspan="2">QQ</td><td></td></tr>
<tr><td>身份证号</td><td colspan="2"></td><td>手机</td><td></td><td colspan="2">E-mail</td><td></td></tr>
<tr><td>个人爱好</td><td colspan="3"></td><td>委托人及电话</td><td colspan="3"></td></tr>
<tr><td>时间</td><td colspan="4">跟进服务记录或拜访记录</td><td colspan="3">备注</td></tr>
<tr><td></td><td colspan="4"></td><td colspan="3"></td></tr>
<tr><td></td><td colspan="4"></td><td colspan="3"></td></tr>
</table>

表 3-3-13　客户资料一览表

序号	客户代号	销售额	累计	访问次数	累计

表 3-3-14　客户地址分类表

序号	客户名称	地址	经营类别	备注

表 3-3-15　客户财务状况分析表

<table>
<tr><td colspan="2">客户名称</td><td colspan="4"></td><td>编号</td><td></td></tr>
<tr><td colspan="2">客户资本合计</td><td></td><td colspan="3">客户资产总额</td><td colspan="2"></td></tr>
<tr><td rowspan="2">其中</td><td>个人资本金</td><td></td><td rowspan="6">其中</td><td colspan="3">流动资产总额</td><td></td></tr>
<tr><td>其他资本金</td><td></td><td colspan="3">流动资产余额</td><td></td></tr>
<tr><td colspan="2">客户负债总额</td><td></td><td colspan="3">固定资产总额</td><td></td></tr>
<tr><td rowspan="2">其中</td><td>长期负债</td><td></td><td rowspan="2">其中</td><td colspan="2">固定资产净值</td><td></td></tr>
<tr><td>流动负债</td><td></td><td colspan="2">生产设备净值</td><td></td></tr>
<tr><td colspan="2">客户负债率</td><td></td><td colspan="3">技术开发费总额</td><td></td></tr>
</table>

表 3-3-16　客户信用调查表

<table>
<tr><td colspan="2">客户名称</td><td></td><td>地址</td><td></td><td>电话</td><td></td></tr>
<tr><td colspan="2">负责人</td><td></td><td>住所</td><td></td><td>电话</td><td></td></tr>
<tr><td colspan="2">开创日期</td><td></td><td>经营地点</td><td colspan="3"></td></tr>
<tr><td colspan="2">建立合作日期</td><td></td><td>经营方式</td><td colspan="3">□独资　□合资　□股份　□有限公司</td></tr>
<tr><td colspan="2">备注</td><td></td><td>经营范围</td><td colspan="3">□农药　□种子　□农产品　□其他</td></tr>
<tr><td rowspan="4">会计方面</td><td>银行账户</td><td></td><td>银行信用</td><td colspan="3">□很好　□好　□一般　□差</td></tr>
<tr><td>账簿管理</td><td>□完备　□不完备</td><td>同业者评价</td><td colspan="3">□很好　□好　□一般　□差</td></tr>
<tr><td>资本额</td><td></td><td>近邻评价</td><td colspan="3">□很好　□好　□一般　□差</td></tr>
<tr><td>营业执照登记码</td><td></td><td>付款态度</td><td colspan="3">□爽快　□普通　□尚可
□迟延　□为难　□经常性欠款</td></tr>
</table>

表 3-3-17　企业客户筛选评分表

指标	评分权重	评分等级				
对产品及服务需求旺盛	5	5	4	3	2	1
对企业利润贡献大	4					
客户发展前景好	3					
有及时付款能力	2					
有良好合作声誉	1					

表 3-3-18　客户分组调查计划表

调查内容/组别	第一组	第二组	第三组	第四组
调查主题				
调查时间				
调查地点				
调查方法				
调查人				
备注				

表 3-3-19　准客户分析情况表

等级	经济情况	需求情况	拜访频率	预期购买时间
A	非常好	强烈	每周 1～2 次	一个月内购买
B	好	模糊	每两周拜访 1 次	2～3 个月内购买
C	一般	基本无	每月 1～2 次	6 个月内购买
D	较差	无	偶尔	12 个月内购买

表 3-3-20 企业客户档案资料

单位名称		单位电话	
单位地址		单位传真	
单位网站		单位性质	
注册时间		注册资金	
所属行业		员工人数	
单位宗旨			
企业文化			
所获荣誉			
经营项目			
经营范围			
经营产品			

表 3-3-21 重点客户排行表

销售额排名		销售额成长率排名	
客户名称	销售额	客户名称	成长率
1			
2			
3			
目标完成率排名		去年重点客户销售额排名	
客户名称	销售额	客户名称	销售额
1		1	
2		2	
3		3	
4		4	
5		5	
销售额排名		销售额成长率排名	
客户名称	销售额	客户名称	成长率
1			
2			
3			
目标完成率排名		去年重点客户销售额排名	
客户名称	销售额	客户名称	销售额
1		1	
2		2	
3		3	
4		4	
5		5	

表 3-3-22　学徒关键职业能力及职业品质、工匠精神评价表

项目	A	B	C	D
工作态度				
吃苦耐劳				
团队协作				
沟通交流				
学习钻研				
认真负责				
诚实守信				

任务 2　制订农产品与农资企业目标客户调研计划

调研方案设计是在进行实际调研之前，根据调研目的，对整个调研过程进行全面规划，提出相应的调研实施计划，制订出合理的工作程序。

【任务目标与质量要求】

在师傅的带领下，了解目标客户调研的基本步骤和方法，了解目标客户信息的来源渠道，确定团队目标，确定该企业目标客户群，制订农产品与农资企业目标客户调研计划。通过团队协作，圆满完成任务。在后期的实施中，针对调研计划存在的问题，提出解决方案，降低不确定性。

【学习产出目标】

（1）能确定农产品与农资企业目标客户群；

（2）能设计目标客户调研问卷；

（3）能制订农产品与农资企业目标客户调研计划书。

【工作程序与方法要求】

工作程序与方法要求见表 3-3-23。

表 3-3-23　工作程序与方法要求

工作程序	内容	具体方法	要求
明确调研目的	目标客户群的确定	在师傅的指导下，从众多的客户信息资料中，选取本企业的目标客户群，对于农产品企业来说，目标客户就是最终消费者，即顾客；农资企业的目标客户就是农民或者农民合作社、大集团等。	目标明确，划分目标客户群范围准确。

续表 3-3-23

工作程序	内容	具体方法	要求
确定客户资料来源	内部资料、外部资料	筛选企业已有的内部营销资料和外部收集的资料，确定目标客户群，如农资企业利用历年销售部门的销售记录单为一手资料或有一线销售人员实施的调研问卷。	资料来源准确、具体、有时效性。
设计、编写调研方案	设置调研对象	1. 农产品消费者，包括城乡居民； 2. 农民； 3. 农民合作社、种植大户、家庭农场、农业企业等； 4. 电商。	定位准确。
	设计调研内容	1. 需求动机调研：消费者的购买意向、影响购买的因素、购买的类型等； 2. 购买行为调研：不同消费者不同购买行为，购买模式，影响购买的社会因素和心理因素。	以消费者为中心进行调研，内容全面，所提的问题易答，有针对性。要求调研人员具有强沟通能力，了解农业生产。
	选择调研方法	采取问卷调研、电话调研等。	调研方法简单，容易实施。
	形成样本计划	调研人员确定调研样本计划，包括调研对象、调研范围等，并进行样本确定、样本抽取和样本证实。如对某一区域叶面肥销售调研，需明确当地客户的销售额排名及应用作物种类统计。应用面积仅统计多大面积之上的。	样本数量有标准，样本提取指标明确。
	安排时间进度	调研人员确定调研的期限、进度、任务分工、包括进度的具体阶段划分及调研的总体期限和分工。如借助企业年度订货会，调研新产品定价及定位，需明确如何实施问卷发放及回收。	科学合理、任务分解、着重落实。
	编制调研预算	调研人员根据调研所需要的时间、成本等因素进行调研经费预算的编制。	科学、精确、有空间。
审核、审批方案	审核、审批方案	营销管理人员和公司总经理审核、审批调研方案，调研人员根据审批通过后的调研方案实施调研。	流程化、标准化。

【业务知识】

农产品与农资企业目标客户需求分析

对于农产品生产经营企业来说，目标客户就是农产品消费者，包括城乡居民；农资企业的目标客户主要包括城乡居民、农民、家庭农场、农民合作社以及农业公司、种植大户等。

一、 农产品与农资消费者的需求特征

消费者的需求虽然多种多样，但仍具有某些共同的倾向性和规律性，对于农产品和农资来说，其消费者需求的基本特征主要表现在以下几方面：

1. 多样性和差异性

受消费者年龄、性别、地域、文化、职业、收入、教育程度、生活习惯、个性偏好及市场环境等多种因素的影响，消费者表现出多样化的需求，在购买商品的数量、质量、品种、品牌等方面存在巨大的差异。即使是同样年龄和性别的消费者，也会因为地理、文化和收入的不同，在其购买特点和商品需求等方面表现出明显的差异性。

2. 层次性和发展性

消费者的需求是分层的。从全国来讲，改革开放之前，粮、棉、油等关系国计民生的重要农产品尚不能满足全国人民的需求。在这样的境况下，消费者的需求只能是满足于温饱，甚至有些地方温饱问题还不能得到解决，可以说，这时的需求是一种低层次的需求。随着时代的发展，生产力水平得到了进一步提高，农产品产量提高，人们的需求层次也逐步提高，不再满足于温饱，而是追求营养、健康、品位。可见，消费者的需求是一个由低级到高级、由简单到复杂不断发展的过程。需求的层次性和发展性说明消费者的需求不是一成不变的，而是随着环境因素的改变而变化的。

3. 需求的易变性和季节性、地域性

随着市场竞争的不断加剧，企业不断进行产品创新，各种商品琳琅满目，这引导着人们的需求也不再满足于传统的品种和质量，而是向求新、求异方向发展，表现出易变性。在消费者需求易变性存在的同时，人们的消费需求也表现出一定的季节性：一是由于季节性气候的变化，不同产品适宜在不同季节消费；二是季节性生产的原因，使需求也呈现出季节性；三是风俗习惯和传统节日引起需求的季节性。不同地区的居民有不同的饮食习惯，这就使得食品需求存在地域性。

4. 购买动机多样性

消费者受社会、家庭等诸多因素的影响，在认识、感情、意念等心理活动过程中会形成不同的购买动机，从而引起不同的购买行为。

5. 需求的派生性

消费者所购买的农产品和农资往往不是原生态的产品，而是经过加工、流通等环节的产品。农产品经过加工可以使品质得到改善，经过流通可以满足消费者适时适地

的消费需求。因此消费者对最终农产品的需求就会引起加工业者和各级流通主体对中间农产品的需求。

二、 农产品与农资消费者的购买行为特征

消费者由于收入、性格、素养等不同而存在着购买心理的差异，会产生多种类型的购买行为。经营者应注意分析影响消费者行为的心理因素，了解不同消费者的态度和信念，生产符合不同心理要求的农产品。在促销手段上要设法迎合消费者的心理要求。正确选择目标市场，有针对性地开展产品营销活动，使消费者的潜在需求变为现实需求。

1. 农产品消费者多而分散

农产品消费涉及每一个人和每个家庭，购买者多而分散。为此，消费者市场是一个人数众多、幅员广阔的市场。由于消费者所处的地理位置各不相同，闲暇时间不一致，造成购买地点和购买时间的分散性。

2. 少量多次

消费者购买是以个人和家庭为购买和消费单位的，由于受到消费人数、需要量、购买力、储藏地点、商品保质期等诸多因素的影响，消费者为了保证自身的消费需要，往往购买批量小、批次多，购买频繁。

3. 购买的差异性大

消费者购买受年龄、收入、职业、文化程度、民族、宗教等影响，其需求也有很大的差异性，对农产品与农资的需求也不相同，而且随着社会经济的发展，消费习惯、消费观念、消费心理不断发生变化，从而导致消费者购买差异性大。

4. 大多属于非专家购买

绝大多数农产品消费者购买缺乏相应的专业知识、价格知识和市场知识，尤其是对某些技术性较强、操作比较复杂的商品，更显得知识缺乏。在多数情况下消费者购买时往往受感情的影响较大。因此，消费者很容易受广告宣传、商品包装以及其他促销方式的影响，产生购买冲动。

5. 购买的流动性大

消费者购买必然慎重选择，加之当前市场经济比较发达，人口流动性大，导致消费者购买的流动性大，消费者购买经常在不同产品、不同地区及不同企业之间流动。认清消费者购买的特点，有助于经营者根据消费者购买特征来制订营销策略，规划经营活动，更好地开展市场营销活动。

【业务经验】

目标客户的选择标准

每个企业对于选择目标客户的标准都不太一样，如果仅仅从做销售的角度去思考的话，我们对目标客户的选择有一个“MAN”原则（图 3-3-17）：M——money，代表金钱，指目标客户首先得有足够的购买能力；A——authority，代表决策权，指目标客户是能够独立做出购买决策或者拥有决策的绝对话语权；N——need，代表需求，指目标客户对你的产品有需求。但是，有些企业在开发客户的时候也会另辟蹊径，打破仅仅是“MAN”原则的判断标准。

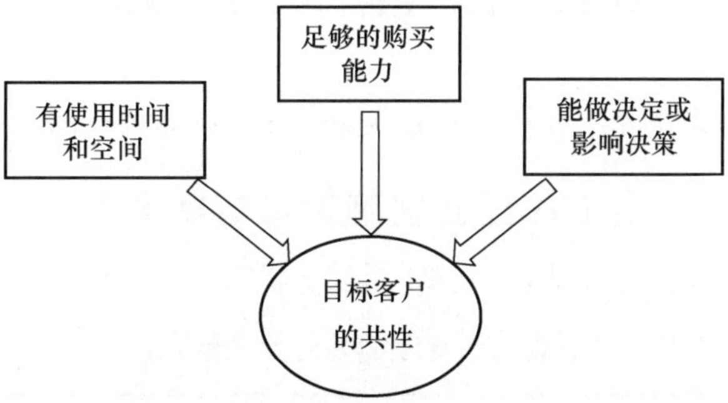

图 3-3-17 目标客户的选择标准——“MAN”原则

顾客，是指搜索了你产品信息的那个人；

客户，是指能够帮你带单赚钱的那个人；

用户，是指正在使用你的产品的那个人。

顾客，顾名思义，凡是光顾我门店的人就是我的顾客。但是在移动互联网时代，你会发现很多人不来门店了，他们会在网上搜索，了解你的品牌、产品信息。只要顾客完成了对你的品牌和产品信息搜索的这个动作，我们就可以把这类人叫作顾客。

客户，购买你的产品并不是用于最终的消费，而是用于再生产或者用来二次销售。比如你把农药卖给了承包一块果园的果农，这个果农就是你的客户；你把种子卖给了棉农，棉农就是你的客户。在今天这个销售模式越来越多元化的时代，还有一些隐性的销售渠道，比如一农户可以向种子经销商推荐当地的种植大户，这个时候这农户就是种植大户的客户。客户的概念扩大了，凡是能够给我们带单、帮我们赚钱的人都是我们的客户。

用户，是指曾经使用过你的产品和正在使用你的产品的人。相比于销售人员，企业的产品研发人员更加关注用户，他们会根据用户对产品使用的反馈再研发更适合市场需求的新产品。

你用什么样的思维理解顾客、客户、用户，就会采取什么样的销售行为，这是销售的常识。为什么客户对于销售人员特别重要呢？激发顾客的兴趣，让顾客完成对品牌信息的搜集，这是市场营销部门要做的事情；了解用户的产品使用情况，对产品不断地迭代升级，这是产品研发部门要做的事情；寻找目标客户并且最终成交，才是销售人员要做的事情。

【案例分析】

某水果店店主听取营销学教授建议，用红彩带将店中苹果两两一扎，取名叫“情侣苹果”。情侣们看上去、听起来都觉得很有趣，倍感新奇，尽管定价稍高，仍争相购买，即使遇上苹果不好销的季节也是如此，为此水果店收益颇丰。精明的水果店店主在市场细分后将占市场比例很大的情侣定为目标市场，加之独具匠心的产品定位，使其经营取得了成功。

分析：根据案例试分析，水果店老板是如何确定目标客户的？

【工作任务实施记录与评价】

工作任务实施记录与评价见表 3-3-24 至表 3-3-31。

表 3-3-24 制订目标客户调研计划

<table>
<tr><td>师傅指导记录</td><td>目标客户调研方案质量评价</td><td>评价成绩</td></tr>
<tr><td rowspan="2"></td><td rowspan="2"></td><td></td></tr>
<tr><td>年 月 日</td></tr>
</table>

（说明：目标客户调研方案及其他资料可附页）

表 3-3-25 农产品与农资企业目标客户调研计划表

<table>
<tr><td>调研目标</td><td></td><td colspan="2">调研时间安排</td><td colspan="3"></td></tr>
<tr><td rowspan="2">调研对象</td><td>□重点客户</td><td>联系方式</td><td colspan="4"></td></tr>
<tr><td>□其他客户</td><td>联系方式</td><td colspan="4"></td></tr>
<tr><td colspan="2">调研范围</td><td colspan="5">□客户本身调研 □所在行业调研 □所在区域调研</td></tr>
<tr><td colspan="2">被调研接待人员</td><td colspan="5">□主要决策者（董事长、总经理等） □部门负责人 □员工</td></tr>
<tr><td colspan="2">调研方法</td><td colspan="5">□实地调研 □电话 □问卷 □收集书面材料 □其他</td></tr>
<tr><td colspan="2">调研主要内容</td><td colspan="5">□基本信息 □需求 □经营范围 □投资范围 □满意度 □其他</td></tr>
<tr><td colspan="2" rowspan="2">调研结果的整理与分析</td><td colspan="2">整理分析责任人</td><td>审核人</td><td colspan="2">完成时间</td></tr>
<tr><td colspan="2"></td><td></td><td colspan="2"></td></tr>
<tr><td colspan="2" rowspan="2">调研费用预算</td><td>交通费</td><td>餐费</td><td>住宿费</td><td>差旅费</td><td>其他</td></tr>
<tr><td></td><td></td><td></td><td></td><td></td></tr>
</table>

表 3-3-26　目标客户分析表

1. 谁是你的客户
2. 你的客户需要什么
3. 客户最关心什么
4. 你能解决客户什么问题
5. 客户能获得什么利益
6. 客户购买方式、行为和过程
7. 你客户的各种特征（年龄、收入、文化水平、性别）
谁是发起者
谁是使用者
谁是影响者
谁是购买者
谁是决策者

表 3-3-27　目标客户资料管理卡

<table>
<tr><td>公司名称</td><td></td><td>电话</td><td></td><td>传真</td><td></td></tr>
<tr><td>地址</td><td colspan="2"></td><td>E-mail</td><td colspan="2"></td></tr>
<tr><td>业务类型</td><td colspan="2"></td><td>注册资金</td><td colspan="2"></td></tr>
<tr><td>营业内容</td><td colspan="5"></td></tr>
<tr><td>营业性质</td><td colspan="2"></td><td>营业状态</td><td colspan="2"></td></tr>
<tr><td>信用状况</td><td colspan="2"></td><td>员工人数</td><td colspan="2"></td></tr>
<tr><td>淡旺季分布</td><td colspan="5"></td></tr>
<tr><td>最高购买月（额）</td><td colspan="2"></td><td>平均购买月（额）</td><td colspan="2"></td></tr>
<tr><td rowspan="3">主要负责人概况</td><td>姓名</td><td>职务</td><td>电话</td><td colspan="2">特点</td></tr>
<tr><td></td><td></td><td></td><td colspan="2"></td></tr>
<tr><td></td><td></td><td></td><td colspan="2"></td></tr>
<tr><td>使用本公司主要产品</td><td colspan="2"></td><td>首次合作时间</td><td colspan="2"></td></tr>
<tr><td>备注</td><td colspan="5"></td></tr>
</table>

表 3-3-28　目标客户产品经营项目表

公司基本情况			
公司名称		公司性质	
公司地址		法人及电话	
业务经理		电话	
注册资金		年销售额	

续表 3-3-28

产品经营情况		
主要经营品牌名称	主要品牌经营状况	
1.	年营业额：	主要经营渠道
	经营年限：	合作状况
2.	年营业额：	主要经营渠道
	经营年限：	合作状况
3.	年营业额：	主要经营渠道
	经营年限：	合作状况
其他附属经销品牌名称：		
主要经营区域		
该公司覆盖的国际市场情况	□有　□无	覆盖的国家数量
该公司覆盖的省、直辖市	□有　□无	覆盖的数量
该公司覆盖的市、县	□有　□无	覆盖的数量
分销客户情况	□有　□无	覆盖的数量
人员及车辆		
总员工数	业务经理	业务主管
	业务员	门店
机动车数量	1.5 吨以上	1.5 吨以下

表 3-3-29　农产品与农资企业客户需求调查表

尊敬的客户： 你好！ 感谢您对本公司的关注与支持，希望我们为您提供的产品和服务能满足您的需求，并令您感到满意。为了及时了解您的反馈信息及需求，请协助我们完成下表（选择性问题请在您认为合适的选项上面打“√”）。我们将会在第一时间回复您！非常感谢您的支持！	
客户名称	
地址	
联系方式	
1. 您希望本公司的产品能为您提供哪方面的服务？ □农产品　□种子　□肥料　□农药　□饲料　□兽药　□其他	
2. 如果我公司对您进行回访，您希望以哪种方式进行？ □上门回访　□电话沟通　□微信　□其他，请说明＿＿＿＿＿	
3. 如果您需要相关信息，希望的联系方式 □上门回访　□电话沟通　□微信　□E-mail　□邮寄	
4. 其他要求	

表 3-3-30　目标对象选择

整体市场	市场细分	目标对象
	（1）主要市场（活跃客户）	（1）
		（2）
	（2）次要市场（不活跃客户）	（3）

表 3-3-31　学徒关键职业能力及职业品质、工匠精神评价表

项目	A	B	C	D
工作态度				
吃苦耐劳				
团队协作				
沟通交流				
学习钻研				
认真负责				
诚实守信				

任务 3　实施农产品与农资企业目标客户调研

在师傅指导带领下，进行农产品与农资企业目标客户调研，为企业产品定位奠定基础，为企业的决策提供准确的市场信息和可靠的依据。

【任务目标与质量要求】

了解目标客户调研实施的内容，能根据农产品与农资产品类别的不同建立多元化的信息搜集渠道，掌握实施目标客户调研的基本步骤和实际调研方法。通过调研，使学生了解农产品与农资企业目标客户的种类，学会与人沟通，养成踏实、客观、科学的工作作风。

【学习产出目标】

（1）能设计目标客户调研问卷；

（2）能根据农产品与农资产品类别的不同建立多元化的信息搜集渠道，组织开展目标客户调研；

（3）能够撰写调研报告。

【工作程序与方法要求】

工作程序与方法要求见表 3-3-32。

表 3-3-32 工作程序与方法要求

工作程序	内容	具体方法	要求
问卷设计	1. 编制调研提纲； 2. 设计调研问卷； 3. 完善调研问卷。	根据调研目标和调研内容，由销售经理组织营销员进行调研问卷的设计。 1. 以调研提纲为基础，提出问题； 2. 以判断、单选、多选为主设置客观题，提高互动效率； 3. 设置填空和简述题，关注受访者的个体感受。	具体、明确、有效，设计的问题简单容易回答，紧扣目标。
调研人员选择和培训	选择调研人员。	由销售经理把营销员分组，根据调研对象选择不同人员，调研前进行简单培训。比如调研大客户就需要由公司信誉好、业务能力强、资格老的人去完成，市民的调研可以选择年轻一点的业务员。	分层次、有代表性。选择职业道德素质高、较强的业务素质和良好的身体素质的人。
	培训：明确调研的具体目的和现实意义；明确要求，遵守规则；注重业务，强化技能。	根据本次调研的基本情况，由销售经理组织销售员共同确定调研内容，对相关人员进行培训。具体培训的方法有集中讲授、以会代训、以老带新、模拟训练、实地锻炼、哈雷斯培训法。	清楚公司运营模式及销售目标，明确调研任务，调研要详细，表述要清晰。调研内容要围绕目标开展，通过调研收集和掌握大量资料，作为制订计划的依据。
实施调研，信息收集	1. 准备问卷； 2. 发放问卷； 3. 收集问卷。	做好实地调研的组织领导工作；做好实地调研的协调、监督工作；调研资料的回收。	工作任务落实到位，工作目标清晰、责任明确。

【业务知识】

处于不同阶段的客户管理对策

客户发展过程也就是客户生命周期，一般有 3 个阶段，包括潜在客户、新客户以及忠诚客户这三个发展阶段。潜在客户是指还未在企业购买过产品但未来有可能会有接触的客户；新客户则是潜在客户的后期发展，即企业取得了潜在客户的信任，然后完成购买交易，这时的潜在客户便成了企业的新客户，新客户会给企业带来创造性的收入；忠诚客户也是客户发展过程中的最后一个发展阶段，即客户已经与该企业形成了稳定的交易关系，在有较好的交易体验后对企业的产品进行持续支持的客户群体。在客户生命周期的三个发展阶段中，面对不同阶段的客户，企业需要有不同的发展战略，根据不同发展阶段的客户提供相对应的服务，才能有效提高企业的收益。

1. 第一阶段的客户管理

第一阶段的客户是潜在客户，该阶段客户的主要特征是对企业的产品进行询问，这时影响潜在客户向下一阶段发展的因素有外界评论、客户层次以及客户所从事的行业等。潜在客户对企业产品的印象和信任，对企业的未来客户资源发展有着积极的影响，特别是种子、农药等行业，抓住潜在客户，将潜在客户发展成新客户，将会给企业带来极为可观的收益。但是一旦失去潜在客户与企业进行交易的机会，再与他们建立关系会很困难。所以企业面对潜在客户，需要根据潜在客户的特征，最大限度地满足他们的要求，给予他们一个良好的企业产品印象和服务态度，将潜在客户向新客户发展。

2. 第二阶段的客户管理

第二阶段的客户是新客户，新客户管理的最终目标是将其发展成为第三阶段的忠诚客户。进行客户管理需要大量的客户信息收集与管理，该工作过程所接触到的信息、数据量极为庞大，需要工作人员做好分工等，在收集整理客户信息时需要确保信息的准确性，妥善管理，同时要注意客户信息的保护工作，避免信息泄露等。

3. 第三阶段的客户管理

第三阶段的客户是忠诚客户，这个阶段也是客户和企业彼此关系发展的最高阶段。客户对企业提供的产品价值高度满意，企业与客户交易量处于较高的盈利时期。客户管理需要进一步融洽与客户的互动和沟通，提高客户满意度、忠诚度。对策：企业要看客户的“钱包份额”，实施共同体计划，进一步融洽与客户关系，充分挖掘现有客户的潜力；优化配送、专业化服务等。

处于不同客户生命周期的客户有着不同的价值，同时需要不同的信息作为客户管理的依据。例如，潜在客户需要的是对企业产品信息的初步了解，企业需要了解的是潜在客户的需求，进而提供相应的产品或者服务，而企业对于忠诚客户的分析主要是通过交易记录进行评价。所以，不同的客户群体需要不同的管理分析方法，但不同的客户管理策略都有一个共同的目标，就是为企业创造更大的收益，对不同客户需要使用不同的价值分析方法，企业相关管理人员需要对目前存在的问题进行更深入的研究，从而促进企业整体发展。

【业务经验】

农资企业如何锁住客户

1. 在销售布点上动脑筋

农资经销生意是否成功，说到底就是你拥有多大的客户资源。客户中有现实客户、潜在客户等多种多样的类型，需要去发现去引导，更多的是在经常接触中，通过诚信服务牢牢地抓住现实中的客户，如合作社、种植业大户，他们的农资消费量大，在农业生产中需求量相对集中，这是经销商全力争取的一部分客户资源。当然，农村中剩下的留守老人和妇女也是不容忽视的客户资源，只要你的营销工作做到位，这一部分客户就会成为你的永久客户。一个成功的农资经销商，为了防止自己的客户流失，都学会了创建客户资料库，与他们保持有规律的联系，他们将信息、产品介绍、农事季节中的用肥用药日期等记录下来，随时与客户联系，并在平时给他们邮寄一些明信片、生日礼品、技术资料等，把经销商的名字、电话号码和与之而来的优质服务牢牢地印在消费者的脑子里，并通过他们吸引了大批的潜在客户（比如返乡创业的成功者、其他行业的农业投资者等等），通过他们的介绍和推荐，就会很快成为农资消费者。

2. 建立网络销售系统

网络销售是当下比较热门的一种营销方式，在网上出售产品，提供完善服务，效果更直观，互动性很好。随着物流技术的快速发展，一些特殊种植作物需要一些紧迫的生产资料，可以通过网上服务，便利而快捷地得到解决，满足不同客户的需求。

3. 从配送商到服务商

当前，很多农资企业无序竞争导致农资营销整个行业的利润下滑，同时也增加了自身的成本，现实中不少经销商成了一些物流配送商的角色。因此，很多农资企业都在转变思想，通过一些产品之外的附加服务，增加农资产品的延伸价值，满足目标客户需要的多种服务，得到了客户和市场的认可，现在很多农资零售商随着资金实力、客户积累以及进货渠道的拓宽，开始整合自身资源，扩大门店经营范围，为农民提供一站式购买农资产品的服务平台，满足农民对农资的全面需求及购买的便利性。农民在一家农资店可以购买到所需的化肥、农药、种子以及农膜等，不需要再跑第二家。农民对一站式购物的需求增加，有些农民直接告诉经销商自己有多少地，今年需要打包安排多少农资产品，需要多少种子、喷几次药、施几次肥、什么时候除草，经销商给出解决方案并提供全套农资服务，这样做既省心，而且有任何问题都可以直接找该农资店来解决，解决了农民的后顾之忧。

这种农资经营服务，不仅仅包括农资产品，还要求经销商不断向服务层面拓展，拓展植保服务方面的业务，提供一揽子植物保护服务，除了把农资产品卖给农民，还提供了相应的售后服务，并且这种服务越细致越好。对于有实力、有规模、懂技术的经销商而言，逐步转化为向一条龙式的专业化植保服务商发展，成为专业化的服务组织，如农药植保服务公司、专业合作社和作物协会，选择与生产厂家或上游经销商合作，不仅给农民提供农药、肥料、种子、农膜、农具等一条龙式的产品销售，而且提供一系列植保服务，提供全方位的作物病虫草害及营养问题解决方案，提供租赁农具使用、测土、承包打药、施肥、除草和种植技术等服务，既是农资经销商，又是专业植保服务商，这也符合农资行业未来的发展趋势。

通过经销商这种所谓的“一条龙”式的经营服务，不仅减轻了农民在农资购买和使用中的繁琐劳力消耗，有效地提高了农资使用效果，节省了用工，提高了劳动生产率，而且使农资的购销结成了双方利益共同体，广大客户成了农资经销商真实消费者。对经销商而言，与客户共赢可以创造更高的社会价值，从而使农资经销商在整个市场生态链中，获得源源不断的发展动力。

【案例分析】

某公司的一位农资营销员小王干农资营销工作多年，经验丰富，客户较多，加之他积极肯干，在过去的几年中，业绩在公司内始终名列前茅。谁知自一位新人小刘参加营销员培训回来后，不到半年，其营销量直线上升，当年就超过小王。对此小王百思不得其解，问小刘，“你出门比较少，客户没我多，为什么营销量比我大呢?”小刘指着手中的资料说：“我在拜访前分析这些资料，有针对性地拜访，比如，我对120名老顾客分析后，发现有购买可能的只有89人，根据以往经验，89人中的31人订货量不大，所以我只拜访58人，结果订货率较高。其实我的120名老顾客中只有58户订货，虽然订货率不足50%，但是我节约出了大量时间去拜访新顾客。当然，这些新顾客也是经过挑选的，尽管订货概率不高，但与他们建立了关系，还是值得的。”

分析：小刘的这种做法是正确还是错误的?请结合营销的理论知识，谈谈小刘的这种做法应用了营销中的哪种原理?

【工作任务实施记录与评价】

工作任务实施记录与评价见表3-3-33至表3-3-43。

表3-3-33　客户调查表

<table>
<tr><th>师傅指导记录</th><th>客户调查方案质量评价</th><th>评价成绩</th></tr>
<tr><td rowspan="2"></td><td rowspan="2"></td><td></td></tr>
<tr><td>年　月　日</td></tr>
</table>

（说明：客户调查表及其他资料可附页）

表3-3-34　客户调查方式改进表

调查方式	情况分析	改进建议
方式一	优缺点分析、改进方法	
方式二	优缺点分析、改进方法	
方式三	优缺点分析、改进方法	
方式四	优缺点分析、改进方法	
方式五	优缺点分析、改进方法	

表 3-3-35　客户询问内容及购买量调查表

客户询问内容调查表			
商品名称	询问内容	回答内容	备注
客户购买量调查			
	商品一	商品二	商品三
人均购买量			
人均消费额			
商品平均单价			

表 3-3-36　主要客户业绩分析表

客户名称	等级	小麦田除草剂	玉米田除草剂	花生田除草剂	水稻田除草剂

表 5　调查人员工作日报表

客户名称	访问时间	访问目的	商谈结果	客户类型	再访时间	备注

表 3-3-37　目标客户需求调研表

编号	项目	非常需要	比较需要	不太需要	不需要
1	农业技术指导				
2	农业信息服务				
3	农业机械服务				
4	农产品（农资）配送服务				
5	促销活动				
6	贷款垫付活动				
7	其他				

表 3-3-38　目标市场潜力估算

目标市场区域	
产品	
作物	
面积/亩	
农民痛点	
目标市场潜力面积/亩	
亩用量	
潜力市场销量/（千克/升）	
本公司销量/（千克/升）	
市场占有率	
占市场销售的比率	

表 3-3-39　市场分析计划实施记录

概要			
目前市场状况	因素	机遇	威胁
	当前顾客		
	潜在顾客		
	竞争		
	技术		
	政治气候		
	法律		
	经济环境		
面临的机会和问题	机会与威胁		
	优势与劣势		
	问题分析		
目标	财务目标		
	营销目标		
市场战略	目标市场		
	产品		
	定位		
	价格		
	分销网络		
	推销人员		
	营业推广		
	行动方案		
预计盈亏报表			
控制计划			
应急计划			

表 3-3-40　大客户的信息收集表

客户类别：　　　　　　　档案编号：

<table>
<tr><td>客户资料</td><td colspan="3"></td><td colspan="2">财务资料</td><td colspan="2"></td></tr>
<tr><td>通信地址</td><td colspan="3"></td><td colspan="2">户名</td><td colspan="2"></td></tr>
<tr><td rowspan="2">公司地址</td><td colspan="3" rowspan="2"></td><td colspan="2">税号</td><td colspan="2"></td></tr>
<tr><td colspan="2">开户行</td><td colspan="2"></td></tr>
<tr><td>客户负责人</td><td></td><td>电话</td><td></td><td colspan="2">账号</td><td colspan="2"></td></tr>
<tr><td>业务负责人</td><td></td><td>电话</td><td></td><td>电话</td><td></td><td>发票地址</td><td></td></tr>
<tr><td rowspan="2">发货地址</td><td colspan="3" rowspan="2"></td><td colspan="2">公司性质</td><td colspan="2"></td></tr>
<tr><td colspan="2">经营项目</td><td colspan="2"></td></tr>
<tr><td>发货方式</td><td></td><td>收件人</td><td></td><td colspan="2">主要负责人</td><td colspan="2"></td></tr>
<tr><td>储运负责人</td><td colspan="3"></td><td colspan="2">电话</td><td colspan="2"></td></tr>
<tr><td>备注</td><td colspan="7"></td></tr>
</table>

<table>
<tr><td colspan="7">年度汇款情况一览表</td></tr>
<tr><td>时间</td><td>发货</td><td>退货</td><td>退货率</td><td>回款</td><td>增长率</td><td>备注</td></tr>
<tr><td></td><td></td><td></td><td></td><td></td><td></td><td></td></tr>
</table>

表 3-3-41　客户访问计划表

<table>
<tr><td>访问
客户</td><td>地址
电话</td><td>业种</td><td>访问
动机</td><td>面谈
时间</td><td>经过</td><td>对应
产品</td><td>销售
预估值</td><td>区分</td><td>备注</td></tr>
<tr><td rowspan="4"></td><td rowspan="4"></td><td>主动访问</td><td rowspan="4"></td><td rowspan="4"></td><td rowspan="4"></td><td rowspan="4"></td><td rowspan="4"></td><td>新客户</td><td rowspan="4"></td></tr>
<tr><td>公司安排</td><td>续访</td></tr>
<tr><td>打听</td><td>用户</td></tr>
<tr><td>介绍</td><td>售后服务</td></tr>
</table>

表 3-3-42　客户拜访计划汇总表

<table>
<tr><td colspan="10">（　　　公司名称　　　）客户拜访计划</td></tr>
<tr><td colspan="10">填表日期：</td></tr>
<tr><td>序号</td><td>客户
编号</td><td>客户
名称</td><td>公司
名称</td><td>联系
电话</td><td>公司
地址</td><td>拜访客
户情况</td><td>拜访
时间</td><td>拜访
方式</td><td>预期
目的</td></tr>
<tr><td></td><td></td><td></td><td></td><td></td><td></td><td></td><td></td><td></td><td></td></tr>
<tr><td></td><td></td><td></td><td></td><td></td><td></td><td></td><td></td><td></td><td></td></tr>
</table>

表 3-3-43 学徒关键职业能力及职业品质、工匠精神评价表

项目	A	B	C	D
工作态度				
吃苦耐劳				
团队协作				
沟通交流				
学习钻研				
认真负责				
诚实守信				

任务 4 撰写目标客户分析报告

【任务目标与质量要求】

在师傅的带领下，通过对客户资源全面情况、客户关系、客户信息及客户服务等方面的问题调查分析，掌握客户调研报告的撰写要点。熟悉调研报告的书面表达规范，包含的要素和框架结构。高质量撰写客户分析报告，事实清楚，数据翔实，图文并茂，结论明确。

了解口头沟通技巧，精心准备好口头汇报摘要和提纲，做好具有创意的 PPT。

【学习产出目标】

(1) 能全面构思目标客户分析报告；

(2) 能撰写目标客户分析报告；

(3) 能制作汇报 PPT。

【工作程序与方法要求】

工作程序与方法要求见表 3-3-44。

表 3-3-44 工作程序与方法要求

工作程序	内容	具体方法	要求
准备工作	1. 确定报告组人员及负责人； 2. 拟定分析报告大纲； 3. 安排撰写任务。	1. 组建报告组成员和负责人； 2. 由负责人陈述目标客户分析报告的主要任务点、框架结构、每部分的任务分工合作等。 3. 请领导对拟订大纲进行审定或者讨论，修改通过后再进行初稿撰写。	分工明确，紧扣报告主题、简洁明了。负责人要思路清晰、有一定的组织协调能力。

续表 3-3-44

工作程序	内容	具体方法	要求
撰写客户分析报告初稿	1. 题目 2. 导言 3. 主题 4. 结论与建议	1. 根据报告大纲由一人或数人分工进行初稿撰写； 2. 要对客户特征、业务状况、交易现状、决策、需求等进行客观分析。	参与人数不宜过多。报告要努力做到准确、集中、深刻、新颖。
讨论修改分析报告	1. 组织相关人员讨论调研报告； 2. 对提出的意见进行修改。	1. 再次审查报告是否符合调研要求、分析方法是否得当、数据是否准确、结论是否正确、结构是否合理； 2. 根据意见进行修改。	参与讨论的人要求对专业非常熟悉，所提出的意见具有很强的参考价值。
提交客户分析报告	形成报告，上交领导审核。	分析报告经过批准后，可以正式提交或发布。	完整、准确、简洁，重点突出，结论明确。
口头报告的准备	制作汇报 PPT。	汇报人要提前做好口头汇报的准备，使用电脑、投影设备，制作演示稿，为听众提供一份纸质版汇报流程和主要结论的汇报提要，纸上留空白，便于听众记录建议和意见。	汇报简洁明了，重点突出，汇报人对报告内容非常熟悉，具有较强的口头表达能力和沟通能力。

【业务知识】

客户分析报告的撰写要求

客户分析报告存在于科学严谨的客户管理工作基础之上。

一、 客户管理工作的内容

基础资料管理：有关客户最基本的原始资料，包括客户的姓名或名称、地址、电话、所有者、经营管理者、法人代表及他们的个人性格、兴趣、爱好、家庭、学历、年龄、能力、经历背景，与本公司交往的时间、业务种类等。这些资料是客户管理的起点和基础，需要通过销售人员对客户的访问才能收集。

客户特征归纳：主要包括市场区域、销售能力、发展潜力、经营观念、经营方向、经营政策、经营特点等。

业务状况总结：包括销售实绩、市场份额、市场竞争力和市场地位、与竞争者的关系及与本公司的业务关系和合作情况。

交易现状分析：主要包括客户的销售活动现状、存在的问题、公司战略、未来展望、公司形象、声誉、财务状况、信用状况等。

二、 客户分析报告的基本结构和内容要求

（一） 标题

客户分析报告的标题大多由分析对象加文种组成，有时也在调研对象和文种之间加上调研内容。如《新疆哈密瓜内地销售客户分析》《北京市郊时令蔬菜销售状况调研》。

（二） 导言

导言即前言，这部分没有固定的模式，可以根据调研内容、目的、方法等灵活掌握。常见的写法有：简单介绍客户的一般情况，扼要说明调研报告的主旨；提要式地介绍全文的重要内容或者要说明的问题；用提出问题的方式引起读者的注意。简单的客户分析报告可以没有导言，但是长的、复杂的客户分析报告一般都必须有导言。

（三） 主体

主体即是事实与情况的介绍与分析，这是客户分析报告的中心内容，一般包括三方面内容：

（1）客户自身的情况　客户自身情况主要包括资本状况、经营范围、经营能力、信用评级、历史状况、组织情况、负责人情况等。

（2）本企业与客户进行经贸往来的情况　客户与我方贸易往来的情况、客户与本公司建立业务联系的情况、客户与公司的来往业绩、往年的履约情况等。

（3）客户与其他客户交往的情况。

（四） 结论与建议

对客户进行定位，以及未来发展策略。

【业务经验】

客户管理是一个动态的过程。因为客户的情况是不断变化的，所以客户的资料也要不断地加以更新。客户分析结论也具有时效性，在完成客户分析报告时尽可能采用最新的、最近的、详尽的第一手资料，以保证客户分析报告的价值性。客户分析报告应该突出重点，对于重点客户或大客户要分类整理数据，重点关注他们的经营情况，这样才使得客户分析报告具有代表性和效用性。客户分析报告属于调研报告的范畴，所以要遵守调研报告写作的一般原理。

【案例分析】

为了快速在上海开发出一家农药进口代理商，我们三个人没日没夜地跑了3个多月，市场看起来充满了希望，却总让我们跌下深渊。终于，我们找到了一个非常有意向的代理商周总，周总原来是做五金批发的，手里有大把资金而且具有强烈的转型意

愿。他说，只要公司愿意，合作款项都不是问题。起初，我们都非常兴奋，想着终于可以完成任务了。回到公司开会的时候，李总的话却给我们泼了一瓢冷水：

"他有农药市场的操作经验吗？如果没有，这个项目就做不成！"

"周总虽然没有农药市场的经验，但他愿意出资，这就是最大的优势啊！足以看出对方的诚意，这么好的机会我们还等什么呢？周总完全符合'MAN'原则！"

"'MAN'原则只适合针对有行业经验的客户，农资产品的专业性很强，只有意向和资金是没有用的，这样的客户拿到你的产品，不懂行业，不会运用技术带动服务，以后可能把你的产品做死。隔行如隔山，有些行业客户一旦跨界，会弄得两败俱伤，因此在开发客户以前，你需要对行业认真分析，跨界客户很多时候并不是最优选择。"

听了李总的分析，最终我们放弃了周总这家代理商。

分析：从上面的案例中，分析这个合作为什么没有做成？分组进行交流分享。

【工作任务实施记录与评价】

工作任务实施记录与评价见表3-3-45至表3-3-49。

表3-3-45　客户分析报告

师傅指导记录	分析报告质量评价	评价成绩
		年　月　日

（说明：分析报告及其他资料可附页）

表3-3-46　不良客户报告表

客户名称		客户类型	
地址		联系方式	
不良情况			
原因分析			
处理方案			
应变对策			
备注			

表3-3-47　示范服务报告表

示范回访时间		回访客户	
访问重点			
访问记录			

表 3-3-48　农产品与农资企业客户调查分析报告表

调查背景			
调查目的			
调查方式			
实施部门			
调查对象	年龄结构		
	性别比例		
	收入水平		
调查时间			
一、客户需求分析调查结果统计			
1. 客户选择产品或服务重视的因素			
2. 价格承受能力			
3. 期望得到的相关服务			
客户意见或建议			
二、(业务服务部门)提出的相关建议或措施			
报告部门		报告部门经理(报告人)	

表 3-3-49　学徒关键职业能力及职业品质、工匠精神评价表

项目	A	B	C	D
工作态度				
吃苦耐劳				
团队协作				
沟通交流				
学习钻研				
认真负责				
诚实守信				

任务 5　进行农产品与农资产品定位分析

【任务目标与质量要求】

在师傅的带领下，熟悉农产品与农资行业，分析市场竞争局面，了解竞争对手信息。通过学习产品定位的含义、程序以及战略，能够掌握企业定位的主要方法。能够

根据企业实际情况，挖掘产品特性，对企业经营的产品进行合理定位，敢于创新！

【学习产出目标】

（1）能细分农产品与农资行业消费者；

（2）能根据市场细分结果，选择目标市场；

（3）能制订目标市场细分表；

（4）能制订农产品与农资企业市场细分表。

【工作程序与方法要求】

工作程序与方法要求见表 3-3-50。

表 3-3-50　工作程序与方法要求

工作程序	内容	具体方法	要求
分析目标市场现状	分析本公司与竞争者的产品。	针对竞争者现有产品在市场上所处的位置，根据消费者或用户对该种产品的重视程度，为产品设计和塑造一定的个性或形象，并通过一系列营销手段把这种个性或形象传达给顾客，从而适当确定该产品在市场上的位置。	细分准确、特征典型
找出差异性	找出本企业产品和竞争产品的差异。	比较自己产品和竞争产品对产品目标市场正面及负面的差异性，详细列出这些差异性，有时候表面上看来是负面效果的差异性，也许会变成正面效果。	客观负责、尊重事实
列出主要目标市场	需求分析。	调查消费者或用户对该产品的哪个或哪些特征最为重视。消费者或用户对某种产品特征或属性的评价标准，消费者或用户通过哪些途径了解该种产品的属性或特征。	突出主要特征
指出主要目标市场的特征	确定定位。	指出主要目标市场的欲望、需求等特征，与目标市场的需求和欲望相吻合。	简单扼要
优化品牌	定位优化。	把产品特征和目标市场的需求与欲望结合在一起。有时候，营销人员必须在产品和目标市场特征之间画上许多条线，以发觉消费者尚有哪些最重要的需求/欲望，未被公司产品或竞争者的产品所满足。	鲜明、形象

【业务知识】

产品定位

在市场竞争中，产品定位至关重要，它决定了产品能否在开始阶段活下来，产品今后发展的天花板！

如果产品定位有偏差，那么整个产品的发展和团队都会陷入困境，在讨论产品定位时，主要考虑以下几个方面：

1. 看清楚一个行业

作为产品经理，思考产品定位的第一步，就是要弄清楚自己产品所在行业的情况，这是发现机会的开始，一般情况下会问自己三个问题：

①这个行业有哪些公司或者知名品牌？他们之间的关系是怎样的？

②未来几年，这个行业会发生什么变化？在这些变化中会产生什么机会？

③行业里的企业会如何抓住变化中的机会？

想要弄清楚这三个问题，除了自己刚好身处这个行业之中，特别熟悉、了解行业外，每个产品经理都需要进行大量的研究，还需要具备国内外类比、不同行业类比等举一反三的能力。

2. 分析市场的竞争

产品经理在清楚地了解一个行业之后，需要对市场的竞争局面进行细致的分析。像 SWOT 这样基本的市场分析方法，可以应用在初步分析产品所处的市场环境中。

随着互联网的发展，市场变化速度非常快，往往看似两个不相关的市场也会产生竞争，这种情况经常出现，比如说中国石油突然开始做农资，抢了很多农资企业的市场份额。一般情况下，建议从以下三个方面思考市场情况：

①这个市场的相关市场是什么？它的上下游有哪些？谁是平台？谁是应用？

②这个市场现状怎么样？

③这个市场未来的变化是怎样的？应该如何抓住机会？

3. 了解竞争对手

分析竞争对手的目的是了解对手，洞悉对手的市场策略等。我们可以用竞争对手分析的五个层次来说明，如图 3-3-18 所示。能准确地确定竞争对手，这是分析的最低层次，能分析出对手状况则是第二层次，最高层次是通过竞争分析，制订策略后能够引导对手的市场行为。

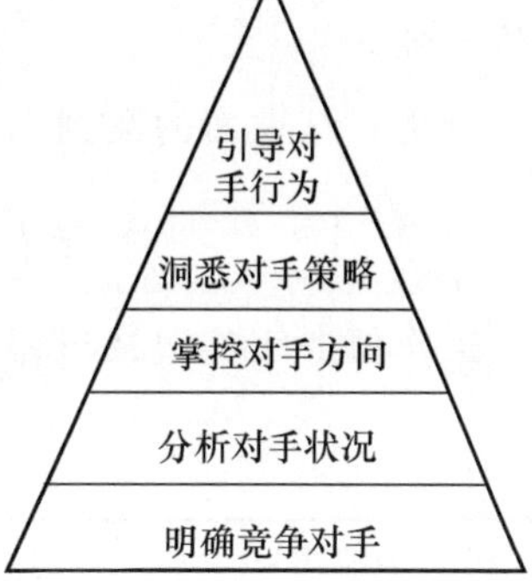

图 3-3-18　竞争对手分析

通过认真细致调研，无论最终选择什么资源、什么品类、什么农产品，都要深入全面了解这一产业、这一品类甚至这一产品的市场现状如何，竞争对手是谁，真正了解竞争对手的市场定位和企业实力，明确竞争对手的竞争弱点，找出相对的自身优势，有的放矢，才能更精准地找准自己的市场定位，从而更科学地设置自己的品牌产品发展目标，提高品牌创建的成功率，少走弯路。

【业务经验】

农产品如何在抖音上做好内容定位

当前，短视频App已成为一种热门的带货平台，其中抖音更被称为“史上最强带货神器”。农产品要想借助抖音平台闯出一片营销天地，就必须做好内容定位，让看到视频的用户有获得感。农产品的视频内容可分为以下3类：

（1）产品科普类　这类视频以科普产品知识及生活小常识为主，商家需要稳定输出相关视频信息。一家水果商需要每天或者间隔一定时间就能上传水果类的科普信息，例如芒果如何吃、怎样搭配更养生、如何储藏保鲜等。

（2）美食教程类　主要推介农产品的各种做法。可以制作些美食教程，比如如何将某些蔬菜、水果制作成美食。这类账号吸粉最精准且黏性最强，转化率最高。

（3）农业教育类　可以根据每个农产品的生产过程做一个细节拍摄。假如有生产基地，可以拍摄农产品从播种到成熟再到销售的整个过程。每一个小过程，都可以找一个知识点来做视频。比如到了挂果期需要怎么做？如何管理？应仔细挖掘每个环节，直至产品流通到消费者手中。

【案例分析】

微玉创始人翁钦在2013年引进水果玉米之初，走农贸市场当玉米卖，付出了高昂的代价。水果玉米属于娇嫩型果品，种植、保鲜、运输成本都比普通玉米要高，损耗率大，卖得贵又无人问津，卖得便宜不回本，导致很多玉米坏掉扔掉，亏损数百万。

后来因为碰巧在水果店试销效果好，翁钦受到启发，既然叫水果玉米，何不当作水果来卖？2015年开始和连锁水果店合作走水果渠道，销路才慢慢打开，受到了各大主流特别是新零售渠道和消费者追捧，获2018年中国最具影响力水果玉米品牌。每根单价卖到5～6元。

分析：从上面的案例你得到的启发是什么？分组进行交流分享。

【工作任务实施记录与评价】

工作任务实施记录与评价见表3-3-51至表3-3-56。

表3-3-51　产品定位分析表

师傅指导记录	产品定位分析质量评价	评价成绩
		年　月　日

（说明：产品定位分析表及其他资料可附页）

表 3-3-52 市场定位产品差异分析表

调查人：　　　　　　　　部门：

调研地点：（卖场/超市）　　日期：______年______月______日

项目	竞争产品 1	竞争产品 2	竞争产品 3	竞争产品 4	对比分析/差异描述
产品功能与特点					
产品零售价					
产品价格					
产品包装样式					
品质稳定度					
耐用程度					
使用方便					
产品生命周期（适应市场的期限）					
营销力度					
广告投入					
促销投入					
售后服务					
品牌影响力					
顾客对产品的评价					
当前销量					
当前市场占有率					

表 3-3-53 竞争产品分析及产品定位

产品/规格	出厂价/（元/桶）	批发价/（元/桶）	零售价/（元/桶）	主要卖点	优势	劣势	应对措施
竞争产品 1							
竞争产品 2							
…							

表 3-3-54 竞争品牌对比分析表

品牌	产品定位	状况分析	形象	竞争力

表 3-3-55 产品与其他品牌的差异化比较

品牌	包装特色	包装规格/毫升	价格/元

表 3-3-56 学徒关键职业能力及职业品质、工匠精神评价表

项目	A	B	C	D
工作态度				
吃苦耐劳				
团队协作				
沟通交流				
学习钻研				
认真负责				
诚实守信				

任务 6 进行产品创意设计

企业不仅要关注产品、服务，还要提高对商品包装和品牌的重视程度。作为一种形式产品，良好的包装和品牌能够激发消费者的购买欲望，促使其做出消费决策。因此，产品在包装和品牌上的设计，对于增强消费者情感体验具有非常重要的作用。

【任务目标与质量要求】

在师傅的带领下，积极参与团队协作。通过产品和目标客户定位，能够进行产品包装设计、品牌定位。创意设计要符合社会发展和经济效益要求，要考虑产品属性和使用安全，敢于大胆创新。

【学习产出目标】

(1) 能够进行产品创意设计分析；

(2) 撰写产品创意文案；

(3) 能够进行产品包装设计。

【工作程序与方法要求】

工作程序与方法要求见表 3-3-57。

表 3-3-57　工作程序与方法要求

工作程序	具体方法	要求
提交创意文案	相关部门在接到产品部的委托后，组织人员提交设计创意文案。	文案格式统一。
讨论创意文案	产品部接收到创意文案后，经过讨论和筛选，选出最佳的 3～5 种创意，提交总经理审核，最终得出最佳的创意。	突出创新。
进行创意设计	产品部与最佳创意部门联系包装设计工作，后者根据产品部的要求和创意进行设计。	创意设计要符合社会发展和经济效益的要求，方便使用，大胆创新。
确定创意要素	产品部在受委托方设计包装的同时，确定评价要素及标准。包装设计的评价要素一般包括：造型美观大方，与产品的价值或质量水平相一致，显示产品的特点或风格，方便销售、使用、保管和携带，包装上的文字应能指导消费并增加客户的信任感，色彩和图案要符合客户的心理需求，符合法律规定、公共道德、民族习惯、宗教信仰。	全面精准，创意要素要简洁明了，创意要素要符合产品要求。
依据评价要素评价	设计方设计完毕后，产品部依据评价要素及标准组织相关人员进行评价，并将设计的方案及评价结果交予总经理审批。	评价系统、科学。
修改包装设计	对于未通过的设计方案，设计方要配合产品部进行修改。	点对点优化。

【业务知识】

产品的再定位

产品创新是指企业对产品组合的改变，包括产品的再定位和开发新产品。产品的再定位就是增加或减少产品的某些特征，从而使产品具有新的形象，达到重新定位的目的。开发新产品的内容前面章节已提到，此处不再赘述。

近几年，某一青梅果种植合作社对梅脯销售量的下降表示关注。人均梅脯消费量在 10 年内持续下降，基本上有 2 个原因：一是大部分梅脯由 55 岁以上的老年人消费；二是在这个年龄组中，梅脯消费者的比例也在下降，即梅脯消费者相继逝世，而无新的替代者。市场研究表明，大部分人认为梅脯是一种旨在通便的供老年人食用的产品。为了保持销售量，青梅果种植合作社对梅脯进行了再定位，使之成为年轻人的消费品。通过广告发布市场信息，向消费者提供高营养和高能量的梅脯，以吸引年轻人；同时，改变了产品的包装等其他特征，给产品一个新形象。在这些努力下，该合作社成功地完成了产品再定位，销售量大增。

产品再定位是对进入市场的产品进行重新定位，改变产品形象，以谋求新的目标市场或维护现有目标市场使之不丧失，产品再定位的突破口见表 3-3-58。

表 3-3-58　产品再定位的突破口

突破口	简述	案例
产品概念	重新定义产品，重新思考"我们提供什么给消费者"，包括质量、款式、包装设计等。	五常大米，从 50 千克的编织袋，到 5 千克装、2.5 千克装，再到一顿一杯的易拉罐包装。
消费者的需要	提供更多的使用价值，满足消费者新的需求。	黄秋葵本来是一种蔬菜，现在被开发成新型功能性保健蔬菜，具有健胃、润肠、保肝、强肾的功效。
产品使用场合	扩宽消费者使用的范围，使产品适合在更多的场合下使用。	生姜一般是用来做调料，但把它贴在头或肚脐上，就可以预防晕车。
消费者类别	挖掘产品的使用对象，进一步拓宽消费者类群。	辣椒的营养价值很高，但是一些人不能吃辣，于是开发出甜椒，适合不吃辣的人购买。
竞争对手的产品	针对竞争对手推出某种新款或新用途的产品，超过竞争对手。	继甜玉米、糯玉米上市后，立即推出水果玉米，又甜又糯。

【业务经验】

农产品包装的创新

人常说"货卖一张皮"，此话一点不假。随着人们消费水平和社会科技水平的提高，新产品不断被开发出来，产品样式也越来越多，技术性也越来越强，人们对农产品的包装质量要求也越来越高，人们不仅注重农产品的质量，而且开始重视农产品外部包装的好坏。未经包装的农产品的价格和经过精致包装的农产品价格往往是天壤之别。这给农产品的生产者对农产品的包装提出了更多更高的要求。现在很多地方仍沿用劣质塑料袋、旧麻袋、破箩筐等原始的包装方式，结果导致很多好的农产品在市场上卖不到好价钱。要想实现农产品的高价销售，必须进行农产品包装的创新。

以水果为例，水果包装的创新将呈现以下趋势：

★小型化　目前，城乡市场的水果消费已经有现买现吃的特点，而眼下市场上的箱装水果多在 10～20 千克，针对这种现象，及时推出 1～5 千克的轻便包装，将受到消费者的欢迎。

★绿色化　针对目前包装污染严重的问题，果农们就地取材用绿色植物来编织小篮盛装苹果，既美观又没有污染，消费者自然喜欢选购。

★精品化　洋水果在中国市场上比较走俏，其主要原因除水果品质好外，包装精美也是一大因素。果农们如果在包装上多下功夫，销量不会比洋水果差。

★透明化　消费者购买水果时，都喜欢开封检查。因此，在包装时采用部分透明材料，既显示诚实信用，又增加了包装的透明度。

★组合化　在市场销售中，一部分果农别出心裁的把自己的苹果、酥梨和葡萄进行组合包装，消费者只要买上一包，就可品尝到各种水果，销售效果非常好。

★礼品化　针对部分消费者购买水果送礼的需求特点，果农们投其所好推出礼品化包装，比如馈赠祝福型、地方特色型等都很受消费者欢迎。

总而言之，企业只要勇于创新、大胆实践，看准市场后再组织生产，就一定能获得理想的收成。

【案例分析】

真空包装原味萝卜研发成功

山东潍坊潍县当地百姓有大量种植白萝卜的习惯，白萝卜的营养和保健作用众人皆知。但每年的收成集中上市销售，如果错开季节高峰又需要保鲜储藏的条件，很难能卖上理想价钱。他们用脱水蔬菜的思维联想到能否把萝卜脱水利于保藏和错季销售。他们研发成真空包装的原味萝卜，并开发了品潍牌潍县萝卜脆系列新产品，如原味脆片、芥辣味脆片等多味脆片，把萝卜腌制成各种萝卜脆小菜、爽口萝卜脆等产品。萝卜脱水成萝卜脆片后，不但保持了原来萝卜的营养成分，还消化了当地 2/3 的萝卜产量。这样一个创意思维使萝卜产业链得到了新突破。

分析：从上面的案例中，你得到的启发是什么？

【工作任务实施记录与评价】

工作任务实施记录与评价见表 3-3-59 至表 3-3-63。

表 3-3-59　制订产品创意设计方案

师傅指导记录	产品创意设计方案质量评价	评价成绩
		年　月　日

（说明：产品创意设计方案及其他资料可附页）

表 3-3-60　绿色农产品市场细分表

地区	类型	适应场景	购买方式
城市	个人	礼品、自用	线下、线上
	企业	福利、礼品	线上、团购
乡村	个人	礼品、自用	线下、线上
	团体	福利、礼品	线上、团购

表 3-3-61　品牌忠诚度调查表

坚定忠诚者	始终不渝地购买同一品牌
中度忠诚者	忠诚于 2～3 种品牌
转移型忠诚者	经常性更换购买个别品牌
多变者	对任何品牌都不忠诚

表 3-3-62　产品开发策略表

研发方式	实施办法
独立研制	
联合研制	
技术引进	
技术引进与联合研制结合	
仿制开发	

表 3-3-63　学徒关键职业能力及职业品质、工匠精神评价表

项目	A	B	C	D
工作态度				
吃苦耐劳				
团队协作				
沟通交流				
学习钻研				
认真负责				
诚实守信				

项目四
农产品与农资企业产品营销策划

【项目描述】

营销策划方案的制订通过产品宣传、价格、渠道、促销向消费者展示了产品的特色与核心，也阐释了产品定位，企业营销策划方案制订是否合理直接影响营销结果，也决定之后一段时间企业的销售情况，因此在营销中具有极其重要的战略意义，也是后期营销活动实施的依据与指导。本项目共包括 6 个工作任务即产品宣传策划、产品渠道策划、产品价格策划、产品促销策划、编制产品营销策划方案和营销策划的实施与控制。

【专业知识准备】

农产品与农资产品营销策略影响着消费者对农产品与农资的购买行为。“4P 理论”是杰瑞·麦卡锡提出的在产品、价格、渠道和促销四个方面的营销理论体系。现代营销学之父菲利普·科特勒认为，市场营销是通过创造和交换产品及价值，从而使个人和团体满足其需要和欲望的一种社会管理过程。农产品营销正是农产品从农户流通到消费者的一系列过程中，使农产品生产者和经营者的收入得以实现，消费者需求得以满足的一系列产品创造和产品交易的过程。消费者面对众多可供选择的产品，当产品的营销策略不符合消费者选择习性与消费需要时，会减弱消费者对产品的信任度，从而对产品销售量造成影响，而消费者对产品需求量降低还会进一步恶化产品的营销。因此，营销策略应充分考虑消费者需求，从消费者的角度出发，采取符合消费者选择习性与消费需要的营销策略。

一、 农产品和农资产品的整体概念

农产品和农资产品是指那些能够提供给市场可满足消费者或用户需要的所有有形

和无形的物品或服务，它由多个层次构成。产品组合见图 3-4-1。

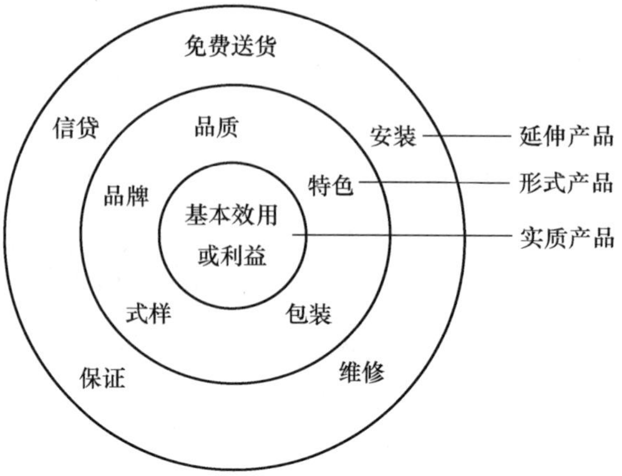

图 3-4-1　产品组合

（一）实质产品

也就是核心产品，它是整个产品概念中最基本的层次，是购买者购买特定农产品或农资时追求的基本效用和利益，是顾客需要的中心内容。例如，消费者购买农药并不是为了追求某一特定形状的颗粒，而是为了其中能有效防治病虫害的主要成分。因此，农产品与农资企业在进行产品策划时应明确消费者所追求的核心利益，确定产品能提供的实质利益，提升产品的吸引力。

（二）形式产品

它是核心产品的存在形式和载体，但形式产品较核心产品具有更为广泛的内容，它通常向购买者展现出一些能被人感知的特征，如农产品与农资产品的质量、档次、式样、特色、包装及品牌等。核心产品与形式产品是不可分割的，核心产品就是通过形式产品提供给购买者。例如，樱桃番茄、冰激凌西瓜、彩色辣椒、花糯玉米等都是在产品外观上有所创新，打破了人们传统意义上认识的产品外形，深得消费者喜欢。产品策划应着眼于顾客购买产品时所追求的核心利益提供满意的有形产品，以求满足顾客需要。

（三）延伸产品（附加产品）

它是指消费者或用户在购买某一特定的产品时所得到的全部附加服务和利益，包括咨询服务、产品介绍、提供信贷、免费送货、安装调试、技术指导、保证、售后服务等。消费者的目的是为了满足某种需要，因而他们希望得到与该产品需要有关的一切载体。随着市场竞争的加剧，竞争不仅发生在各个公司生产什么产品，而且还发生在其产品能提供何种附加利益。例如，现在有些农资公司免费提供技术服务，种子公司免费提供药剂拌种，蔬菜公司提供市内免费送货等，这里的技术服务、药剂拌种、免费送货就是附加产品部分。

市场上，如果一种产品在核心产品和形式产品上完全相同，但附加产品的多少与优劣不同，购买者就会将它们视为不同的产品，竞争和销售情况就会很不一样。许多企业销售的成功，在很大程度上与其正确认识附加产品在整个产品概念中的重要性，并根据顾客需求、竞争状况以及自身条件向市场提供的附加产品密切相关。

二、 产品宣传

（一） 产品宣传策划的五个维度

产品宣传包含五个维度：权威度、曝光度、知名度、好感度、美誉度。

1. 明确品牌定位，锁定目标客户群

不管是初创品牌还是成熟品牌，在做推广前一定要先明确自己的品牌定位，找到产品或者服务的核心卖点，根据品牌定位和产品卖点，找到目标用户，然后再结合品牌特性与目标用户特征，从五个维度来进行系统化的品牌推广工作。

在推广前要先做好市场调研工作，对市场环境、用户痛点、竞品特点等都要有一个细致的了解，然后挖掘出自身品牌和产品的核心特色，并围绕核心特色来完善品牌定位，精准锁定目标客户群体。

2. 围绕五维传播，制订推广策略

推广最重要的就是流量，也就是要先从曝光度入手做推广，如果你有名气，而用户在网上搜索的结果是，除了各种引流信息，而没有官方靠谱的内容，那他们就会对品牌产生怀疑，认为品牌缺乏知名度。

3. 品牌包装和背书，建立品牌权威度

做推广需要建立品牌权威度，例如品牌官网、新闻营销等方式都能帮助品牌建立权威度。品牌整合有针对性的主流媒体，如农产品信息网、农业频道、农产品互联网平台、农广传媒等权威媒体来为品牌背书，让用户在网上搜索品牌相关信息时，能够看到权威可信的内容，进而对品牌产生认同感。

4. 品牌口碑建设，提升品牌好感度和美誉度

开始做口碑建设除了依托新闻媒体外，还需要一些亲民的方式来做口碑。可以针对品牌的定位和目标客户群，通过问答推广、自媒体营销以及场景营销帮助品牌做口碑，有效提升品牌好感度和美誉度，使目标用户对品牌产生认同。

口碑营销非常重要的一点就是内容策划，一定要从用户角度出发，因为移动端时代，人人都是自媒体，用户对有代入感强的高质量内容比较看重，所以场景分享类的内容比较受欢迎，能够打造现象级传播，增加品牌曝光度和知名度。

借势营销、事件营销曝光度很高，但这两种营销对契机的把握要求非常高。通过筛选和品牌调性契合度高的优质 KOL 大号，在抖音、小红书、B 站、微博、微信等新媒体平台上，打造一个全媒体平台的营销互动，借助KOL大号本身的影响力，快速引流，实现品牌知名度快速提升。还有像百度优化、搜索推广也是一些比较常见的提升曝光度的方法。

（二）常用的宣传方法和内容输出逻辑

1. 品牌宣传方法

根据市场环境以及常用的推广手段，品牌宣传的方式可以分为包装、广告推广、社交和会展宣传4类手段。

（1）包装　塑造品牌高大上的印象，企业通过高质量宣传片制作以及后期处理方法，精心打造一段关于企业宣传类型的视频。虽然在很多人眼里，这些视频的实际意义或许可有可无，但它所能带来的企业“包装”功能却是无可替代的，这也是在目标人群中塑造完美第一印象的常用手段。包装的方式多种多样，几乎所有企业向外输出的内容，都可以成为包装企业的工具。

（2）广告推广　最常用的宣传方式，广告推广是品牌宣传常用的手段，其中具体内容有定向付费推广、软文推广、电视等视频广告投放等。

★定向付费推广　指的是两方面内容，一种是关键词竞价排名的定向推广方式；另一种是根据人群活跃的平台进行定向内容推广。前者属于利用搜索引擎，进行品牌宣传行为；后者利用第三方平台定向投放，两种推广方式都属于很常见的内容。

★软文推广　它是一种低门槛、低成本的推广方式，但其从宣传到产生明显效果，需要存在一定的时间累积才能被受众人群认可。

★电视等视屏广告投放　电视广告的效果直观、有目共睹，但成本高。

（3）社交　与受众交朋友，网络时代，内容互动已经成为当下企业与受众之间交流的常态。最好的品牌宣传方法就是让品牌在群众生活中承担某种角色，让受众习惯它出现在自己的生活里。这种方式的操作，就是通过各大社交平台，产出受众人群喜好的内容，分享或发表一些对受众有益的观点等。当下活跃的社交平台主要有微信、微博、抖音等，这几大平台的人群活跃度是最高的。另外企业还可以在知乎上输出高质量内容，以提升自己的品牌认可度，积累目标人群。

（4）会展宣传　农产品虽然有同质化的特征，但由于我国地域辽阔，横跨热带、亚热带、温带，海拔高度差异很大，不同区域的地理环境、土质、温湿度、日照、土壤、气候、灌溉水质等条件都有一定的差异，许多农产品即使种类相同，其产地不同也会形成不同特色。农产品具有的最佳生产区，形成了同类农产品的品牌差异。然而，在商品流通异常活跃的今天，不同品牌的同类农产品由于外观上差别不大，难免鱼龙混杂，优质农产品的生产与销售因此受到市场的巨大冲击，有些甚至慢慢淡出了市场。消费者面对市场上由不同生产者生产的众多同类农产品时，往往很难分辨出两种同类产品的区别。

展会可以非常直观地让顾客感受品牌内涵，留下非常深刻的印象。在展会上做品牌推广，必须抓住产品本身的特点，建立农产品品质的差异，用鲜明的品牌品质、内涵与对手区隔开来，在消费者心中树立独一无二的形象。如宁夏枸杞色艳、粒大、皮薄、肉厚、籽少、甘甜，品质远远胜过其他地区。展会直接、互动的特点可以让消费者在展会上亲眼看到、亲口尝到，并把产品一系列独一无二的“卖点”宣传出去，比如宁夏枸杞是“唯一被载入新中国药典的枸杞品种”；《本草纲目》中称“全国入药杞子，皆宁产也”；经权威机构临床验证，宁夏枸杞富含的多糖成分具有增强人体免疫力，延缓衰老，抵制癌细胞生长，预防艾滋病等独特功效和降血脂、降血糖、抗辐射、耐缺氧、养颜美容等特点，这是其他推广方法不易做到的。

2. 品牌宣传的内容输出逻辑

品牌宣传的行为，归根到底其实就是企业高效率地向受众传输企业优质信息的过程，也是让受众更了解企业，更了解自己品牌的过程。影响这类行为效果的关键就在于企业宣传什么内容，以及受众对于内容的接受程度。做好企业宣传，在内容上主要有：

（1）自我定位过程　首先，企业在做品牌宣传的时候，对应内容的创作需要根据自己的定位；其次，根据定位的具体情况，产出对应的信息内容；最后，形成让受众看到品牌便可在脑海中清晰联想出对应的内容即可。

企业自我定位的内容主要可以从品牌形象、产品条目和受众人群三方面进行分析。

★品牌形象定位　这是常用的定位方式，但这种定位方式需要一定现实产品基础才能产生效果。形象定位其实就是给品牌穿上符合受众“审美”的“衣服”。比如南方黑芝麻糊的童年回忆的情感形象，五常大米的健康形象，褚橙的励志形象，这些都是运营者以产品为基础，挖掘出来或是受众随着体验累加上来的。很多时候，企业的产品内核，很容易被竞争对手所忽视。

★产品条目定位　就是向消费者介绍自己是干什么的，清晰地将自己功能与满足消费者何种需求的内容表达出来即可。

★受众人群内容定位　根据消费人群的喜好进行定位。不同类型的消费者，对应的表达方式会存在差异，创造契合他们特性的内容表达方式，更容易实现受众内容高质量接受的情况产生。例如对70后、80后人群与90后、00后人群，他们对内容接受的形式会产生较大的差距。每个年代都有与之相匹配的具象产物和情怀点，内容产出同样需要符合时代特色。比如车厘子的销售，当下年轻人更喜欢其鲜活的爱情，自由乐观的内容表达，而老一辈更喜好健康营养的那类表达方式。

根据品牌形象、产品、受众三个方面，进行对应内容输出，准确地告诉目标人群“告诉受众自己是干什么”。

（2）自我优势表达过程　产品同质化严重的当下，如何让自己的品牌与其他企业区别开来，关键就是在于自我优势的表达。

企业在进行宣传的时候，除了将大众都有的内容进行表述之外，还有“特意”放大自身的产品优势。这些优势就是让产品打破“同质化”僵局的关键所在。例如“不是所有的牛奶都叫特仑苏”让消费者一下子记住了这个高端奶品。因此，企业在进行自我优势表达时，关键就是告诉目标用户“自己强在哪里，自己与别人的区别在哪里”，至于表达的“强”或“区别”，在受众眼里是否存在价值，就需要企业相关负责人自行判断。

(3) 消费者高活跃场景定位　在明确内容输出之后，如何将正确的内容输送在正确消费者面前，就是宣传的关键。消费者人群高活跃场景定位的核心功能就是让企业准确地找到目标人群所在的位置。

在这个消费者注意力相对涣散的时代，同样也让消费者的特性无限放大，可以说几乎任何属性的产品都存在一定的受众。在这样的基础下，同样也衍生出许多为这些小众服务的平台，它们或是满足消费者的某种需求，或是聚集某种类型的人群，或是根据消费者的某种特别喜好等。比如，关注农产品批发的人群，喜欢在“惠农网”或“一亩田”等农产品 App 上停留，关注生鲜的都会自然地活跃在“喵鲜生”“橙心优选”等生鲜 App。企业可以根据这些平台的特性，准确地找到适合自己的目标受众，然后定向输出宣传内容即可。

(4) 重复印象强化过程　品牌宣传是一项需要重复的行为，简单且重复的内容输出，可以加固企业在受众心中的印象，从而让它成为受众生活中不可缺少的部分。很多知名企业，每有产品上新或是变革企业理念的时候，都会通过媒体在各大高活跃的社交平台进行相关内容报道。

3. 农产品与农资品牌推广中应注意的问题

一个品牌的形成是企业长期奋斗的结果，不可能一蹴而就。除了正确地选择、恰当地运作品牌推广方式之外，还需要注意以下问题。

(1) 推广方式必须与品牌的目标定位相一致　如何让推广效果得到提升，找准目标市场、目标用户群非常关键。找准了目标就可以有针对性地进行引导、影响、甚至直接说服接受，否则可能就是“自说自话”“对牛弹琴”。比如定位为高端的一些农产品，如山竹、阳光玫瑰葡萄、手撕凤梨等高端水果，就不宜进行普发性宣传推介，更不能走街串巷乱吆喝，最好选择“自上而下”的方式进行推广。因为高端定位的品牌农产品，一般价格都比较高，其目标对象多为高收入阶层或者社会声望和地位比较高的消费阶层，这类人通常都有一定的社会影响力，在消费过程中有时会产生“榜样”作用，容易形成消费模仿和时尚流行。通过公共关系、口碑传播、人员推销、团购、免费品尝等方式，可以让这部分人养成该品牌产品消费习惯，从而带动更多的人模仿和从众消费。

（2）推广基础必须以产品质量为前提　质量是品牌的基础。优异、可靠的产品质量是企业创名牌的前提，也是社会关注的“热点”，客户关心的“焦点”。品牌推广唯有以产品质量为前提，才能推动农业品牌由认知度向美誉度整体提升，由影响力向公信力提升。目前国家大力推进的无公害农产品、绿色食品和有机农产品认证，在客户中具有较高的知名度和美誉度。产品如能取得上述认证，必然会对品牌推广起到巨大的助推作用。

（3）推广重点必须选择最有价值客户　农产品企业的品牌推广费用应与企业的实力相匹配，量力而行。由于营销资源和推广能力的有限性，企业不可能也没必要面向所有人群进行推广，而应根据客户的需要与潜在价值来细分客户，采取更具针对性、目的性和个性化的方法去宣传和推介。比如可以选择在行业中具有“龙头”地位的经销（消费）企业和普通消费者中的“领袖人物”作为重点。当然，重点不是“唯一”，重点也不能“一成不变”。

（4）推广内涵必须注入文化要素　品牌文化是品牌资产价值的基石，品牌文化可以提升品牌价值，也往往最能征服消费者。农产品品牌推广中，要注重根据农业产业文化资源特点与消费者需求趋势，依托当地产品历史悠久、源远流长的文化底蕴，强化浓厚的人文、风土气息，塑造和推介农产品品牌的个性特色，与竞争对手的产品形成区隔。

图 3-4-2　维纳斯黄金苹果

地域文化的独特性甚至独有性，必然会使其他地区的竞争对手望尘莫及。有一种品牌苹果叫“维纳斯黄金”（图 3-4-2），因为它是由金帅和号称“果中贵族”的蛇果杂交选育而来的，所以是高端苹果，果型很美、果皮艳黄、香气浓郁、甜脆味美，犹如西方代表至美的女神，因此给它起了这样一个既浪漫又富有美好寓意的名字。“维纳斯黄金”苹果对生长环境的要求非常挑剔，能大面积种植的地方并不多，山东是它的核心起源地，其他外省想把它种植规模化，但地理环境不允许，达不到标准口感。独特的地理优势，也使得“维纳斯黄金”苹果的单价很高，达到 40 元/千克。

（5）推广技巧应该灵活多样　品牌推广没有公式可以套，但只要开动脑筋、审时度势，还是有一些技巧的。比如目前各个区域都把发展特色农业作为推动发展、增加农民收入的重要抓手和扶持点，“创一个品牌，带一个产业，兴一方经济”是许多地方政府的共识。寻找与当地政府扶持特色产业、特色产品的“契合点”，与政府部门重点宣传推介的产品形成“重唱”，不仅可以借势，还可以获得政府支持，取得事半功倍的推广效果。注重长期合作的培养，在客户有可能会选择竞争对手的品牌时，应不急躁、不埋怨、有心胸，继续与客户搞好关系，秉承“生意不成仁义在”的准则，然后重点改善自己的不足，力争将其作为长期的合作对象加以培养，善于面对客户的“挑刺”，洞悉“喝彩的是看客，挑刺的是买主”等。

（6）推广策略应随着市场发展阶段的变化进行调整　产品品牌的宣传推广不可能是固定不变、一劳永逸的，边际效用递减规律在品牌推广中同样也是存在的。通常情况下，在品牌初创期，应以提高品牌的知名度为主；在品牌成长期，应以提高品牌的美誉度为主；在品牌成熟期，推广重点则应转变为巩固老客户。整个推广周期还必须加强品牌的维护。品牌没有终身制，任何一个品牌如不经常进行维护，并不断注入新的文化信息，就很容易导致品牌老化，并渐渐被消费者遗忘。唯有坚持不懈地维护和不断地创新，才能让品牌与消费者的关系历久弥坚。

三、价格策划

（一）定价目标

农产品与农资产品的价格不是漫无边际的、随意波动的。产品定价目标是产品生产经营目的具体化和数量化，它是确定定价策略和定价方法的重要依据。农产品与农资产品的定价目标主要有以下几种：

1. 以利润最大化为定价目标

当农产品与农资产品在市场上处于绝对有利地位时，可实行高价策略，以获取超额利润。但是最大利润并不是可以任意抬高物价，因为产品价格过高，迟早会导致新的农产品与农资企业参与市场竞争，造成供大于求，或迫使消费者使用替代品以致对这种产品的需求量减少。因此，经营企业以最大利润为目标，是指以适当的价格、适当的销售数量去获取长期稳定的最大利润。

2. 以提高市场占有率为定价目标

市场占有率是指农产品与农资产品的销售量占市场上同种产品销售量的比例。市场占有率的高低，反映该企业的经营状况和市场竞争能力，关系到企业的发展。所以，维持原有的市场占有率是起码的要求，提高市场占有率，是农产品与农资企业发展的进一步要求。

3. 以应付与防治竞争为定价目标

企业在制定价格时，定价目标应服从竞争的需求。一般来说，企业对竞争者的价格比较敏感，在实际定价前，都要对竞争者的价格做细致的分析研究，以决定是以低于、高于或者等于竞争者的价格定价。在价格政策允许的前提下，企业应根据不同的产品和不同的市场，采取灵活的定价策略，以取得竞争优势。

（二）定价依据

1. 农产品的成本

成本是农产品定价的下限，如果价格低于这些成本费用，就会亏损。

2. 市场需求

成本决定价格的底线，市场需求则决定价格的“天花板”。

3. 竞争状况

如果市场农产品种类高度类似、竞争激烈，定价太高的话就不会吸引消费者；如市场存在适度竞争，产品有较大差异，则定高价可以获得利润。

（三）农资产品定价方法

1. 以成本为中心的定价方法

以成本为中心的定价方法，是指按产品的单位成本加上预期利润的定价方法。成本与售价之间的差额，即是加成，故又称成本加成定价法。包括总成本加成定价法、边际成本定价法和收支平衡定价法3种。

（1）总成本加成定价法　按照产品的总成本加上预期利润来定价。

$$\text{产品单价}=\frac{\text{总成本}\times(1+\text{预期利润率})}{\text{产品产量}}$$

这种定价方法的优点：计算简单，有利于核算，并补偿劳动耗费，在正常情况下，可获得预期的利润。其缺点是：只考虑个别生产者的个别成本与产品的个别价值，忽视产品市场供求状况，缺乏灵活性，难以适应复杂多变的竞争形势。同时，成本计算也缺乏真实性，不仅新产品的产量无法确知，对产品的未来产量也只能估计。而成本常随产量的增减而变动，最多只能求得近似成本。

（2）边际成本定价法　在产品定价时，只考虑变动成本，不考虑固定成本，在变动成本的基础上，加上预期的边际贡献来定价的方法。所谓边际贡献，就是指每增加一件产品的销售所获得的收入减去增加这件产品生产所增加的成本。

$$\text{产品单价}=\frac{\text{变动成本}+\text{边际贡献}}{\text{产品产量}}$$

（3）收支平衡定价法　是利用收支平衡点来确定价格水平，即销售量在某一数量时，价格应定到什么水平，农资企业才能保证不发生亏损，或保证获得预期利润的一种定价方法。

$$\text{产品单价}=\frac{\text{总固定成本}}{\text{产品产量}+\text{单位产品变动成本}}$$

或：

$$\text{产品单价}=\frac{\text{总固定成本}+\text{总预期利润}}{\text{产品产量}+\text{单位产品变动成本}}$$

2. 以需求为中心的定价方法

以需求为中心的定价方法，是根据市场和消费者的需求强度来确定价格。这种定价方法的特点在于有效而灵活地运用价格差异，即对于平均成本相同的同一产品，价格可随需求的变化而变化。差别定价可因顾客的购买能力、对产品的需求情况、产品的型号和样式以及时间、地点等因素而采取不同的形式。

(1) 以顾客为基础的差别定价　指对同一产品，根据顾客的不同需求强度确定不同的价格。对需求弹性大的产品，价格定得低一些；对需求强度小的，则定得高一些。

(2) 以产品为基础的定价　指对同一产品的不同样式，规定不同的价格，但价格上的差别和成本上的差别不成比例。

(3) 以地域为基础的差别定价　同一产品，在市场的不同空间位置，由于有不同的需求强度，可以定出不同的价格，尽管其成本差别不大。

(4) 以时间为基础的差别定价　同一产品，在不同时间有不同的需求，可以定出不同的价格。在销售通畅时价格定得高一些，在营业清淡时价格定得低一些。通常这种产品的价格随季节变化较多。比如农药在生产需求旺季和非生产需求淡季，价格不一样。但要注意以下问题：

★市场要能够细分，且不同的细分市场要有明显的需求差别；

★要防止在低价细分市场上出售的产品向高价细分市场的转售，让他人坐收渔利；

★要确知高价细分市场的竞争者无力实行低价竞销；

★市场细分增加的开支不能超过高价细分市场的超额收入；

★差别定价要符合消费者的要求，同时增加企业盈利。

3. 以竞争为中心的定价方法

竞争导向定价法就是依据竞争者的价格来定价，视其产品质量和需求情况而定，或与主要竞争者价格相同，或稍高稍低于竞争者的价格。其特点是只考虑竞争者价格的高低，而不考虑产品成本和需求的变化，使产品价格保持在一个与竞争者价格相应的水平上。这种方法主要有 2 种定价方式。

(1) 随行就市定价　随行就市定价即按照市场价格水平来定价。如粮、棉、油等初级产品，在质量、交货期等相差不大的情况下，如果把价格定得高于市场价，产品就难以销售出去；如果把价格定得低于市场价，又会导致竞相削价。

(2) 低于或高于竞争者定价　无论竞争者的价格为多少，本企业的产品价格始终比竞争者的价格低，各类企业均可采用此法，但以零售企业为多。无论竞争者的价格为多少，本企业的产品价格始终比他们高，这种针对“质优价高”或者商誉特别好的企业。

单一影响因素下定价策略的比较，见表 3-4-1。

（四） 定价程序

在选择合适的定价目标后，需要对农产品与农资市场需求、成本、市场价格进行测定，然后确定最终价格，定价程序见图 3-4-3。

表 3-4-1　单一影响因素下定价策略的比较

影响因素	优点	缺点
基于目标影响因素的定价策略	以企业发展目标为导向，针对性强。	仅考虑目标，容易忽略需求和竞争等市场表现。
基于成本影响因素的定价策略	成本容易计算，获得的数据比较准确，保证生产者的利益。	1. 把销量看成是价格的决定因素，实际上很难行得通； 2. 制约了高价值产品的获利性。
基于需求影响因素的定价策略	很好的考虑了市场需求状况和消费者对产品的认知。	1. 不易获得消费者对有关产品价值理解的准确资料； 2. 过分依赖顾客，容易被顾客误导
基于竞争影响因素的定价策略	因通常表现为降价，故有利于维持或扩大市场份额。	忽略了市场这一价格主要影响因素。

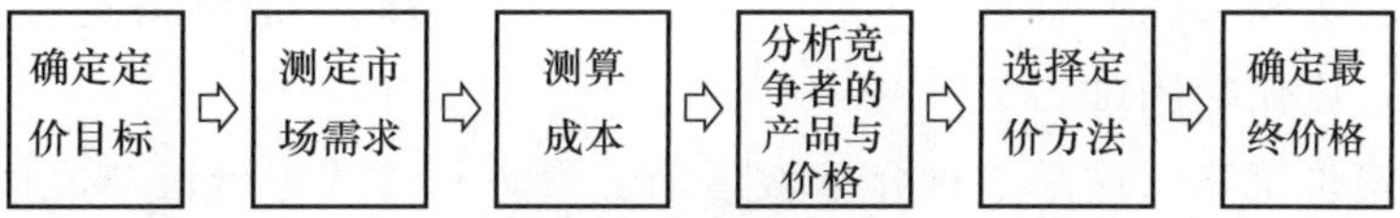

图 3-4-3　定价程序

（五）定价策略

定价策略是指在制订和调整产品价格的过程中，为达到自己的经营目标而采取的定价艺术和技巧。

1. 新产品定价策略

在市场营销中，新产品的价格就是产品处于导入期的价格。新产品价格的高低，对于新产品能否打开销路，增加农资企业利润，扩大农资企业生产能力有着重要影响。新产品定价策略如下。

（1）撇脂定价策略　这是一种高价投放的策略。指在新产品初上市时，价格定得很高，以便在较短的时间内获得最大利润。这种定价策略因与牛奶中撇取奶油相似而得名。撇脂定价策略适用于需求弹性小或无需求弹性的产品。俗话说“樱桃好吃树难栽”，由于科技创新，目前在冬季人们也能吃到新鲜的樱桃。某生产基地通过科技推广，引种并培育了美国大黑樱桃。1 月开始在北京上市，此时其他种植户想要种植，需要 2～3 年时间。在“人无我有”的特殊市场供给下，该经营者将樱桃每斤 80～90 元的价格出售，很好地实现了销售目标。

撇脂定价策略优点是：①新产品进入市场初期，由于需求弹性小，市场竞争不大，适当以偏高价格出售，消费者也能接受，因而能够以较快的速度在较短的时间内，收回研究和开发新产品的各项费用；②主动性较大，开始价格稍高一些，有利于农资企业今后根据市场状况及时调整产品价格。

其缺点是：①价格高，不利于新产品的迅速推广；②高价又高利，会迅速招来竞争者，迫使价格下降。

(2) 渗透定价策略　这是一种低价投放的策略。是在新产品上市初期，将价格定得低一些，薄利多销，以便迅速占领市场。渗透定价策略适用于市场上已有类似的代用品，竞争者容易介入，以及需要弹性较大的产品。

例如，血皮菜（观音菜）是一种可生食，叶子紫红色、营养价值较高的蔬菜，是从南方引进到北方的大棚中种植的。开始时，北方人根本不认识这种蔬菜，也不敢食用。于是农产品经纪人请来游客免费食用，在市场上以 2 元/千克的价格出售。很快，食用过的人都觉得很好吃，于是市场被迅速打开。现在这种蔬菜能卖到 10 元/千克。

渗透定价策略优点是：①有利于迅速打开产品销路，并可以促使农资企业注意降低生产成本和销售成本；②低价薄利可以有效地排斥竞争者进入市场，以获得较高的市场占有率。

其缺点是：①投资回收期较长；②在新产品上市初期，把价格定得过低，以后要想再提高价格，就比较困难。

(3) 满意定价策略　这是一种介于撇脂定价策略和渗透定价策略之间的价格策略，所定的价格比撇脂价格低，而比渗透价格高，是一种中间价格。这种定价策略使生产者和消费者都比较满意而得名。

2. 心理定价策略

一般地说，不同消费者的购买心理是不同的，但在某些特殊情况下，多数顾客或某一顾客群体会产生相近的心理特征。巧妙地利用顾客心理来制订或调整价格的策略称为心理定价策略。这一策略主要用于零售定价。

(1) 奇数定价（又称零头定价）　是指产品的价格以奇数结尾。奇数定价，一是可以使人感到定价认真、准确，因而可增进消费者对价格的信任感；二是产品价格以奇数结尾，会使消费者产生一种“便宜”的心理感觉。例如某农资产品的价格是 19.5 元，给消费者感觉还不到 20 元，便宜实惠，因此消费者乐意购买。

(2) 整数定价　这种定价策略是指产品的价格以整数结尾，不带零头。这种定价策略，主要适用于高价消费品或消费者不太了解其性能的产品，消费者往往会有一种“一分钱，一分货”的心理感觉。如一盒高档有机蔬菜，定价 100 元，满足了一些消费者显示自己社会地位的心理。

(3) 声望定价　这是根据消费者对某些农产品企业，农资产品的信任心理而采用的价格策略。其目的是提高产品的形象，以价格说明它名贵质优。如山西的大枣、新疆的红富士苹果、东北的人参等产品，往往采取高价位策略。购买这些产品的消费者，大都不关心价格，更多关心的是能否显示其身份和地位。

3. 折扣定价策略

指农产品与农资产品经营者为了广泛扩大产品销路，争取顾客，对购买者给予一定的价格折扣或数量折扣。主要有以下形式：

(1) 数量折扣　这是根据购买者所购买数量不同，给予不同的折扣。一般购买数量越多，折扣越大，以鼓励购买者大量并长期进货。

(2) 现金折扣　指对按约定日期付款或提前付款的顾客给予的折扣优势。其目的在于鼓励顾客提前支付货款，从而加速农资企业的资金周转。

(3) 交易折扣　指经营企业根据各类中间商在市场营销过程中担负的功能不同，给予不同的折扣，又称商业折扣。交易折扣的多少，随行业与产品的不同而不同，相同的行业与产品，又要看中间商所承担的交易的多少而定。如果中间商提供运输、促销资金、融通等功能，对其折扣较多；否则，折扣将随功能的减少而减少。一般来说，给予批发商的折扣较大，给予零售商的折扣较少。

(4) 季节性折扣　对于农产品与农资企业，产品具有很强的季节性，对于在销售淡季来购买产品的买主给予优惠的价格。主要是有利于鼓励中间商及用户提早采购，以减轻储存压力，加速产品销售和资金周转。

4. 地区定价策略

由于销售地点不同，消费者的购买力不同，运销费用也有差别，这些差别在价格上反映出来，就是地区差价。考虑这种差别而决定产品价格时，可选用：

(1) 产地定价策略　农产品与农资企业制定的是出厂价格、产地价格，在农资企业所在地交货，适用于各地区的买主。运输费用由买主全部负担。对卖主来说，这一策略是最简单而又便利的。

(2) 统一运送定价策略　农产品与农资企业按照统一出厂价格，将货物运送到买主所在地，不论路程远近，均收取相同的费用。实行这样的定价策略，有利于鼓励远地区买主购买，扩大销售区域。同时，由于运费只占变动成本的一小部分，买主往往认为这是一种免费运送的附加服务，这对于促进成交、增加销售额，有显著作用。

(3) 区域运送定价策略　农产品与农资企业将产品市场按远近分为若干地区，在每一个地区内，实行统一运送定价策略。

(4) 津贴运费定价策略　此策略常常同产地定价策略结合使用。由于实行产地定价，远离产地的中间商，要蒙受较大的运费损失，为避免他们转向其他农资企业购买，企业可以对他们补贴一部分或全部运费，以求同他们建立稳定的购销关系，占据远地区的目标市场。

（六）　农资产品价格调整策略

1. 降价技巧

(1) 确定农资产品的降价幅度，应以农资产品的需求弹性为依据。需求弹性大的农资产品只要有较小的降价幅度就可以使农资产品销量大增；需求弹性小的农资产品则需要较大的调价幅度才会扩大销售量。由于需求弹性小的农资产品降价，可能会引起销售收入和销售利润的减少，所以掌握调价幅度时要慎重。

（2）调价时，应考虑的最重要的因素还是消费者的反应。因为调整农资产品的价格是为了促使消费者购买农资产品，只有根据消费者的反应调价才能收到好的效果。

（3）实施降价控制时，必须能对降价做出估计并修改最近各期的进货计划，以反映每次实行降价的理由。实施降价控制使管理人员能对各项政策的执行情况进行检查，如检查商品的储备方式、检查最近的新商品验收情况等。

2. 提价技巧

（1）如实告知成本上涨　在价格上涨的同时，通过各种途径将成本上涨情况如实地告诉消费者，使价格提高得到消费者的认可。

（2）提高产品质量　为减少提价给消费者带来的压力，农资产品经营企业通过提高农资产品质量，使顾客感觉花较多的钱买到的是货真价实的产品。

（3）附送赠品或优待　提价时以不损害经营者正常收益为前提，随产品赠送一点礼物，以减少提价给消费者带来的困扰与不安。

（4）保持价格不变　采用更便宜的材料做替代品，或减少产品的服务和分量。也可将原来提供的包装或服务从产品整体中分解中来，另行定价。

四、 渠道策划

营销渠道也称营销网络或分销渠道，即商品和服务从生产者向消费者转移过程的具体通道或路径（图 3-4-4）。一般情况下，产品生产者必须通过渠道商包括批发商、零售商、代理商和经纪人把产品或服务推广给顾客才能完成营销的过程。批发商通过做中转而分得一杯羹，零售商则负责完成产品市场流通的最后一个环节。

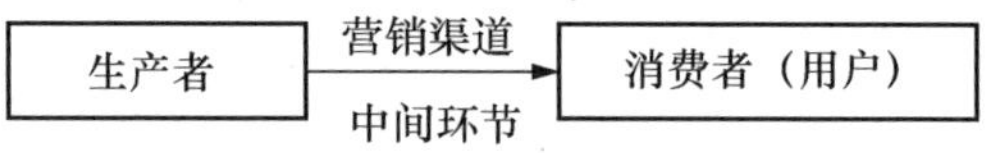

图 3-4-4　营销渠道

（一） 设计营销渠道结构

1. 营销渠道的长度设计

从生产者到最终消费者，其形式有厂商直销，也有通过中间商销售，营销渠道的层级结构见图 3-4-5。

方案 1：最短渠道

生产者→消费者，其形式有厂商直销产品、派员上门推销、邮寄销售、电话销售、电视销售及网络销售等。

方案 2：短渠道

生产者→零售商→消费者，其形式有卖场、连锁超市、便利店、百货商场及路边小摊等。

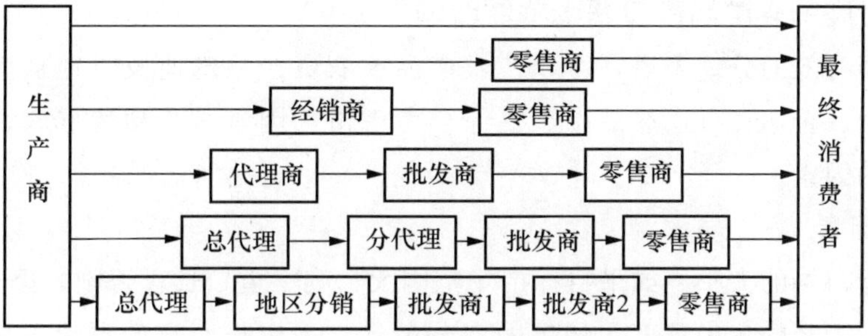

图 3-4-5 营销渠道的层级结构

方案 3：长渠道

生产者→经销商→零售商→消费者，或生产者→代理商→批发商→零售商→消费者。

方案 4：多模式　多模式即策划"多元化"分销渠道。

渠道的长短结构策划，通常根据纵向渠道的分销数量来划分。长短渠道的优缺点见表 3-4-2。

表 3-4-2 长短渠道的比较

类别	优点及适用范围	缺点及基本要求
长渠道	市场覆盖面广，企业（厂家）可以将渠道优势转化为自身优势，一般种子、农药等农资销售较为适宜，可以减轻企业的费用压力。	厂家对渠道的控制程度较低，增加了渠道服务水平的差异性和不确定性，加大了对经销商进行协调的工作量。
短渠道	厂家对渠道的控制程度较高，农产品、时尚品较为适用。	厂家要承担大部分或全部渠道功能，必须具备足够的资源方可使用；市场覆盖面较窄。

2. 营销渠道的宽度设计

营销渠道的宽度设计，有独家分销策略、密集分销策略和选择性分销策略，3 种基本方案比较见表 3-4-3。

表 3-4-3 分销渠道的宽度设计方案

分销类型	含义	优点	不足
独家分销	一定市场区域内每一渠道层次只有一家经销商运作。	竞争程度低，厂家与经销商的关系较为密切，适用于专用产品的分销。	缺乏竞争，顾客满意度受到影响，经销商对厂家的反控制能力较强。
密集分销	凡符合厂家要求的经销商均可参与分销。	市场覆盖率高，适用于快速消费品的分销。	经销商之间的竞争容易使市场陷入混乱，管理成本相对较高。
选择性分销	从备选分销商中选择一部分作为分销商。	优缺点介于独家分销和密集分销两者之间。	

（二） 影响农产品营销渠道选择的因素

建立恰当有效的分销渠道，可以使农产品或农资产品迅速及时地从生产者手中到达消费者手中。企业在渠道选择中，要综合考虑市场因素、产品特点、企业本身等各种影响和制约因素。

1. 市场因素

（1）目标市场的大小　如果目标市场范围大，则渠道较长；否则，渠道则短。

（2）目标顾客的集中程度　如果顾客分散，宜采用长而宽的渠道；反之，宜采用短而窄的渠道。

（3）消费者的购买习惯　如消费者对蔬菜水果的购买习惯，希望能随时随地买到，这些产品的分销渠道就应长而宽；而对一些特殊品，则需要短而窄的渠道。

2. 产品因素

（1）产品的易毁性或易腐性　如果产品易毁或易腐，如蔬菜、水果等鲜活易腐产品，则易采用直销或较短的渠道。

（2）产品的体积与重量　体积大而重的产品，宜选择短渠道；体积小而轻的产品，可以选择间接分销。

（3）产品的技术性　产品的技术性复杂，需技术指导。如新品种蔬菜的食用方法和烹饪技术、农药类的喷施方法、花卉的栽培和养护需技术指导，可选择直销或短渠道。

3. 企业自身因素

（1）企业实力强弱　主要包括人力、物力、财力，如果企业实力强，可建立自己的分销网络，进行直销；反之，应选择中间商销售自己的产品。

（2）企业管理能力的强弱　如果企业的管理能力强，又有丰富的销售经验，可选择直销；反之，应选择中间商销售。

（3）企业控制渠道的能力　企业为了有效地控制渠道，多半选择短渠道；反之，如果产品市场覆盖面大，企业想减轻管理与风险压力，可选择长渠道。

（三） 营销渠道的模式

1. 产品直接销售

企业销售产品不通过中间商而将产品直接销售给最终消费者或用户，称为直接销售渠道。企业不通过中间商而直接销售产品，产品可迅速投入市场，减少损耗、变质等损失；同时，不经过中间环节，费用支出少，相应的售价低。由于不经过中间环节，企业直接与消费者见面，信息反馈迅速，也便于企业提供售后服务，树立企业形象。但采用直接销售渠道，如果生产量小的企业，往往由于销售成本过高而不利于扩大销售；生产量大的企业，往往由于产量过大而不能把全部产品都通过直接渠道销售出去，而且，采用直接分销，对企业的销售能力、销售经验、销售人员的销售技巧等都有很高的要求。

（1）农产品零售直销　一些农产品生产者直接把产品出售给农户，或直接把农产品送到客户手中，这些都属于零售直销。直销中生产者和消费者都处于主动地位，不仅保证了生产者的收入，也保证了消费者的合理支出。这种销售方式要求生产者具备一定的销售能力和承担市场风险的能力。农产品零售直销的形式主要有以下类型：

①农产品＋农贸市场。生产者参与流通，获取部分利润，同时也能及时了解市场行情和客户需求（图 3-4-6）。例如瓜果、蔬菜生产者直接把收获的产品拉到农贸市场上去卖，获得利润。

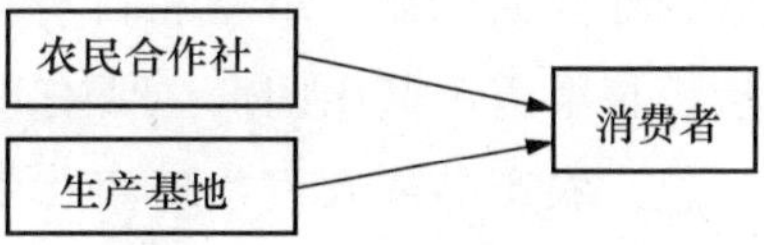

图 3-4-6　市场零售直销模式

②农产品＋互联网。这是目前网络销售的一种重要形式（图 3-4-7）。模式可以是“农产品＋微商”“农产品＋网红直播＋电商平台”进行。“农产品＋微商”通过微信朋友圈发布自家的农产品种植、成长、采摘等信息，让用户第一时间了解农产品的情况。号称“中国农产品微商第一案例”的张大发卖樱桃，15 天卖出 81 282 箱樱桃，营业收入 1 036 万元。售前 2 个月，张大发建立 10 多个微信群，开始线上预售，还组建微商团队，打造个人魅力，加强个人标签的推广及强化，用户、分销商对张大发非常信任，出现万人共同帮他卖樱桃的现象。

图 3-4-7　网络直销模式

③农产品＋直销店。就是店面式销售，解决的是产地到餐桌的问题，但这种营销方式成本大，连锁管理也需要专门的人才，最好有政府或者农业龙头企业牵头。例如某县供销社利用单位闲置资产组建了县农产品直销中心，参与直销中心的 8 个专业合作社主要销售水果、蔬菜、粮油等农产品。此后，县供销社通过争取担保贷款、销售补贴、项目资金等优惠政策，引导专业合作社在县城农贸市场兴建农产品直销店，积极解决专业合作社农产品难卖、居民买贵的问题，成功引导 7 家专业合作社在县城开设水果、禽蛋、粮油、蔬菜、花卉等直销店。

（2）订单直销　订单直销是由生产经营企业或最终用户与生产者在安排生产之前直接签订购销合同的直销形式。这种方式，不仅有利于生产结构的调整，而且解决了农产品与农资产品的销售问题，为发展产销对接奠定基础。例如葡萄销售，以往种植葡萄的农户们都是通过零散售卖、游客采摘、商贩收购等方式销售，这几年实行订单采收，葡萄农户收到派送收购订单后进行采摘，采摘下的葡萄通过冷链车运输，点对点配送到各超市的门店。还有种子生产者从经销商那里拿到订单，按照订单的内容生产符合要求的种子。

（3）驻点直销　所谓驻点直销，就是经营企业在市场上选择好合作对象后，把自己的销售员派到商家驻点，在商家所在地租用仓库储存产品，与商家共同定价，联手促销。其模式形式上是“联力联销”，实质上是“借力自销”。目前市场上农药化肥的销售多采用这种模式，这一模式能使企业在确保无贷款回收风险的情况下最大限度地提高市场占有率，是开拓市场、占有市场的一种有效方法，同时企业还能获得稳定的收益，是一种双赢模式。

2. 产品间接销售

企业根据产品、市场和自身条件，利用中间商把产品销售给消费者或用户，称为间接销售渠道。其中间商主要有以下几类：

（1）农产品或农资代理商　农产品或农资代理商是指只负责争取顾客或代表买卖方进行产品交易，但不拥有农产品所有权的中间商。按不同标准代理有不同分类，如：独家代理与多家代理，总代理与分代理，佣金代理与买断代理。

（2）农产品或农资经销商　农产品或农资经销商是指产品生产者指定特定公司为其产品交易的中间商。他们双方签订合同，产品生产者提供的产品由中间商进行销售。经销商依据合同约定进行营销活动，并以产品生产者的名义销售农产品及提供服务。所以，产品经销商与产品生产者是法律上的买卖关系。

（3）农村经纪人　农村经纪人是活跃在农村经济领域，以收取佣金为目的，为促成他人交易而从事农产品产销中介服务的公民、法人和其他经济组织。农村经纪人一般采用“企业＋经纪人＋农户”的模式从事经纪。一般情况下，一个经纪人联系并引导着若干个农户的生产活动，少的几户，多的达百户、千户。如制种公司通过农村经纪人在生产队落实制种面积，经纪人负责制种户和种子生产质量的管理。

（4）中间商的选择　大多数农产品是需要通过营销渠道中的中间商来进行销售。对农民朋友来说，寻找好的中间商合作伙伴就显得非常重要，同时，还要学会对营销渠道进行有效管理，协调与中间商的关系，发挥他们的积极性，方能取得良好的营销成绩。

企业如果选择间接分销渠道，必须考察中间商的情况，如付款条件、销售条件；处在何处，是否接近目标市场，地理位置是否便利；资金状况、销售能力、售后服务能力；拥有的业务设施状况（如仓储条件、交通运输）；诚信度、经营历史长短、经验是否丰富等。选择中间商的一般标准见表 3-4-4。

在选择农产品营销渠道时，农产品经营者必须在可供选择的渠道中选择最理想的渠道，并根据市场和周围环境的变化及时调整营销渠道。

（四）渠道管理

1. 选择渠道成员

对一个有吸引力的生产商来说，主要的问题是如何选择渠道成员。选择中间商应主要考虑以下因素：中间商声誉的好坏，经营范围以及销售和获利能力，收现能力，协作精神，业务人员的素质，开设地点，未来的销售增长潜力，顾客类型，购买力大小和需求特点等（图 3-4-8）。

表 3-4-4 选择中间商的一般标准

因素	考察项目	权重	得分					
			0	1	2	3	4	5
企业规格	销售额							
	财务能力							
销售能力	销售员数量							
	销售能力							
产品线	竞争产品销售情况							
	共存产品销售情况							
	补全产品销售情况							
声誉	指导性							
	健全性							
市场覆盖	销售地区							
	行业内活动范围							
	市场回访频率							
销售业绩	相关产品销售业绩							
	一般产品的销售业绩							
	增长能力							
经理素质	经理能力和经验							
	经理与员工共处的能力							
销售制度	广告状况							
	销售促进状况							
	销售人员的薪酬制度							
	培训指导热心程度							
物流状况	保管产品种类和规模							
	安全库存状况							
	对生产企业缺少库存							
	采购延期情况							
	营业仓储利用率							
	产品经销的效率							
	运输费用节约情况							
	大量流通能力							

2. 激励渠道成员

（1）激励的首要原则是站在别人的立场，设身处地为别人着想，不应只从自己的

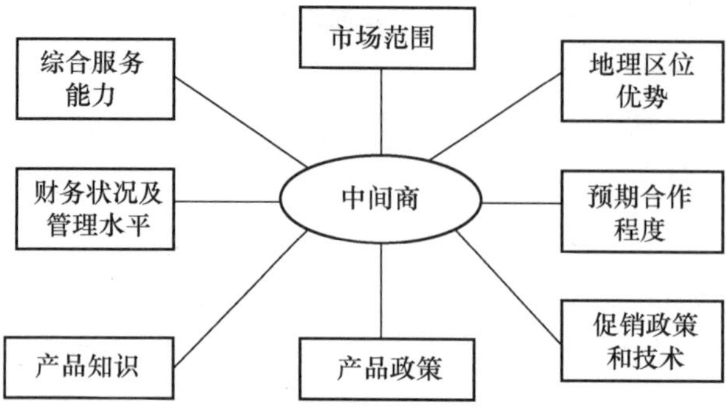

图 3-4-8　渠道成员的选择

观点出发看问题。

（2）避免激励过分与激励不足。

（3）与经销商的关系，首先是合作，其次是合伙，比较成熟的企业一般与他们的经销商建立一种合伙关系，达成一种协议。生产商明确自己应该为经销商做些什么，也让经销商明确他的责任，他的市场覆盖面和市场潜力及其应提供的咨询服务和市场信息，企业根据协议执行情况对经销商支付报酬。

3. 评估渠道成员

生产者要对中间商进行有效的管理，还须制订一定的标准，经常对中间商的经营情况进行检查。这些标准包括销售指标完成情况、平均存货水平、向顾客交货的快慢程度、商品周转速度、市场占有率、同生产者宣传与培训计划的合作情况、对顾客的服务等。其中销售指标完成情况是一项重要的评价标准，一定程度上说，它可以作为中间商营销绩效高低的综合标准。

正确评价中间商的工作绩效有 2 种方法：一种是生产者预先规定销售总额指标，表明企业一定时间内的期望销售额，一段时间后，生产者再把各个中间商的销售额列表分发，以鼓励那些销售额大的中间商继续保持荣誉，同时鞭策那些销售额落后的中间商努力赶上；另一种方法是将各个中间商的本期销售额实绩与上期进行比较，或者把中间商完成的实绩与定额指标做比较，而集中精力对那些没有完成销售额指标的中间商进行分析诊断，帮助其制订改革方案，迅速提高效益。

4. 调整销售渠道

调整销售渠道主要通过增减渠道成员来实现。增减某一渠道成员的依据是，增加或减少这个经销商对企业的赢利有何影响，调整后对其他成员会不会产生影响。例如，一家种子生产商在某地区另设特许代理商，不仅要考虑该代理商的能力，还要考虑对其他代理商可能造成的销售损失。

增减某一销售渠道可能是因为原有渠道已不适应客观情况，例如某企业原来通过一家商店销售该产品，其中某种规格型号的产品销路不好而未受到该店重视，为了打开这种产品的销路，企业决定另辟渠道或增加一条渠道来销售该产品，最后可以通过调整整个渠道来实现渠道管理。

（五） 渠道的控制

企业的渠道构成多半是充分利用外部力量，利用代理商、经销商等中间商。这些中间商不是企业的直属单位，不是子公司、分公司，而是合作伙伴。企业总是希望中间商能按自己的意图行事，全心全意替自己销售商品，但中间商很难做到，如经销商为了满足零售店的需求，也为了自己的利润最大化，很少只销售一家的产品，大多形成自己的产品组合。这些产品的厂家都想让经销商把资金、人员、网络等资源投向自己，扩大自己在当地的市场份额，增加自己的产品在当地的推动力。怎样使中间商真正成为企业渠道中的一员，不打折扣地执行企业的渠道战略或较好地完成产品销售目标，就成为渠道管理中最现实最重要的一部分内容。企业对渠道的控制一般有以下几种做法：

1. 利益控制

中间商一般都是独立的企业，要求有一定的利益作为保障，除了常规的利益外，也期望获得一些额外的、短期的利益。厂家经常在实施某种特定活动时给予商家一定的附加利益，如举行几次新产品推广活动，活动的难度较大，为了激励商家全力以赴，厂家会提供一些优惠价格、返利或物质支持。厂家可以通过这种短期利益与经销商加强利益关系，使渠道更稳定。但从另一方面来说，这种方法开支较高，如果运用不当，可能会滋长经销商对这类短期利益的追求。

2. 品牌控制

对于经销商来讲，一个品牌响亮的产品的作用是什么呢？利润、销量、形象，最关键的是销售的效率。一般来讲，畅销产品的价格是透明的，竞争是激烈的，不是企业利润的主要来源。但是畅销产品需要经销商投入的市场推广力度比较小，所以经销商的销售成本比较少，还会带动其他产品的销售，从其他产品上获得利润的弥补，同时因为销售速度比较快，提高了经销商的资金周转速度。

3. 关系控制

生产企业确保商家获得足够利润和自身价值需求（如社会地位的提升、获得精神荣誉等）的实现，同时要求商家向生产企业做出巩固和扩大销售、提高顾客满意度的承诺。厂家以协作、双赢、沟通为基点来加强对销售渠道的控制力，为零售商、消费者提供更具价值的全方位服务，最终确保整体营销战略目标的实现。

4. 服务控制

制造厂家可以派人在专业知识和营销技巧上向经销商提供指导和培训，并帮助其解决经营过程中遇到的问题，这样做不仅仅是把产品销售给经销商，把简单的货物流动和资金回笼，更帮助经销商提高销售效率、降低销售成本、增加销售利润，是一种双赢的做法。当厂家能够为经销商提供更为广阔的赢利空间，更多的技术支持、专业培训、先进的管理措施时，营销渠道才会稳定、忠诚，更富有销售力。

5. 市场控制

许多制造厂家只是借助中间商的力量销售产品，希望实现对渠道的完全控制，但实际上难度较大，特别是渠道长的情况。比较成功的做法是采取“拉”的策略，也就是牢牢抓住渠道的终点，抓住消费者和零售商，先做市场再做渠道。企业直接和当地的零售店接触，建立业务关系，通过直接对零售店的促销活动，配合促销广告炒热整个市场，使产品成为畅销产品。这时就不是企业四处去寻找经销商了，经销商在看得到的利益和前景的推动下，会主动上门。主动权掌握在企业的手上，企业可以充分选择，让合适的经销商来管理市场，完成渠道的建设，控制了市场就控制了渠道。

无论哪一种方法，控制零售店是最根本的目的。要让零售店首先认同产品、认同品牌、认同厂家，而不是首先认同经销商，这样厂家就有把握在经销商出现问题的时候，把零售店切换到新的渠道而不影响销量。

五、 促销策划

农产品与农资产品促销是农产品与农资经营企业市场营销活动的基本策略之一，是企业向目标市场传递有关信息所采取行之有效的方法，以激发消费者对农产品与农资产品的购买欲望和购买行为的一系列活动，包括人员推销、广告、营业推广和公共关系等。

农产品与农资经营企业通过广告等促销宣传，向消费者介绍本企业生产经营何种农产品与农资，有何突出特点以及在何处购买等，能够引起消费者的注意并激发其购买欲望，而且，促销活动也有助于提高产品知名度，树立和强化企业在市场上的形象，加深消费者对本企业农产品的喜爱和信任感，因而能够大大提高本企业农产品与农资的竞争力和市场占有率。

（一） 农产品与农资促销组合方式和策略

促销组合策略就是根据农资与农产品特点和经营目标的要求，有计划地综合运用各种有效促销手段所形成的一种整体的促销措施。

农产品与农资促销组合是经营企业根据促销的实际需要，对人员推销、广告、营业推广及公共关系等各种促销方式进行适当的选择和综合搭配，以求达成最好的产品促销效果。

1. 农产品与农资促销的四种基本方式

（1）人员推销　农产品与农资经营企业派出推销人员向消费者介绍、推广和宣传产品，以促进农产品与农资的销售。具体方式可以是面对面交谈，也可以通过电话、网络或者信函进行交流。推销人员的任务是完成一定的销售量，并及时发现消费需求，开拓新的市场。

①人员推销的策略

★试探性策略（也称刺激-反应策略）

就是在不了解客户需要的情况下，事先准备好要说的话，对客户进行试探，同时密切注意对方的反应，然后根据反应进行说明或宣传。

★针对性策略

这种策略的特点是事先基本了解客户某些方面的需求，然后有针对性地进行“说服”，当讲到“点子”上时，会引起客户共鸣，就有可能促成交易。

★诱导性策略

这是一种创造性推销，即首先设法引起客户需求，再说明我所推销的服务或产品能较好地满足这种需求。这种策略要求推销人员有较高的推销艺术，在“不知不觉”中成交。

②人员推销的技巧

★上门推销技巧

找好上门对象：可以通过商业性资料手册或公共广告媒体寻找重要线索，也可以通过亲戚、朋友、同事等熟人引荐或到商场、门市部等商业网点寻找客户名称、地址、电话、产品和商标。

做好上门推销前的准备工作：尤其要对企业发展状况和产品、服务的内容熟悉，充分了解并牢记，以便推销时有问必答；同时对客户的基本情况和要求应有一定的了解。

掌握“开门”的方法：即要选好上门时间，以免吃“闭门羹”。可以采用电话、传真、电子邮件等方式事先交谈或传送文字资料给对方并预约面谈的时间、地点。也可以采取请熟人引见、名片开道等策略，赢得客户的信任。

把握适当的成交时机：应善于体察顾客的情绪，在给客户留下好感和信任时，抓住时机发起“进攻”，争取签约成交。

★洽谈艺术

首先注意自己的仪表和服饰打扮，给客户一个良好的印象；同时，言行举止要文明、懂礼貌、有修养，做到稳重而不呆板、活泼而不轻浮、谦逊而不自卑、直率而不鲁莽、敏捷而不冒失。

在开始洽谈时，推销人员应巧妙地把谈话转入正题，做到自然、轻松、适时。可采取以关心、赞誉、请教、探讨等方式入题，顺利地提出洽谈的内容，以引起客户的注意和兴趣。

在洽谈过程中，推销人员应谦虚谨言，注意让客户多说话，认真倾听，表示关注与兴趣，并做出积极的反应。遇到障碍时，要细心分析，耐心说服，排除疑虑，争取推销成功。在交谈中，语言要客观、全面，既要说明优点所在，也要如实反映缺点，切忌高谈阔论、“王婆卖瓜”，让客户反感或不信任。

洽谈成功后，推销人员切忌匆忙离去，这样做，会让对方误以为上当受骗了，从而使客户反悔违约。应该用友好的态度和巧妙的方法祝贺客户得到了某种满足，并指导对方做好合约中的重要细节和其他一些注意事项。

★排除推销障碍的技巧

排除客户异议障碍：若发现客户欲言又止，应主动少说话，直截了当地请对方充分发表意见，以自由问答的方式真诚地与客户交换意见。对于一时难以纠正的偏见，可将话题转移。对恶意的反对意见，可以“装聋作哑”。

排除价格障碍：当客户认为价格偏高时，应充分介绍和展示产品、服务的特色和价值，使客户感到“一分钱一分货”；当客户认为价格偏低时，应介绍定价低的原因，让客户感到物美价廉。

排除习惯势力障碍：实事求是地介绍客户不熟悉的产品或服务，并将其与他们已熟悉的产品或服务相比较，让客户乐于接受新的消费观念。

（2）广告　广告是最具劝说力的促销组合要素。由广告主支付一定的广告费，通过各种传播媒体，就企业的理念、产品或服务向目标市场所进行的促销活动。农产品与农资广告是农产品与农资经营者在支付一定费用的情况下，通过相关媒介所进行的产品促销。

①农产品与农资产品广告的特点。一是内容具有季节性，由于农产品与农资的生产、使用具有季节性，因而其广告也具有季节性；二是广告费用不宜过高；三是广告效果测定比较困难，农产品与农资的最终销售多为零售，产品需求弹性较低，所以广告效果的测定较为困难。

②农产品与农资产品广告的途径。一是运用自营广告媒体，依靠自有的技术力量，自行设计、制作、发布广告。如村镇有限广播、广告传单、广告路牌、橱窗展示、柜台陈列等；二是委托广告公司全部代理或部分代理广告宣传业务。

③农产品与农资广告的组织。产品广告必须做几项决策：广告的目标是什么？要花多少钱？传递什么信息？使用什么媒体？如何评价广告效果？

★广告目标决策

制定广告的第一步，就是确定广告目标。广告的目标不同，使用的广告类别也不同。通知性广告主要用于新产品的开拓阶段，目的在于开发初期需求，向市场告知有关新产品的信息，告知有关农产品与农资产品价格的变动；说服性广告的目的在于让消费者对某一产品品牌产生偏好，鼓励消费者的购买方向转向该产品；提醒性广告主要在产品的成熟期运用，目的是使顾客保持对该产品的回忆，提醒消费者在何处购买该产品。

★广告费用预算决策

企业最困难的营销决策之一，是在促销方面投放多少费用，尤其是广告费。营销中一般用下列几种方法测定广告费用预算。一是量入为出法。许多企业在评估本企业所能承受的经济能力后，以经济承受能力作为标准来安排广告费用预算。二是销售百分比法。以实际的销售额或预测的销售额的百分比，来安排广告费用预算。三是目标任务法。企业根据自己的经营目标和任务来预算广告费。

★广告信息决策

农产品广告信息，要具有人们所期待的有关农产品的信息。为了更好地选择广告信息，广告主应进行一些预选测试。

★广告媒体决策

广告媒体主要有报纸、杂志、电视、广播、户外广告等，广告主在选择广告媒体时，除了了解媒体的特性外，还要考虑以下因素：一是目标沟通顾客的媒介习惯。例如，面粉、蔬菜、水果，大多数情况下购买者是家庭主妇，广告主不会在报纸上做广告，而在电视上做广告；二是产品特性。不同的媒体在展示、解释与颜色方面，分别有不同的说服力。不同的产品应选择不同的媒体广告；三是信息类型。如广告信息中含有大量的技术资料，则应在专业杂志上做广告；四是成本。不同的媒体广告成本不同，这是广告主必须考虑的。

★广告效果控制决策

广告效果：指广告信息通过广告媒体传播后，所产生的社会影响和效应。它包括沟通效果和促销效果。沟通效果是企业与社会公众对有关产品信息的有效沟通，表现为社会公众对广告信息的注意、兴趣和记忆等心理反应的程度。促销效果是通过广告对促进产品销售的效果，也就是社会公众对广告信息的态度、意图和信任程度的反应。广告的有效控制，主要是对广告效果的测量。

沟通效果：评价一则广告的沟通效果，可以在广告进入现实媒体之前进行，也可以在印发或播出之后进行。广告沟通效果测定主要有 3 种方法：一是直接评分法。这是一种由消费者小组或广告专家观看广告，对广告作出评定的方法；二是组合测试法。这种方法是请消费者观看一组广告，然后请他们回忆所看过的广告，能记住多少内容就回顾多少内容，问者可以提示也可以不提示，其结果表明一则广告突出的地方和易懂易记的信息；三是实验测试法。这种方法是利用仪器来测量消费者对广告的心理反应。这类实验只能测量广告的吸引力，而无法测量消费者的信任、态度或意图。

促销效果：研究广告的沟通效应，能帮助广告主评价一则广告信息的传递程度，却无法揭示广告对销售的影响。企业通常用历史分析法或实验分析法来衡量广告对销售的影响及其促销效果。

（3）营业推广　营业推广是一种适宜于短期推销的促销方法，是企业为鼓励顾客购买、扩大企业产品销售而采取的除广告、公关和人员推销之外的所有企业促销活动的总称。

①营业推广的作用

一是可以吸引消费者购买。这是营业推广的首要目的，尤其是在推出新产品或吸引新顾客方面，营业推广的刺激性比较强，较易吸引顾客的注意力，使顾客在了解产品的基础上采取购买行为，也可能使顾客追求某些方面的优惠而使用产品。

二是可以奖励品牌忠实者。因为营业推广的很多方式，譬如销售奖励、赠券等通常都附带价格上的让步，其直接受惠者大多是经常使用本品牌产品的顾客，从而使他们更乐于购买和使用本企业产品，以巩固企业产品的市场占有率。

三是可以实现企业营销目标，这是企业的最终目的。营业推广实际上是企业让利于购买者，它可以使广告宣传的效果得到有力的增强，从而达到促进本企业产品销售的目的。

②营业推广的方式

★赠送促销

向消费者赠送样品或试用品，赠送样品是介绍新产品最有效的方法，缺点是费用高。样品可以选择在商店或闹市区散发或在其他产品中附送，也可以公开广告赠送或入户派送。

★折价促销

如对一定时期市场上某种产品供应量大于需求量时折价销售，对老客户及大客户如种植大户、农民合作社、家庭农场等进行价格折扣以促进销售，尤其是易腐烂变质的农产品更要及时调整价格。

★包装促销

以较优惠的价格提供组合包装和搭配包装的产品。如买鲜花可以享受免费包装，买水果可以赠送水果礼盒等。

★抽奖促销

顾客购买一定的产品之后可获得抽奖券，凭券进行抽奖获得奖品或奖金，抽奖可以有各种形式。

★现场演示

企业派促销员在销售现场或在田间开现场会演示本企业的产品，向消费者介绍产品的特点、用途和使用方法等。

★联合推广

企业与零售商联合促销，将一些能显示企业优势和特征的产品在商场或门店集中陈列，边展销边销售。

★参与促销

消费者通过参与各种促销活动，如技能竞赛、知识比赛等活动，获取企业的奖励。

★会议促销

各类展销会、博览会、业务洽谈会期间的各种现场产品介绍、推广和销售活动。

（4）公共关系　农产品与农资经营企业树立良好形象，改善与社会公众特别是目标市场消费者的关系，促进消费者对企业的认识、理解及支持，从而影响消费者对企业及农产品的态度，促进农产品销售的一系列促销活动。

农产品与农资营销和其他产品营销在本质上没有区别，在营销中利用公共关系促销是一个非常重要的手段，但农产品公关营销比起其他行业还有不小的差距。美国的麦当劳食品有限公司之所以在中国家喻户晓，除了它有汉堡包等品质优良的产品和规范的服务外，另一个重要的原因就是它的公关促销活动丰富多彩，卓有成效。市场上很多有名的大型企业其公关促销活动都发挥了重要作用。农产品营销工作中如何运用公关促销，是农产品经营者应当高度重视的一个问题。公共关系的主要形式有：

①新闻发布会。企业将有新闻报道价值的信息提供给新闻媒体，进行公关宣传活动。新闻发布会或记者招待会是企业与公众进行沟通的一种有效渠道。

②特别事件或活动。特别事件是企业实施公共关系宣传活动的一个很好的机会。围绕着特别事件的发生，企业策划大型的公共关系及宣传活动，以吸引公众的注意力，建立与公众的正面关系。比如公司成立10周年、答谢会、销售额创纪录等都可以作为特别事件。

③公益事业。关注社会利益，热心于社会公益事业的企业，会赢得社会的普遍好感。如环保活动、教育事业、医疗事业等。表明企业不仅关注企业自身的利益，也关心消费者利益和社会利益，这样的公共关系及宣传活动，对于建立目标消费者的偏好和忠诚度以及公众的好感有很大好处。

④消除和处理对企业不利的谣言、传说和事件。

2. 三种农产品与农资促销组合策略

企业的促销组合，实际上就是对各种促销方式的具体运用。在选择采取一种或几种促销方式时，要确定合理的促销策略，实现促销手段的最佳结合，并要注意把握影响促销策略的各种因素。企业在实际促销活动中，是采用一种促销方式，还是采用两种或两种以上的促销方式，实际上往往是把各种促销方式有机搭配和统筹运用，进行促销组合。

（1）推式策略　农产品与农资经营企业把产品推销给批发商，批发商再把产品推销给零售商，最后零售商把产品推销给消费者。在推式策略中，农产品与农资的所有促销信息和产品本身的流向具有相同方向，人员推销和营业推广组合可以被认为是“推”的方式。

（2）拉式策略　农产品与农资经营企业不直接向批发商和零售商做广告，而是直接向目标市场消费者做广告，通过刺激消费者的购买欲望从而促使消费者主动寻找零售商购买，一旦购买者增加，零售商就会向上游寻找批发商，批发商觉得有利可图，就会主动向生产者订购农产品。在拉式策略中，促销信息和农产品的流向截然相反，但是农产品经营企业及其农产品能够直接得到消费者的认可，在与中间商的合作中占据主动地位。

（3）推拉结合策略　通常情况下，农产品经营企业可以把“推”“拉”两种策略结合起来运用，例如，在向中间商进行大力促销的同时通过广告宣传来刺激市场需求。推式和拉式策略都有农产品经营企业与消费者双方的能动作用，但前者重在推动，强调农产品的消费需求可以通过企业的积极促销而被创造出来，而后者重在拉动，强调消费者的需求是决定生产的根本原因。农产品经营企业在促销活动中，要根据农产品市场需求状况和消费者实际购买指向综合考虑采取“推”“拉”组合的促销方式，做到既各有侧重又相互配合。

（二）影响农产品与农资促销组合的主要因素

1. 农产品与农资市场特点

广告宣传在广阔而分散的目标市场能够发挥重要作用，如果目标市场窄而集中，使用人员推销方式也许更为有效。另外，目标市场的消费者收入、风俗习惯、消费者文化水平等对农产品促销组合也有不同程度的影响。

2. 企业促销预算

农产品与农资经营企业促销预算的多少会对农产品促销组合产生重要影响。企业预算少就不能采用费用高的促销组合。当然，促销预算的多少视企业资本实力和市场营销目标而定。

3. 农产品生命周期

农产品与农资经营企业的市场营销目标与促销重点对于所处不同生命周期阶段的农产品有所不同，促销组合方式也不尽一致。在投入期，主要利用广告宣传与公共关系组合并配合营业推广和人员推销，通过鼓励试用来让消费者了解和认识新产品；在成长期，要继续利用广告和公共关系来扩大产品知名度和市场影响，同时用人员推销来降低促销成本；在成熟期，要充分采用广告宣传及时介绍公司产品的改进，并使用营业推广来增加销量；在衰退期，营业推广的作用显得愈加重要，同时配合少量的广告来留住消费者的记忆。

（三）产品促销策划具体操作逻辑

1. 营销机会分析

包括整个商品或消费品市场的数量和金额分析；各竞争店牌或品牌商品结构的销售量与销售额的分析；各竞争店牌或品牌市场占有率的比较分析；顾客与消费者年龄、

性别、家庭收入等分析；各竞争店牌或品牌商品优缺点的分析。

各竞争店牌或品牌市场细分与商品定位的比较分析；各竞争店牌或品牌广告费用与广告表现的比较分析；各竞争店牌或品牌促销活动的比较分析；各竞争店牌或品牌公关活动的比较分析；各竞争店牌或品牌定价策略的比较分析。

各竞争店牌或品牌分销策略的比较分析；各竞争店牌或品牌店铺布局的比较分析；企业的利润结构和费用情况分析。

2. 目标市场定位

包括确定目标市场和商品定位；经营目标；价格策略；分销策略；广告形式和投资预算；促销活动的重点和原则；公关活动的重点和原则。

3. 促销活动规划

包括明确促销的目标；选择促销的形式和内容。

4. 分销活动计划

包括价格策略；分销的渠道；店铺的陈列；服务的质量。

5. 销售管理计划

包括主管的职责权限；销售目标计划；人员的挑选和培训；推销人员的薪金标准；推销人员的奖励措施。

6. 市场反馈和调整

包括市场销售信息的反馈方式，即市场销售信息的反馈整理；经营目标的核算；经营行为的调整。

（四） 营销公共关系策划

营销公共关系（MPR）的目的是支持营销部门进行公司或产品宣传和树立形象，能够影响公众知晓度，其成本只是广告成本的一部分，而且它通常更可信。公共关系的主要工具包括出版物、事件、新闻、社区事务、身份媒介、游说和社会责任。

1. 职能

与新闻界的关系、产品宣传、公司传播、游说、咨询等。

2. 作用

推出新产品，重新定位成熟产品，建立对某一产品品类的兴趣，影响特定目标群体，保护面临公共问题的产品，建立能够积极地反映在产品上的公司形象。

3. 主要决策

建立营销目标、选择公共关系信息和载体、执行计划、评估结果等。

4. 公共关系策划的操作逻辑

(1) 公共关系策划简称“公关策划”，是公共关系人员根据组织形象的现状和目标要求，分析现有条件，策划并设计公关战略、专题活动和具体公关活动最佳行动方案的过程。公关策划见图 3-4-9。

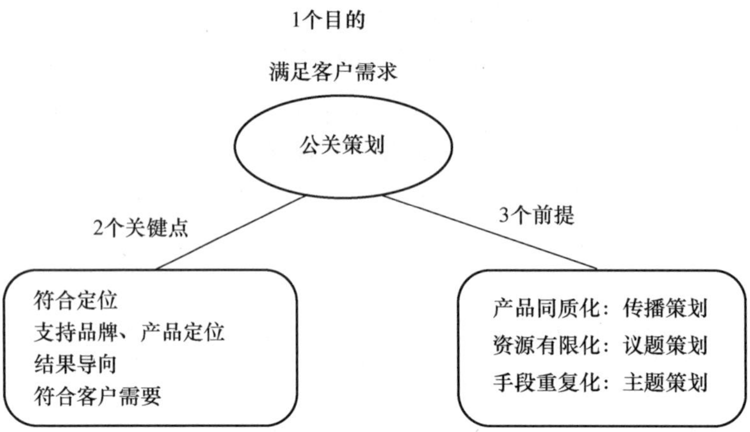

图 3-4-9　公关策划

（2）公关策划的核心是为了解决三个问题：如何寻求传播沟通的内容和公众易于接受的方式；如何提高传播沟通的效能；如何完备公关工作体系。

（五） 做好促销策划的四个基本原则

1. 促销要拿捏好时机

可以在一些特殊的时间和事件节点来进行促销，比如春播前、农产品上市前、新品发布、超级会员日、国庆等，这能降低消费者对于促销的依赖。

可以在需要让大量消费者转向盈利产品的时候，对引流产品进行大幅的促销，比如春播前种子促销，国庆节前鲜花促销等。

还有农博园、采摘园基本都会用超低价推出体验课进行促销，达到批量争夺市场的目的。

2. 促销要有足够的理由

在做促销的时候，一定要有合理的理由，这样才会把降价这件事情归因到其他地方，不至于降低消费者对产品本身价值感知。举个例子，产品想在五一劳动节进行促销，那你就可以这样做。

第一，从特殊的身份入手。比如农民可以获得优惠，种田大户享受半价，加入会员获得超级福利等。

第二，从特定的任务入手。比如朋友圈发公告，就可以获得优惠；完成一个小问卷调查，就可以获得抽奖等。

第三，从特定的产品入手。比如播种季节推出良种；春播前推出除草剂组合套装等。

第四，从特殊的时间节点入手。比如情人节这个节点，本身就是特殊时间上的一个优惠理由，还可以在这一天的 05：20、13：14 等这些有意义的时间节点推出鲜花、水果礼盒超级大优惠等。

第五，从特定的事件入手。比如××公司成立20周年回馈用户等等，总之促销要有噱头有意义，这样才会有仪式感，才不会有损产品本身的价值感知。

3. 促销优惠不能无节制

（1）一定不要对所有人都优惠，对所有人都优惠，就等于是没有优惠。

（2）让优惠和折扣看上去更加稀缺难得。

（3）可通过限制人群，限制优惠等级，限制附加福利，还可以设定一些小任务或者小游戏来获取优惠。

4. 促销要突出产品价值感

用户不是要买便宜的产品，而是喜欢占便宜的感觉，那这种占便宜的感觉从何而来呢？应该是可感知的产品价值和购买成本共同决定的。

只是促销降低购买的成本，却感受不到产品的价值，那这种占便宜的感觉就会显得微乎其微。所以越是做促销甚至是免费，就越要塑造产品的价值，比如在做促销海报时，文案用“免费试用无人机打药”就很弱，“杀伤力”也很小。你可以写，“不用花一分钱就可以体验原价八万元的植保无人机。”还有“现在‘购买免费’”，你可以写成是“现在购买就能免8 000元!”最终目的是要让消费者觉得我是赚到了便宜的价格，得到了好的东西，而不是产品很水，所以才便宜。

特别是做一些有很多赠品促销的活动，有经验的策划和文案，一般会把这些赠品包装得很有价值感，越看越心动，你会觉得得到这些赠品简直就是占了天大的便宜，别说是花钱买这个产品，就是花同等的钱买这些赠品也愿意。

最后，促销除了降价打折，还有秒杀、补贴、红包、抵现、代金券、满减、满赠、满返、搭售组合试用体验、抽奖、送积分、团购、预售、跨界联合、定金膨胀、增值服务等，以及各种组合的手段，都可以使用。

六、 营销策划的实施控制

（一） 市场营销的实施

市场营销的实施是把营销策略和计划落实为具体的营销行动，实现营销计划的既定目标。营销实施包括动员公司全部的人力和资源，实施每日或每月的例行营销活动，通过这些活动来有效地实现营销计划。

1. 认知市场营销实施中的问题及其原因

正确的营销计划方案为什么不能带来出色的业绩？导致市场营销方案实施不力的原因有很多，但主要有以下几方面：

（1）方案脱离实际　企业的市场营销策划方案通常由企业的营销策划经理或由企业专聘专家制订，而方案的实施要依赖市场营销人员，但他们之间往往缺少必要的协调与沟通，从而导致方案脱离实际。

（2）任务相互矛盾　市场营销人员考虑到自身利益，往往关注销售量、销售利润、市场占有率等短期绩效指标，而市场营销战略的制订需要制订者具备战略眼光，着眼于企业的长期目标，其方案涉及企业今后三至五年或更长时间的经营活动。

（3）思想观念的惰性　企业当前的营销策划活动往往是为了实现既定的计划方案目标，而新的计划方案如果与企业的传统和习惯相悖就会遭到抵制。新、旧战略的差异越大，实施新战略可能遇到的阻力和困难也就越大。要想实施与旧战略截然不同的新战略，必须打破企业传统的组织机构和固有的供销关系，进行系列机制和组织改革，为新战略实施扫清障碍。比如，为了实施给老产品开辟新销路的市场拓展战略，就必须创建新的营销机构。

（4）实施方案缺乏系统性　大量事实表明，许多战略计划之所以以失败告终，是因为企业没有制订出明确而具体的实施方案。所以，营销策划经理在制订营销策划方案时，就必须制订系统的实施方案，规定和协调各部门的行为活动，编制详细、周密的项目实施时间表，明确相关执行人员应承担的责任。只有这样，企业营销战略的实施才有保障。

2. 培养市场营销的实施能力

市场营销执行的具体内容是将市场营销计划转化为行动方案的过程，并保证这种任务的完成，从而实现既定的计划目标。

（1）建立现代化的市场营销计划制度　要求经理们用市场营销思维进行工作，建立一种现代化的市场导向型计划制度。在工作中，要求经理们根据市场营销内外部环境、营销机会、威胁、竞争者、消费者等因素，分析公司具体产品和准确定位市场，预算销售成本、预设销售利润进而制订市场营销战略，并执行这些项目。

（2）制订行动方案　市场营销战略的实施，需要制订详细的行动方案。行动方案应该包括市场营销战略实施的主要任务、责任小组或责任人、具体的时间表等，如某鲜花公司行动方案表见表 3-4-5。

表 3-4-5　某鲜花公司行动方案表

项目名称	项目内容	责任小组	时间节点
市场调研	SWOT 分析	调研部	
市场细分	青年市场、学生市场、商务市场等，确定价格策略	市场部	
目标市场选择	确定目标市场，构建相关渠道	销售部	
市场定位	准确定位	市场部	
促销活动	根据目标客户偏好，开展广告、营业推广、推销、公共关系活动	销售部	

（3）调整组织结构　一是提供明确的分工，将全部工作分解成管理的几部分，再将它们分配给各有关部门和人员；二是发挥协调作用，通过正式的组织联系沟通网络，

协调各部门和人员的行动。

（4）明确绩效考核制度　绩效考核制度应该兼顾短期考核、中期考核和长期考核3个档次，以确保长期战略的顺利实施。如对采购部门和生产部门进行奖励，不应单单依据他们降低生产成本的行为，而应依据他们是否生产了“适销对路的产品”；对财务部进行奖励不应依据财务部注重短期的利润，而应依据他们注重企业长、短期利润的共同发展；对人事部进行奖励不应依据他们招到了人才，而应依据他们招到的人才能为公司带来多大的效率；对销售部进行奖励不应依据他们销售了多少产品，而应依据他们每年为公司增加了多大的利润。

（5）重视人才管理和开发　为了激励员工的积极性，必须建立完善的工资、福利和奖惩制度。

（6）建设企业文化

①明确企业经营思想和领导风格。企业应该建立以消费者为中心的市场营销观念，公司高管应不断地向雇员、供应商、中间商强调，对消费者“保质保量”的服务理念。企业应从单纯的生产、销售企业转变成市场导向型企业。

②构建企业良好经营环境。创立企业品牌，对企业品牌进行严格管理，对品牌这一无形资产的价值进行维护。

③建立强有力的营销团队。企业副总经理负责销售部和市场部。市场部经理和销售经理都应具备一定的策划能力、销售能力和协调沟通能力。

④加强企业内部培训。企业为了把市场营销观念、技能灌输给员工，需要对高管、部门经理、采购人员，生产人员、研发人员、市场人员、销售人员等进行全面、系统的培训。

⑤建立年度市场营销评奖制度。各业务单位在年终需提交年度市场营销活动报告，通过对这些报告的评审，企业可评出最佳市场营销人员，并对其予以精神和物质的奖励。这些获奖者的事迹将作为“优秀市场营销案例”而在企业内广泛传播。

此外，需要指出的是企业文化一经形成，便相对稳定和连续，不应轻易改变。因此，企业战略的制订通常需要适应企业文化，其管理风格要求融入企业原有的文化和风格中。

（7）强调企业服务的专业化功能　寻找市场营销专家帮助解决企业经营中的问题。

以上几方面必须协调一致，相互配合，企业营销目标才能实现。

（二）营销策划方案的控制

市场营销控制是市场营销管理的重要步骤。策划方案在执行过程中可能会“走样”，即没有严格按照策划方案的要求进行。另外，策划方案设计时与执行时的客观环境、约束条件等都可能发生变化。这时，就必须采取纠偏措施，或者对策划方案做出调整，这就是策划方案的控制过程。

1. 市场营销控制的步骤

市场营销控制是营销管理的主要职能之一，是营销管理过程中不可缺少的一个环节，它具有动态性和系统性，包含5个具体步骤：

（1）确定应评价的营销业务范围　企业通常要评价市场营销业务的各个方面，包括人员、计划和职能等，甚至市场营销全部工作的执行效果。在界定的范围内，再根据具体需要有所侧重。

（2）确定衡量标准　评价工作要有一个总的尺度，借以衡量营销目标和计划的实施情况。衡量的标准是企业的主要战略目标，以及为此而规定的战术目标，如利润、销售量、市场占有率和顾客满意度等指标。当然这些指标不是一成不变的，同一企业不同时期标准可能会不一样，不同的企业有不同的标准。

（3）明确控制方法　基本的检查方法是建立并积累与营销活动相关的原始资料，如各种资料报告、报表和原始账单等，它们能及时、准确、全面和系统地记载并反映企业营销的绩效；另一种方法是直接观察法。选择哪一种方法，应根据实际情况而定。

（4）按标准检查工作进度　对工作完成好的部门要给予总结，在以后的工作中进行推广；任务完成较差的要及时找出问题，再针对问题提出下一步解决方案。

（5）及时纠正偏差并提出改进建议　对工作绩效进行差异分析、对比分析，针对问题提出解决方案，及时纠正任务执行中的偏差。

2. 市场营销控制的内容

常用的营销控制内容见表3-4-6。

表3-4-6　常用的营销控制内容

控制类型	主要负责人	控制目的	方法
年度营销计划控制	高层、中层管理部门	1. 促使年度计划产生连续不断的推动力； 2. 控制的结果可作为年度绩效评估的依据； 3. 发现企业潜在问题并及时妥善解决。	销售分析、市场份额分析、费用-销售额比率分析、财务分析等。
盈利能力控制	营销、审计人员	检查企业在哪些业务上盈利，哪些业务上亏损。	盈利、各区域、产品、品牌、目标市场等。
效率控制	直线和职能管理层、营销审计人员	评价和提高经费的使用效率。	效率、销售队伍、分销、广告等促销活动。
战略控制	高层管理部门、营销审计人员	检查公司是否在市场、产品和渠道等方面找到最佳机会。	营销审计、营销效益等级评价、道德与社会责任等。

常用的营销控制手段有年度营销计划控制、盈利能力控制、效率控制和战略控制4种。

(1) 年度计划控制　任何企业都要制订年度计划，然而，年度市场营销计划的执行能否取得理想的成效，还需要看控制工作进行得如何。所谓年度计划控制是指企业在本年度内采取控制步骤，检查实际绩效与计划之间是否有偏差，并采取改进措施，以确保市场营销计划的实现与完成。许多企业每年都制订相当周密的计划，但执行的结果却往往有一定的差距。事实上，计划的结果不仅取决于计划制订得是否正确，还有赖于计划执行与控制的效率如何。

(2) 盈利能力控制　除了年度计划控制之外，企业还需要运用盈利能力控制来测定不同产品、不同销售区域、不同顾客群体、不同渠道以及不同订货规模的盈利能力。由盈利能力控制所获取的信息，有助于管理人员决定各种产品或市场营销活动是扩展、减少还是取消。盈利控制是为了确认在各产品、地区、顾客群和分销渠道等方面的实际获利能力。

(3) 效率控制　效率控制的任务是提高诸如人员推销、广告、促销、分销等工作的效率。假如盈利能力分析显示出企业关于某一产品、地区或市场所得的利润很差，那么紧接着下一个问题便是有没有高效率的方式来管理人员推销、广告、促销及分销。

(4) 战略控制　市场营销环境变化很快，往往会使企业制订的目标、策略和方案失去作用。因此，在企业市场营销战略实施过程中必然会出现战略控制问题。战略控制是指市场营销经理采取一系列行动，使实际市场营销工作与原规划尽可能一致，在控制中通过不断评审和信息反馈，对战略不断修正。各个企业都有财务会计审核，在一定期间客观地对审核的财务资料或事项进行考察、询问、检查和分析，最后根据所获得的数据按照专业标准进行判断，做出结论，并提出报告。这种财务会计的控制制度有一套标准的理论和做法。但是市场营销审计尚未建立一套规范的控制系统，有些企业往往只是在遇到危急情况时才进行审计，其目的是解决一些临时性的问题。目前，国外越来越多的企业运用市场营销审计进行战略控制。

(三) 营销策划岗位职责和营销策划人员基本素质培养

1. 营销策划岗位职责

一般而言，营销策划岗位职责如下：

(1) 负责企业市场营销策略的研究、策划、组织、实施及相关业务的协调与管理。

(2) 负责信息搜集与整理工作　建立并维护企业营销信息管理系统，研究与企业有关的宏观环境动态、行业状况、需求变化及市场竞争格局，搜集市场信息，编写研究报告，拟定应对策略。

(3) 负责企业年度广告发展与投放策划　编制企业年度广告预算及年度广告策划方案，撰写和设计各类广告文案，统一制作广告宣传品，选择广告形式及传播媒体，评估广告效果，统一管理各区域市场广告推广工作。

(4) 负责企业年度促销策划　编制企业年度产品营业推广预算及实施计划与方案，

管理与组织实施企业及各区域市场产品促销活动，评估促销效果，改进促销方案。

（5）负责企业年度公关活动策划　依据企业发展战略、市场目标、企业形象制订相应的公共关系计划，策划与实施公关活动，调动社会资源为企业的发展服务。

（6）负责产品价格的拟定与调整策划。

（7）负责市场开拓策划。

（8）负责销售渠道的规划与管理。

（9）负责形象与品牌管理　根据市场动态、企业发展及资源状况，研究制订企业品牌策略及品牌规划方案，根据企业决策组织资源投入，负责企业形象与品牌管理。

（10）负责组织设计企业的营销工作流程与管理模式，考核各部门对营销工作流程的执行情况，对不适合的流程及时做出调整。

2. 营销策划人员基本素质培养

策划人要有良好的策划素质，包括深厚的理论功底、周密的思维方式，同时还需要有丰富的阅历和良好的心理素质，基本素质培养如图 3-4-10 所示。

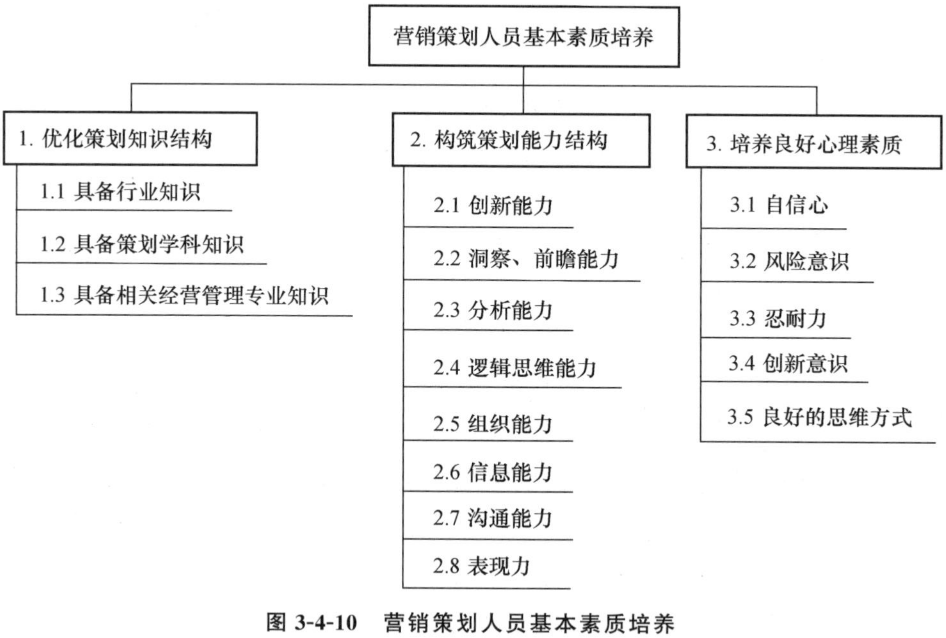

图 3-4-10　营销策划人员基本素质培养

（四）　企业营销策划的新要求

1. 营销策划新目标

要坚定不移地贯彻新发展理念，探索营销策划理论的创新和实践的创新。新时代营销环境发生了巨大的变化，新媒体、大数据技术的应用，供给侧改革，消费升级的环境变化，都要求营销工作跟上时代的步伐，大胆创新，勇于实践，以理论的创新和实践的创新，促进营销策划工作高质量发展，进而满足解决新矛盾的要求。

2. 营销策划人的职业素养要求

坚守职业道德和职业理想是对营销策划人员的基本要求。人员职业道德就是营销人员在营销行为过程中处理顾客、供应商、中间商、零售商、竞争者、政府、社会团体等利益相关者之间相互关系的准则。包括营销人员的职业观念、职业情感、职业态度、职业技能、职业良心、职业作风等多方面的内容。

坚守职业道德和职业理想要求营销人员通晓业务内容，提供优质服务。营销人员要牢固树立以消费者为中心的营销理念，要灵活运用各种营销技能，满足消费者的需求。坚守职业道德和职业理想要求营销人员平等互惠，诚实守信。营销人员在工作中不能以不正当手段图一时之利，损害消费者、损害企业利益和企业信誉；要热爱营销事业，不畏艰苦，爱岗敬业，树立职业自豪感和荣誉感。

【典型人物案例】

黄山“卖茶大王”吴晓亮

安徽黄山屯溪盛产绿茶，2010 年，土生土长的吴晓亮决定做茶叶。到茶厂取经，尝试种植，开加工厂，一路走来，他由一个打工仔变成“茶叶大王”。

1998 年冬天，吴晓亮到一家国营茶场打工，每天的工作主要是给茶园除草。然而，善于思考的他看到每天都有茶农卖茶叶挣到钱，他萌生了回村种茶的念头。说干就干，吴晓亮在自家的山坡上种植了 5 亩茶叶。当时，屯溪区号召群众大力发展茶叶种植，有了政策的支持，吴晓亮更坚定了走自己的路子。在吴晓亮的带领下，星光村附近的山头都种满了茶树。

村里茶园面积不断扩大，村民要到很远的地方去卖鲜茶叶，但还是卖不上好价钱。吴晓亮看在眼里，又有了新想法。2010 年，他在镇上建成茶叶加工厂，收购鲜茶。

带着村里人一起干，吴晓亮越来越得到群众信任。2018 年 8 月，他当选星光村党支部书记。他的奋斗目标是：搞特色产业，把茶叶做大做强，带领群众过上好日子。他成立了茶叶专业合作社，创办了安徽黄山茶业有限公司，走品牌化发展道路。如今，该公司带动附近 3 个村茶农 500 多户 2 000 多人发展茶叶种植，茶农户均收入 10 万元以上，解决了近千人就业问题。

有了市场以后，吴晓亮开始走品牌道路，用统一的包装，统一的重量，统一的品级，统一的技术标准，统一的价格，快速实现了消费者认知的标准化。把复杂的中国绿茶做简单，把传统的中国茶做时尚，把繁琐的饮品变简便，把产地品类思维导向品牌思维，实现了年销售额 2 亿元的神话，成了名副其实的“卖茶大王”。

典型人物事迹感想
典型人物工匠精神总结凝练

任务 1　进行产品宣传策划

在师傅指导带领下，熟悉产品宣传的要求和程序，掌握广告媒体的优缺点，充分熟悉公司产品卖点和宣传点，能够进行产品宣传策划。

【任务目标与质量要求】

（1）掌握主要宣传媒体的特点；

（2）能够根据农产品与农资产品特点选择合适的宣传媒体；

（3）能够及时发现不同阶段的市场需求和竞争环境的变化，提出相应的产品宣传策略建议。

【学习产出目标】

（1）根据不同媒体的优缺点，分析本企业产品的销售特点与基本情况，针对目标客户选择合适的广告宣传媒体；

（2）能够根据企业的预算要求，选择合适的媒体组合，进行宣传策划。

【工作程序与方法要求】

工作程序与方法要求见表 3-4-7。

表 3-4-7　工作程序与方法要求

工作程序	内容	具体方法	要求
组织准备	成立策划小组。	公司销售部组建人员成立策划小组，如果公司不具备宣传能力，可以把宣传策划找专门的宣传公司制作。	人员选配合适。
明确分工，深入调研	1. 明确分工； 2. 调查收集市场信息和相关资料； 3. 分析研究相关资料数据。	规定工作任务，明确时间进程。	调查有目的性，收集到的资料具有时效性。

续表 3-4-7

工作程序	内容	具体方法	要求
构思有关宣传策略	1. 产生创意； 2. 选择风格； 3. 确定主题； 4. 表达方式。	广告策划小组要根据对市场、产品、消费者及竞争对手的分析拟定广告战略，选择最佳宣传媒体和组合。	广告策划人员要了解目标受众人群，广告策略要具体化。
编制宣传预算	确定目标市场占有率，确定广告受众群体，确定广告受众中使用者的数量，确定产品长期顾客的数量，确定预算。	企业对广告费用及其产出的效益进行认真核算。	预算要充分考虑公司财力，同时充分控制，详细列表，各类预算确实详尽。
制作宣传作品	制作宣传作品。	营销企业与合作方沟通，根据预算和准备的资料进行制作宣传作品。	宣传作品要具有真实性、创造性、针对性、有自己的特色。
选择宣传媒体	选择宣传媒体。	报纸、杂志、电视、广播还是网络，选择一种适合的媒体。	媒体的选择要符合目标客户的媒体习惯。
评估宣传效果	1. 经济效果评估； 2. 社会效果评估。	广告发布以后，企业要对广告效果进行尺寸的评估，评估广告是否将信息传递给了目标受众，销售额增长变化情况。	评估要客观、真实，能够从评估结果中找到问题并及时解决问题。

【业务知识】

宣传策划的应用策略

1. 媒体选择

选择宣传媒体要综合考虑农产品与农资产品自身的特点，消费者的习惯媒体、传播媒体的特点、广告费用、农产品与农资市场环境等相关因素。

2. 广告设计

广告的设计也影响广告活动的效果。在广告的设计上要遵循真实性原则、社会性原则、针对性原则和艺术性原则。例如将“绿色”“安全”作为农产品与农资产品广告的诉求点，通过展现产品的绿色元素，不仅塑造产品的绿色无污染性，而且也能塑造出积极向上的企业形象，提高企业的美誉度和竞争力。在广告的具体创作中，绿色信息不是空洞和抽象的，应着重强调产品某一具体的绿色特征，如产品“无农药喷洒”“非转基因”或“绿色牧场放养”等。一般而言，绿色特征越是具体，说服力就越强，广告的促销效果就越好。在东方卫视播出的北京栗园集团的农产品广告中，我们看到广告中一直强调栗园集团生产的鸡肉和鸡蛋都是来自天然放养的芦花鸡，吃的是草籽和虫子，这种饲养方式产出的鸡肉和鸡蛋都是绿色的、无污染的。

3. 实现途径

宣传促销主要在报纸、杂志、广播、电视等媒体上进行广告宣传。可以制作专题新闻、科普知识专题片等开发专题片，深入开展绿色农产品的宣传活动，不断提升绿色农产品的知名度、认知度和信誉度。在专业性杂志上开辟高效低毒农药、优质化肥种子、无公害农产品、绿色蔬菜和有机蔬菜宣传专栏，扩大产品宣传范围，帮助消费者树立品牌意识和绿色消费时尚。

4. 宣传评估和测定

企业在宣传促销活动实施后，应及时对宣传活动所取得的效果做出合理的评估和测定，目前普遍采用的方法是对广告促销效果的评估测定为主。其测定方法主要有广告费用对比销售额法（即广告费用与企业产品销售额的比值）、广告费用对比产品销售数量法（即广告费用与企业产品销售数量的比值）、弹性系数法（即广告费用投入量变动率与企业产品销售额变动率的比值）等。

5. 宣传促销应注意的问题

(1) 广告促销应结合相应的市场机遇　例如，山东章丘区刁镇“绿祥”韭菜协会在蔬菜食品安全事件频发的时机里，在各省的农业信息网上发表《贯彻落实〈农产品质量安全法〉倡议书》，被《农民日报》等中央级媒体转载，使得“绿祥”韭菜协会为公众所注意。

(2) 广告促销应注重创新　例如，在陕西西安发生的“拯救芹菜”行动中，陕西省烹饪餐饮协会组织几十名名厨走上西安街头演示芹菜的各式做法，呼吁市民多买芹菜。不仅使得西安阎良区、临潼区芹菜基地的菜农们得到了社会以及媒体的关注，而且也达到了帮助菜农减少由于过度种植芹菜带来的损失。再如，陕西太白县除利用媒体宣传其蔬菜产品，还为蔬菜收购者开辟了“绿色通道”，不仅保证了蔬菜运输畅通，还吸引了大批媒体的报道以及关注，促进了其蔬菜的销售。

(3) 注意名人效应　一个企业产品的代言人不仅代表着产品，也代表着企业的形象。在选择代言人时应选择那些深受大家喜爱的，尤其是深受消费对象人群喜爱的、具有良好、正面形象的名人。例如 2018 年史丹利劲素复合肥由中国飞人苏炳添做代言，“速溶、速效”的产品卖点成为史丹利主打品牌的宣传卖点。

(4) 要注重新兴的宣传媒介　网络媒体具有成本低、受众广、不受时间限制等特点，互联网具有革命性的意义。企业上网开展促销的步伐也随着网络的快速蔓延而加快，出现了所谓的网络促销，其中发展最快的就是网络广告。所以，在做广告促销时也应注意在网络上广告促销的投入量。比如在一些专业性较强的网站、相关论坛等做自己的农产品广告，也可采用电子邮件广告即以电子邮件为主要的网络推广手段，常用的方法包括电子刊物、会员通信、专业服务商等。

(5) 注重将地方文化与企业农产品形象相结合　抓住地方典型特色农产品的品牌形象进行重点宣传。例如，重庆市打造“中国柑橘第一品牌”的广告促销活动，在形象广告、LOGO和广告语等各方面向社会征集广告创意，吸引社会公众眼球，制造新闻爆炸效应，取得了很好的效果。

【业务经验】

网络时代产品宣传模式

互联网技术发展日新月异，随着5G网络的普及，越来越多的农产品与农资产品商家将目光从传统线下营销方式转移到了线上营销。直播带货、微信拼团、App销售都成了商家青睐的卖货手段。

1. 网络社群营销

社群营销是基于网络营销与新媒体营销发展出来的一种新型营销模式，通过借助网络沟通工具，将潜在客户集中在同一社群中进行网络营销。目前我国的营销社群以微信群为主，群主与管理员通过在群内发布农产品相关的信息、视频，并以略低于市场价格进行“团购”，吸引社群成员进行购买。

基于农产品的不同特性，商家需划分好不同的消费者群体来构建不同的营销社群。如针对蔬菜类农产品营销，可将潜在消费者定位到家庭妇女、“宝妈宝爸”等负责家庭烹饪工作的群体身上；如针对水果类型的农产品进行营销，可将潜在消费者定位到上班族、白领等注重健康的群体身上；如喜爱吃苹果、素食、樱桃人群，可以建设苹果农产品网络社群、素食网络社群、樱桃网络社群等，为具有相同兴趣、爱好、需求和标签的人群提供相应的服务。

2. 网络直播营销

随着淘宝、抖音、快手、京东等平台都推出了直播功能，网络直播营销成为新媒体时代中一个不可忽视的营销主力军。通过直播平台，商家能直接向消费者进行产品展示，并在直播过程中与消费者进行互动，以达到产品推广的效果。网络直播营销是一种十分适合推广农产品的营销方式。在普通的电商营销中，由于农产品大部分属于生鲜食品，消费者会对产品的质量、味道、生产过程等产生疑虑。但通过网络直播，商家能直接向消费者展现产品的生产地、生产过程、包装过程等，并通过直播来介绍自己的产品，回答消费者的问题，在消除消费者疑虑的基础上有效引起他们的购买欲。2020年新疆43岁昭苏女县长直播带货1.4亿，扶贫助农；新疆库车市村民吾甫尔大学毕业后选择回乡创业，通过网上直播形式销售家乡农产品，2021年已经销售核桃100吨。除此之外，现在各大农资公司也纷纷利用快手、抖音等平台，直播田间管理的每一个阶段，无偿提供技术服务，靠技术带动农资销售。

3. 品牌故事营销

品牌故事营销旨在通过网络向消费者传播品牌的故事与产品的信息，使消费者理解品牌的精神，提高消费者对品牌的认可，最终增加消费者对品牌的忠诚度，从而提升品牌的内涵与影响力。网络知名短视频创作者李子柒拍摄以农村生活为主题的短视频，在向观众展现以农村农产品为原材料制作美食的过程中，通过为观众营造理想的乡村生活来唤起观众对乡村的记忆与向往，从而加深了观众对视频中特色农产品的认可。之后，李子柒品牌推出了诸如柳州螺蛳粉、绵阳米粉、藕粉、鲜花饼等农副产品，这些产品依托于李子柒自身的营销获得了优秀的销售结果。

【案例分析】

农夫卖玉米

一个农民在集市上卖玉米。因为他的玉米棒子特别大，所以吸引了一大群买主。其中一个买主在挑选的过程中发现很多玉米棒子上有虫子，于是他故意大惊小怪地说："伙计，你的玉米棒子倒是不小，只是虫子太多了，你想卖玉米虫呀？可谁爱吃虫肉呢？你还是把玉米挑回家吧，我们到别的地方去买好了。"

买主一边说着，一边做着夸张而滑稽的动作，把众人都逗乐了。农民见状，一把从他手中夺过玉米，面带微笑却又一本正经地说："朋友，我说你是从来没有吃过玉米咋的？我看你连玉米质量的好坏都分不清，玉米上有虫，这说明在种植中没有施用农药，是天然植物，连虫子都爱吃我的玉米棒子，可见你这人不识货！"接着，他又转过脸对其他的人说："各位都是有见识的人，你们评评理，连虫子都不愿意吃的玉米棒子就好吗？比这小的棒子就好吗？价钱比这高的玉米棒子就好吗？你们再仔细瞧瞧，我这些虫子都很懂道理，只是在棒子上打了一个洞而已，棒子可还是好棒子呀！我可从来没有见过像他这么说话的虫子呢！"

他说完了这一番话，又把嘴凑在那位故意刁难的买主耳边，故作神秘状，说道："这么大、这么好吃的棒子，我还真舍不得这么便宜地就卖了呢！"

农民的一席话，把他的玉米棒子个大、好吃，虽然有虫但是售价低这些特点表达出来了，众人被他的话说得心服口服，纷纷掏出钱来，不一会儿工夫，农民的玉米销售一空。

分析：从上面的案例中你得到的启发是什么？

【工作任务实施记录与评价】

工作任务实施记录与评价见表 3-4-8 至表 3-4-17。

表 3-4-8　产品宣传方案

师傅指导记录	产品宣传方案质量评价	评价成绩
		年　月　日

（说明：产品宣传方案及其他资料可附页）

表 3-4-9　产品信息表

序号	品名	型号	图片	规格	单价	材质说明	颜色

表 3-4-10　产品广告工作单

客户		日期	
项目		联系方式	
工作内容			
工作要求	设计主题		
	尺寸		
	素材要求		
	制作材料要求		

表 3-4-11　新产品开发战略表

产品名称	规格	新设计	改良	已付费用	完成情况				成效
					未开始	进行中	已试制	已生产	

表 3-4-12　新产品产销预测表

年度	月	预计销售量	估计存量	市场占有率	估计占有率	成长率	生产计划

表 3-4-13　媒体特性分析

	电视	广播	报纸	杂志	网络	其他
传播对象						
传播覆盖面						
时效性						
传播性						
系列指标 （收视率、占有率等）						

表 3-4-14　产品创意表

创意项目	产品创意要素描述	备注
产品基本效用表述		
初步市场定位描述		

表 3-4-15　广告费用预算表

名称/单位	材质	数量	单价/元	总价/元

表 3-4-16　广告效果评估表

<table>
<tr><td colspan="2">广告项目名称</td><td colspan="4"></td></tr>
<tr><td colspan="2">广告预算</td><td></td><td colspan="2">实际投入金额</td><td></td></tr>
<tr><td colspan="2">预算效果</td><td colspan="4"></td></tr>
<tr><td rowspan="12">广告效果评估</td><td rowspan="4">广告投放前</td><td>订单数量</td><td colspan="3"></td></tr>
<tr><td rowspan="2">客户访问量</td><td>柜台</td><td>电话</td><td>网站</td></tr>
<tr><td></td><td></td><td></td></tr>
<tr><td>销售数量</td><td></td><td></td><td></td></tr>
<tr><td rowspan="4">广告投放后</td><td>订单数量</td><td></td><td></td><td></td></tr>
<tr><td rowspan="2">客户访问量</td><td>柜台</td><td>电话</td><td>网站</td></tr>
<tr><td></td><td></td><td></td></tr>
<tr><td>销售数量</td><td></td><td></td><td></td></tr>
<tr><td rowspan="4">广告投放效果评价</td><td>订单数量</td><td></td><td></td><td></td></tr>
<tr><td rowspan="2">客户访问量</td><td>柜台</td><td>电话</td><td>网站</td></tr>
<tr><td></td><td></td><td></td></tr>
<tr><td>销售数量</td><td></td><td></td><td></td></tr>
<tr><td colspan="2">综合效果评定</td><td colspan="4"></td></tr>
<tr><td colspan="2">营销总监确认</td><td colspan="4"></td></tr>
<tr><td colspan="2">备注</td><td colspan="4"></td></tr>
</table>

表 3-4-17　学徒关键职业能力及职业品质、工匠精神评价表

项目	A	B	C	D
工作态度				
吃苦耐劳				
团队协作				
沟通交流				
学习钻研				
认真负责				
诚实守信				

任务 2　进行产品价格策划

在师傅指导带领下，针对不同的农产品与农资产品，能使用不同的定价方法，同时能运用不同的定价策略，开展公司产品的定价和调价活动。

【任务目标与质量要求】

（1）了解影响价格决策的因素；

（2）掌握企业进行价格决策的目标；

（3）掌握可以确定产品价格的方法；

（4）了解价格决策的常见策略；

（5）能制定出合理的产品价格。

【学习产出目标】

（1）能够参与开展农产品与农资产品的定价和调价活动；

（2）能够制订出获得最大利润的价格策略。

【工作程序与方法要求】

工作程序与方法要求见表 3-4-18。

表 3-4-18　工作程序与方法要求

工作程序	内容	具体方法	要求
确定定价目标	确定定价目标。	营销部负责人组织内部会议，明确定价思路，确定定价目标。	定价目标要客观明确、切合实际。
测定市场需求	分析目标市场的产品的需求数量并预测需求价格弹性，确定产品的最高价格限度。	结合市场调查情况，测定需求弹性。一是调查市场需求的结构，了解不同价格水平上人们可能购买的数量；二是分析需求价格弹性，从而采用不同的价格变动策略；对于富有弹性的商品，提价会使农资企业总销售收入增加，而降价会使总销售收入减少。	企业在定价时必须考虑需求弹性因素，对于弹性大的商品可通过降价来刺激需求，扩大销售；对于缺乏弹性的产品，降价就没有意义了。
估算成本产品	确定农资企业产品最低价格。	成本是定价的基础，也是产品价格的最低限度，产品的价格高于成本，农资企业才能取得利润。产品成本包括固定成本和变动成本。	实事求是、符合实际。
分析竞争状况	竞争者的成本、价格和可能的价格反应。	对于竞争者所提供的产品在做好深入调查研究的基础上，确定适当的竞争价格，以取得竞争优势。在分析价格因素的同时，也要考虑到非价格竞争因素，如产品质量、特色、功效及广告宣传等。同时，也要考虑到竞争对手对本农资企业产品价格所做出的反应，有可能针对本农资企业价格进行相应调查，同本农资企业争夺市场。	深入调查，获得的资料要客观准确，分析要全面。
选择定价方法	成本导向定价法、需求导向定价法、竞争导向定价法。	定价方法取决于企业的定价目标和影响价格的因素，同时还要依据产品本身所固有的特点。	农资企业在选择定价方法时，要综合考虑影响定价因素中的顾客需求。
确定最终价格	政府的有关政策法令、消费者的心理、用户和中间商的要求在不同时间和不同地点，商品价格也不尽相同。	公司根据各种有关情况运用一定的策略对基本价格做适当调整，制定出最终价格，形成结论，并向总经理提交定价策略方案和产品定价审批表。	企业运用的定价方法制定了产品的初步价格之后，还需要再考虑其他因素的基础上进行调整，才能确定最终价格。

【业务知识】

如何给农产品合理定价

一、 同价销售法

就是指不同商品按照统一价格出价，例如 1 元店、10 元店等。对于卖家来说，同价定价方式干脆简单，还免除了同顾客的讨价还价；对于顾客来说，这种定价方式方便选择，价格实惠。不过需要注意的是，如果采用同价销售，店里的农产品就要大致相近，否则说不定会亏本。

二、 个性化定价

个性化定价就是利用互动性的特征，根据顾客对产品外观、颜色等方面的具体需要来确定产品的价格，价格随市场而波动。

三、 形象、 声誉定价

很多卖家店铺的形象及店铺的好评率成为开店初期影响价格的重要因素。很多顾客对网上购物存在较多疑虑，比如网上订购的产品质量能否得到保证，货物能否及时送到等。面对这种情况，如果店铺、产品有很好的口碑，那么出价可以略高一些，反之价格就应该稍低一些。

四、 分割定价

价格分割是一种心理策略，卖家采用这种定价法，能给顾客心理上造成价格便宜的感觉。分割定价的要点是采用小单位；比如一件苹果 10 千克，总价 60 元，你可以报成：6 元/千克。再如报纸上的广告“每天少抽一支烟，每日就可以订一份报纸。”

五、 高价法

在新品刚上市的时候把价格定得高一些，农产品销售这一点尤为重要。因为农产品保质期有限，特别是一些时令水果，往往只有半月至一月的保鲜期，如果一开始价格就很低，后面就很难销售了。以后价格的变化可以根据市场形势变化适当调整。

六、 低价法

为了优先进入市场，可以把产品的价格定得尽可能低一些，使新上市的农产品能迅速被顾客接受，由于利润过低，能有效排斥竞争对手，使自己长期占领市场。

七、 竞争定价法

经常关注顾客的需求及市场的变化，时刻注意潜在顾客的需求变化，长期保持店铺向顾客需要的方向发展。针对网络销售，网上交易比较透明，卖家可以很方便地了解到竞争对手的价格，随时掌握竞争对手的价格变动。另外，现在的农业信息网也为用户了解市场信息提供了很大便利，可以合理调整自己的竞争策略，时刻保持同类产品的价格优势。

【业务经验】

如何提高市场占有率

较高的市场占有率是企业成功的关键，是企业竞争能力强的表现。反过来说，企业要提高市场占有率，就必须努力提高自身的竞争能力。

首先，要不断进行产品开发，改变现有产品的特色，增加产品的品种、规格，提高产品质量，充分满足消费者的需求。

其次，要采取更为积极的营销措施，在现有的市场上增加现有产品的销量，即采用价格、促销和增设销售网点等措施，增加现有顾客的购买量。

最后，通过各种营销手段的综合运用，吸引竞争对手的顾客，并发掘潜在顾客，从而提高市场占有率等。

【案例分析】

有一位消费者去礼品店买鲜花看望病人，一不留神没能经受住店员的劝诱，本是想买鲜花，却萌生了买果篮之念。店员拿着一本装帧挺漂亮的产品价格目录单给消费者，让她选择不同系列，翻开产品目录单，看后吓了一跳，价格从 100 多元至 500 多元不等，犹豫了一会儿，只听旁边那个老板说："500 多元的果篮里面都是一些进口水果，口感一般，价格还高，没必要那么好的，100 多元的这款是当季水果，看着便宜但没什么新意，我建议你选用 200 元的那款，种类多，目前市场还少见，送人高档有面子。"最终消费者选择了一款 200 多元的果篮。

分析：消费者为什么会选择"200 元"价格？"老板"用了什么定价策略和技巧？

【工作任务实施记录与评价】

工作任务实施记录与评价见表 3-4-19 至表 3-4-22。

表 3-4-19　制定产品定价方案

师傅指导记录	产品定价方案质量评价	评价成绩
		年　月　日

（说明：产品定价方案及其他资料可附页）

表 3-4-20　产品价格调整表

<table>
<tr><td colspan="2">产品名称</td><td></td><td>产品规格</td><td></td></tr>
<tr><td colspan="2">产品说明</td><td></td><td>产品图样</td><td></td></tr>
<tr><td rowspan="3">售价调整</td><td>销售条件说明</td><td>售价范围</td><td>决定者</td><td>备注</td></tr>
<tr><td></td><td></td><td></td><td></td></tr>
<tr><td></td><td></td><td></td><td></td></tr>
</table>

表 3-4-21　产品价格分析表

产品编号	产品名称规格		
	1	2	3
说明			
产品售价			
估计月销售量			
月销售额			
产品成本			
人工成本			
包装等制造费用			
销售费用			
单位利润			
估计利润			
利润率			

总经理：　　　　审核：　　　　拟订：

表 3-4-22　学徒关键职业能力及职业品质、工匠精神评价表

项目	A	B	C	D
工作态度				
吃苦耐劳				
团队协作				
沟通交流				
学习钻研				
认真负责				
诚实守信				

任务 3　进行产品渠道策划

在师傅指导带领下，能根据市场的具体条件和农产品与农资产品特点，熟悉分销渠道的业务流程，开展渠道策划，成功销售农产品与农资产品。

【任务目标与质量要求】

（1）掌握适应农产品与农资产品直接销售、间接销售的操作方式、程序和基本原则；

（2）能够区分渠道策划的类型，选择适合的中间商，制订合理的营销渠道策略。

【学习产出目标】

能根据市场的具体条件和农产品与农资产品特点，选择合适的中间商，制订合理

的营销渠道策略。

【工作程序与方法要求】

工作程序与方法要求见表 3-4-23。

表 3-4-23 工作程序与方法要求

工作程序	内容	具体方法	要求
确认渠道目标	确认渠道目标。	公司市场营销部组织进行区域市场调查，找出主要客户群并细分市场，结合本公司特点，根据市场规模、潜在客户和消费特征来确定渠道目标。	企业制订渠道目标时，既要考虑其与企业的总体目标一致，又要考虑分销渠道目标与营销组合中其他目标一致。
明确渠道任务	包括推销、渠道支持、物流、产品修正与售后服务以及风险承担。	通过协商，明确渠道任务，在各渠道成员之间签订正式协议，使其合法化。	渠道任务必须在渠道成员之间进行分配，任务明确可行、互惠互利。
制订可行的渠道结构	1. 确定中间商类型； 2. 确定中间商数目； 3. 确定渠道成员的责任和权利。	根据目标和渠道任务，确定中间商的类型，是代理商还是批发商还是零售商，确定数量，还需要确定分销条件、价格等分销政策、分销商的地区权利、厂商之间的义务等内容。	切合实际、遵守规则。
评估营销渠道的因素	1. 经济性标准； 2. 可控性标准； 3. 灵活性标准。	针对初步确定的渠道方案，进行评估，主要是看渠道的有效网点和销售效率，还要看渠道的目标市场覆盖面、分销网络的规模。	经济性、可控性和适应性。
选择渠道结构	长渠道还是短渠道； 一种渠道模式还是多种渠道模式； 密集型渠道还是选择性或独家型渠道。	通过综合评估和适当的测试与修正，选出最佳的渠道结构。	综合考虑营销渠道的众多因素，选择一两个渠道功能，重点运作，这样有利于企业选择到合适的渠道。
选择渠道成员	1. 批发商； 2. 零售商； 3. 代理商； 4. 其他。	充分考虑中间商的资金能力、物流能力、销售能力等，对每个候选人进行分析。	掌握中间商的信息资料，客观真实。

【业务知识】

完善农产品营销渠道的策略

一、 培育适应市场经济要求的农产品营销主体

作为农产品营销主体，无论是生产领域的农户，还是流通领域的经营户，或者是

农产品的生产经营组织，它们走向完善和成熟的标志就是规模化、组织化和一体化。

（一） 着力培养农业产业化经营企业

这些企业的发展壮大可以和原有流通主体实现资源互补，提高流通效率。

（二） 引导农民组成专业合作组织

提高生产、销售的组织化程度，组织农户共同开拓市场，这样有利于农户之间形成利益共同体，统一技术服务，生产更有竞争力的产品，并增强抗风险能力和营销能力。

（三） 建立专业协会等辅助商

通过为农户提供物资供应、加工、贮藏、产品运销及辅助信息等服务，增强其参与市场活动的地位和能力，提高其营销能力和参与市场竞争的能力。

二、 加快农产品批发市场升级改造

现阶段我国农产品的生产经营具有“小规模、大群体”的特点。在农产品流通过程中，参与的个体组织众多，但规模小，组织化程度低。这就需要借助批发市场把农产品的生产者、经营者联结起来，达到广泛、快速、有效分销的目的。

（一） 市场运作应向企业化方向发展

农产品批发市场的投资建设、管理均应按现代企业制度的规范要求进行，使产权明晰，管理科学。

（二） 完善市场设施， 丰富服务功能

发达国家规范化的现代批发市场大都具有各种综合服务功能，如物资集散、价格形成、信息发布等。而我国批发市场的服务比较落后，要改变这种服务功能单一的局面，一方面要不断完善配套功能，建立具有储存、保鲜、质量检测等功能的设施；另一方面要加强市场信息化建设。

三、 建立农产品超市连锁经营

长期以来，农贸市场一直是我国农产品流通渠道中最为重要的销售终端。这种传统的零售终端存在诸多问题，如质量难以保证、经营不规范等问题。随着居民收入的提高，人们更加注重农副产品的消费安全和购买便利，特别是农产品市场与国际市场的进一步接轨，农产品市场竞争更加激烈，对农产品质量、分级、包装、运输等方面有着更高的要求，这就需要积极推进农产品的超市经营和连锁经营，以规模化、集约化、连锁化的超市取代传统的农贸市物。

四、 推进农产品交易方式的创新

新型的网上电子商务贸易为传统农业的发展带来了机遇。与传统农业贸易相比，农产品网络营销具有交易成本低、效率高、透明化等特点。利用电子商务进行农产品营销，能有效避免传统农产品营销渠道的诸多缺陷，有效解决时空上的矛盾，充分发挥营销渠道的地点和时间效用，克服农产品易腐、储藏周期短、损耗大等自身特点所引起的流通问题。同时，由于信息获取成本较低，也有利于降低农产品流通成本，化解交易风险。

五、 建立和完善农产品物流配套系统

一是通过农产品批发市场的升级改造，建立一个以批发市场为枢纽，以具备一定组织化程度的农产品经营者为主体，以规范化的集贸市场和超市为末端的较为现代化的农产品流通渠道体系；二是大力发展以物流配送为枢纽，以连锁公司为经营主体，以超市为末端的现代化农产品流通体系。

发展农产品物流配送系统是一种必然趋势。但鉴于农产品的特殊性，在建设农产品物流配送系统的过程中，还要注意其库存管理、运输、确定配送半径、绿色物流等问题，只有妥善地解决了这些问题，才能使农产品流通渠道更为畅通。

六、 品牌提升策略

（一） 着眼重点区域市场、 打造样板市场、 实施精细化营销

针对我国农产品行业的特点，农产品经营者应着眼重点区域市场、打造样板市场、实施精细化营销。可以通过对消费人群的调查定位，针对竞争品牌制订有效的竞争策略，明确产品的卖点和品牌个性，并通过对产品线的梳理，综合运用广告、包装、活动推广等手段，为产品树立起一个富有个性的品牌形象。同时，精细化营销更明晰了行业标准、发展规划、品牌阶段目标等涉及长远发展的问题。这样，品牌营销的点就串联成了巨大的市场推广线。

（二） 农产品品牌营销要把握“差异化”的产品策略

在营销学中，有一个著名的“独特销售主题”理论，这个理论最核心的内容就是寻找到与竞争对手有差异化的独特卖点。

（三） 农产品品牌营销的策略要有创新性

农产品品牌营销的策略要有创新性，是指营销策略不必拘泥于传统的模式，可以结合市场的状况，充分挖掘产品的特性，提出有创见的营销策略。通过各种形式的宣传，提高品牌知名度和美誉度。提升品牌，既要求量，更要保质。求量即不断地扩大知名度；求质即不断地提高美誉度。

【业务经验】

如何选择好合适的销售渠道

农产品与农资经营企业选择合适的销售渠道是很重要的，主要应该注意下列内容：

(1) 认真分析自己所处的位置和周边的基本条件，如是否贴近城市，产品供到哪里等；

(2) 认真分析自己的农产品优劣势和目标消费群体，看优势是否为消费者所喜爱，劣势是否能为消费者所包容；

(3) 注意农产品消费的地域性差异，选择适合自己的目标市场；

(4) 分析抵达目标市场的运输方式和交通条件；

(5) 选择销售渠道应该注意成本核算；

(6) 选择批发市场需要理顺价格体系；

(7) 选择超市要熟悉超市的采购流程；

(8) 选择外销要熟悉出口流程；

(9) 选择直销要落实直销地点；

(10) 建设销售渠道还应注意自己对渠道的控制能力。

只有综合考虑这些因素，才能准确地选择好适合自身条件的主打销售渠道。

【案例分析】

兴隆农资集团前身为省供销社农资公司。改革开放以来，公司作为计划经济时期农资经营的主渠道，逐渐失去了农资经营的主导地位。面对严峻的形势，他们积极探索、大胆改革、引入现代流通理念，创新体制、重构网络、连锁经营，实现了“脱胎换骨”。引入现代流通方式，致力打造中国农村民族商业网络。根据农村“小农户、大市场”的特点，兴隆集团构建“供应商＋总公司＋子公司＋配送中心＋连锁店＋农户”的现代农资销售网络，从国内化肥和进口农药资源入手，与 150 多家化肥生产厂和进口农药、化工供应商建立了稳固的合作关系。

同时，他们在全省 60 个县建设 65 个农资配送中心，对农资进行配送销售。通过直营、加盟等形式，吸引基层供销社、农业三站、个体农资经营大户加盟兴隆连锁，目前已发展连锁店 1 000 多家。兴隆集团还积极开拓河南、广东、广西、江苏、浙江、江西、东北三省等农资市场，大力构建国际营销网络，与 20 多个国家和地区有贸易往来。2021 年实现进出口贸易 4 800 多万美元，在全国省级农资公司中名列前茅。该集团以全面推行 ERP 信息管理系统，建立商品管理、资金管理和业务流程管理预警体系，对连锁经营网点实行“六统一”，即统一采购、统一配送、统一标识、统一经营方针、统一服务规范和统一销售价格。

分析：从上面的案例分析兴隆农资集团选择了哪些渠道作为自己的营销网络？为什么要这么做？

【工作任务实施记录与评价】

工作任务实施记录与评价见表 3-4-24 至表 3-4-27。

表 3-4-24　制订营销渠道方案

师傅指导记录	营销渠道方案质量评价	评价成绩
		年　月　日

（说明：营销渠道方案及其他资料可附页）

表 3-4-25　渠道开发进度表

序号	开发步骤	进度日期							
1	寻找新开发客户资料								
2	取得电话联系								
3	初步拜访								
4	产生意向								
5	报价								
6	渠道主管审核								
7	进行具体沟通								
8	签订合同								

表 3-4-26　渠道成员申请表

企业基本信息	企业名称		地址	
	法人代表		联系方式	
	注册资金			
	企业规模			
	主营业务			
	企业性质			
经营情况	经营业务	营业额	（与上一年相比）增长幅度	

表 3-4-27　学徒关键职业能力及职业品质、工匠精神评价表

项目	A	B	C	D
工作态度				
吃苦耐劳				
团队协作				
沟通交流				
学习钻研				
认真负责				
诚实守信				

任务 4　进行产品促销策划

在师傅指导带领下，制订农资产品市场策划书及后续的推广方案。

【任务目标与质量要求】

掌握农产品与农资促销组合的三种基本策略，根据不同产品，制订相应的促销策划方案，学会人员促销的方法和技巧，能正确使用广告手段进行促销，能够进行农产品与农资营销推广工作的实际运作。

【学习产出目标】

(1) 能进行产品分析，并提炼出产品“卖点”；

(2) 能制订出可行的产品促销策划方案。

【工作程序与方法要求】

工作程序与方法要求见表 3-4-28。

表 3-4-28　工作程序与方法要求

工作程序	内容	具体方法	要求
市场情况分析和预测	对农资企业外部环境和内部销售的分析。	情况分析和预测是促销策划的前提，通过对农资企业外部环境和内部销售的分析，及时发现市场变化及其原因，为促销策略的制订提供依据。	分析客观准确。
设定促销目标	市场分析为确定促销目标提供了依据，营业推广目标应与农资企业在该时期市场营销总目标及促销目标相配合，同时根据促销对象的不同，促销特定的目标也不同。	1. 针对消费者的促销目标； 2. 针对中间商的促销目标； 3. 针对推销员的促销目标。	目标具体，实际可以达成。

续表 3-4-28

工作程序	内容	具体方法	要求
选择促销工具	在实际促销活动中，有多种方式可以达到同一目标。这个需要做出选择。因为不同营业推广方式适应不同的环境条件和预算。	1. 产品的性质； 2. 市场的特征以及消费者、购买者和促销对象的情况； 3. 营业推广的主要目标； 4. 竞争者的行为和动向； 5. 农资企业营业推广预算。	促销工具要适合产品，商家必须选择合适的促销手段和方式，才能避免走进纯粹的价格促销循环。
进行促销预算	活动项目、规格、数量、价格、投放时间等费用的预算。	在进行促销预算时，商家必须有一个明确的预算，总原则是：因促销而增加的利润应当大于促销费用的支出。在确定促销预算之后，还必须考虑经营负担的问题。	促销成本控制要有效，促销支出是一种费用，也是一种投资。促销费用过低会影响促销效果，促销费用过高有可能会影响农资企业的正常利润。
制订促销方案	1. 制订促销方案； 2. 试验促销方案； 3. 改进完善促销方案； 4. 实施促销方案。	根据计划、促销方式、预算等进行方案的制订，方案制订后，为了避免直接上市，万一失败后损失难以弥补，所以可以先进行试验促销方案，就是选择一个比较小的市场进行短期操作，或者由专家进行疑难答辩，对促销方案不太完善的地方进行总结，修订后再进行促销。	方案必须有鲜明的目的性，围绕主题深入细致、周到具体，一事一策、简易明了。

【业务知识】

农产品与农资企业的促销策略

在农业行业竞争日益激烈的当下，未来的工作重心需要关注农户需求，为农户提供更优质的产品、更专业的技术、更贴心的服务以及合作。而如何广泛地向农户群体推销公司产品和服务，需要行之有效的促销策略。促销策略的制订会帮助企业向终端用户传递产品价值和服务理念，吸引用户关注，引导其购买选择，以达到推销企业产品的目的。

1. 加强宣传力度，塑造品牌知名度

品牌对于企业来说意义深远且扮演着举足轻重的角色，强势的品牌是企业获得核心竞争力的基础，助力企业获得相应的利润和附加值。首先加强口头传播，通过客户传达公司品牌、服务和价值观，树立公司形象，同时鼓励客户共同宣传和传播；其次利用县级客户的关系网络，深入乡镇渠道强化传播；再次借助媒体力量传播，利用海报、宣传单、产品手册、条幅、省台及地方电视广告、植保书刊等媒介打造品牌声势；

最后需要结合微信平台、微信公众号、快手、抖音等新兴网络媒体对产品品牌进行宣传和推广。

品牌宣传需要充分利用客户资源、新闻和网络媒体资源加大宣传的广度和深度，达到塑造品牌知名度的目标。积极参与植保站、农技推广站、农业局等开展的活动，并邀请知名植保专家及农业事业部等相关专家参与核心产品观摩会，与社会各界紧密合作，扩大知名度，进一步提升企业在当地的影响力。

2. 开展多样化的推广活动

农产品与农资企业影响力的建设依靠推广活动来执行。高效的推广活动不仅能够达到品牌宣传的作用，最重要的是切实可以拉动农户购买。在具有潜力市场上加强活动开展频次，如区域核心经销商会议、重点县基层零售商会议、农民会、现场观摩会、产品推广会等活动。对于产品除宣传和拉动外真正能为农户带来福利的是促销活动的开展。促销活动分为 2 个时间段，一是在销售季节前期针对零售商客户群体；二是在旺季销售主要针对农民群体，如农民促销、宣传品发放、店面布置、模范零售商项目建设等同步实施，确保终端用户了解活动详情。目前新媒体快速发展，移动网络广泛被应用，尤其是手机媒体深受各层级用户喜爱，很多零售商或种植大户通过快手平台介绍农产品与农资产品知识并销售产品，或与网红进行合作，让网红帮助进行品牌及产品宣传；同时，依托各地零售商开展网络直播限时促销，线上推广，增强品牌传播力度。通过以上针对零售商和农户两个层面开展推广活动，做到需求推动和需求拉动相结合，调动起各层面客户和用户的积极性。

3. 增强用户体验

农产品和农资产品效果需要大量的田间试验和示范明确，同一小区不同地区由于地势、天气、施药习惯的影响，效果也会存在差异。因此农产品与农资企业应加大示范试验工作开展，辐射更广的田块，争取不同区域都有较好的田间效果说明。对于表现良好的地块需要召集相关渠道客户和有影响力农户共同参加田间观摩会，切实体验产品效果，增加从客户到用户的体验感。田间现场会后应组织相对应的农民技术交流会，邀请种植大户及当地植保专家讲解作物田间管理技术，同时针对农药施药技术和产品田间表现进行客观评估，让农户感受到作为企业不仅是在销售产品，更多关注的是帮助农户解决实际问题，助力农民朋友达到增产丰收。

增强用户体验的关键是注意收集田间表现素材，形成成功案例。结合大户资料库、需求拉动、农户证言，利用短视频重点宣传产品价值和品牌理念。

4. 塑造良好公共关系

公共关系可以塑造企业良好形象，因此企业还应预留一部分资源。一方面与植保站、农业局等政府相关部门建立合作，如某农药企业借助当地政府宣传本公司系列产品安全、环保、用量少等优势，符合政府农药减量增效的政策需求；另一方面还要与本地专家进行密切联系，邀请当地农业专家参加产品示范现场会，让专家切实了解本公司核心产品的效果，起到正面宣传的作用，也有助于实现技术本地化。

【业务经验】

如何进行农产品促销

1. 给农产品贴上标签

某地是柑橘良种主产地，为了向消费者表明当地柑橘是优质产品，该地政府给果农印制了精美的包装箱和产地标签，优质的柑橘亮明了身份，结果价格大涨，销路十分好。

2. 制作果篮

给水果配上精致的果篮，可以成为送礼佳品，不但增加了水果的销售量，而且产品有所增值。

3. 开新闻发布会

某地盛产水果，面对激烈的市场竞争，该地果农协会运了几十箱水果到省城开了个水果新闻发布会，邀请一些大的经销商和买主参会，搞起了公关，效果非常理想，以后每年都有很多单位和经销商直接去产地购买。

4. 卖菜赠送菜谱

现在农产品市场的品种不断翻新，不少消费者虽然对这些“珍稀特菜”青睐有加，但苦于不会烹饪。对此，一些聪明的菜贩在卖菜时便会赠给顾客有关制作方法的菜谱，达到了良好的促销效果。

5. 网络促销开辟新途径

近年来，农业部利用中国农业信息网先后搭建起“一站通”，农村供求信息全国联播和网上展厅网络平台，积极推进农产品促销。目前，“一站通”系统共发展注册用户 17 万多个，发布供求信息 40 余万条，日点击次数超过 28 万次；利用中、英、日、韩 4 个语种进行网络推介的网上展厅，展示的企业会员数量达 6 201 个、产品数量 8 315 条。据统计，“一站通”和网上展厅平台，经常性访问者来自 50 多个国家和地区，已经在国内外产生了广泛的影响。

6. 错开旺季卖产品

农产品生产受自然条件的影响，相同品种的生产周期基本一致，由此导致农产品上市旺季市场过剩，价格一路走低。某农民记录了农产品以往各年的上市时间规律，将自家农产品的出售时间推迟或提早于旺季，改在淡季出售，因而获得了较高的利润。

【案例分析】

小张是某农药公司的业务员，为了打开公司新产品的市场，小张向公司申请在自己区域进行促销活动。公司批准后，小张就开始采购促销品。他去某批发市场采购了一批 T 恤，在 T 恤上印制了自己公司的名称以及新产品的促销广告，然后就让各个零售商在农民购买新产品时赠送 T 恤。经过一段时间的促销后，小张发现，新产品销量有一段时间短暂的上升后就急剧下降，而且老的产品也出现了下降。调查后发现原来是自己促销用的 T 恤没有注重质量，农民拿回去后，短期内就出现了破损，农民对赠品质量的怀疑进而怀疑公司产品的质量，使公司产品遭到了严重的信任危机。

分析：小张促销为什么没有取得成功？他的促销手段问题出在哪里？

【工作任务实施记录与评价】

工作任务实施记录与评价见表 3-4-29 至表 3-4-37。

表 3-4-29　制订促销方案

师傅指导记录	制订促销方案质量评价	评价成绩
		年　月　日

（说明：促销方案及其他资料可附页）

表 3-4-30　促销工作计划

产品名称	×月×日预计销售	×月×日实际销售	本月营业额	促销方式	针对客户	方法说明	督导人员

表 3-4-31　促销活动申请表

申请人			总经理意见	
市场背景分析及举办事由				
促销场所、促销人员名单及数量				
费用	工资			
	奖金			
	补助			
预计收获				

表 3-4-32　促销活动计划表

促销编号	针对产品	促销方式	促销时间		促销主管	配合事项	预计营业额	预期效果	备注
			起	止					

表 3-4-33　区域______月份促销物品申请表

品名	单位	单价	订购数	金额/元	备注
合计金额					

表 3-4-34　区域______月份促销物品发放反馈表

品名	单位	单价	原申请数	实发数	金额/元	备注
合计金额						

表 3-4-35　促销活动总结表

活动主题		活动内容	
活动日期		活动地点	
活动成果（包括对销售业绩、品牌提升、客户中间商、竞争对手等影响）			
对促销活动的分析	活动主题	对活动主题的评价	□非常好　□较好　□一般　□不理想　□极差
		原因分析	
		改进意见	
	活动形式	对活动形式的评价	□非常好　□较好　□一般　□不理想　□极差
		原因分析	
		改进意见	
	活动时机	对活动时机的评价	□非常好　□较好　□一般　□不理想　□极差
		原因分析	
		改进意见	
	活动地点	对活动地点的评价	□非常好　□较好　□一般　□不理想　□极差
		原因分析	
		改进意见	
	人员表现	对人员表现的评价	□非常好　□较好　□一般　□不理想　□极差
		原因分析	
		改进意见	
	准备工作	对准备工作的评价	□非常好　□较好　□一般　□不理想　□极差
		原因分析	
		改进意见	
	执行过程	对执行过程的评价	□非常好　□较好　□一般　□不理想　□极差
		原因分析	
		改进意见	
活动效果的总体评价			□非常好　□较好　□一般　□不理想　□极差
附：促销活动总结报告			

表 3-4-36 市场产品销售计划表

产品编号	产品名称	产品规格	产品单价	上年度销量		月计划		备注
				淡季	旺季	销量	销售额	

表 3-4-37 学徒关键职业能力及职业品质、工匠精神评价表

项目	A	B	C	D
工作态度				
吃苦耐劳				
团队协作				
沟通交流				
学习钻研				
认真负责				
诚实守信				

任务 5 编制农产品与农资产品营销策划方案

在师傅带领和指导下，了解企业营销策划方案的内容，掌握撰写企业营销策划方案的方法，制订农产品与农资产品市场策划书。同时，提升学生分析市场、组织实施等能力。

【任务目标与质量要求】

（1）掌握农资产品市场营销策划方案的撰写方法，能够制订出适应农资企业营销实际需要的产品市场策划方案；

（2）培养学生对所学知识的运用能力。

【学习产出目标】

能制订可行的市场营销策划方案。

【工作程序与方法要求】

工作程序与方法要求见表 3-4-38。

表 3-4-38 工作程序与方法要求

工作程序	内容	具体方法	要求
分析营销机会	1. 环境分析； 2. 确定营销目标。	销售部组织相关人员进行市场调查，分析营销环境，企业可以利用哪些新的趋势，关注最可能的顾客群，客观评价竞争者，了解竞争者的营销战略等，根据市场调查结果，检查自己的企业，确定企业营销目标。	市场调查内容有针对性，数据分析客观，营销目标要符合公司实际情况，明确并且是可测量的行动。

续表 3-4-38

工作程序	内容	具体方法	要求
明确营销战略	1. 营销差异化与定位产品差异化； 2. 开发新产品； 3. 产品生命周期战略。	对于企业的每一个目标，至少应该有一个营销战略。然后把实施这个营销战略的所有步骤列出来，从最后一个步骤开始返回检查，任命负责的人员并确定起止时间，计算出完成这个步骤所需的成本。	营销战略应转变成具体的行动方案，便于操作。
制订营销方案	1. 自身定位； 2. 设计营销战略。	包括产品线、品牌和包装，定价策略和方案，选择和管理营销渠道，整合营销传播，开发和管理广告计划，编制预算等。	方案必须有鲜明的目的性，围绕主题深入细致、周到具体，一事一策、简易明了。
营销过程管理	1. 市场营销目标； 2. 衡量业绩； 3. 评估业绩差距； 4. 及时纠偏。	在实施过程中，公司营销管理者经常检查市场营销计划的执行情况，看看计划与实际是否一致，如果不一致就要找出原因所在，并采取适当的措施和正确的行动，以保证市场营销计划顺利完成。	了解日常销售工作中的动态、进度，及早发现营销过程中出现的异常现象及问题。及时纠偏，要注重目标与实绩之间的关系。

【业务知识】

营销策划书的基本结构

营销策划方案是企业经营的前提和保障，也是规范企业管理的重要方面。一般来说，营销策划书没有一成不变的格式，它依据产品或营销活动的不同要求，在策划的内容与编制格式上也有所差异。但是，从营销活动的一般规律来看，其中有些要素是共通的，营销策划书的结构一般情况下与营销策划的构成要素（内容）保持一致，这样可以提高营销策划书的制作效率。营销策划书的基本结构见表 3-4-39。

表 3-4-39　营销策划书的基本结构

策划书的构成	要素
1. 封面	策划书的脸面
2. 前言	背景交代
3. 目录	一目了然
4. 概要提示	要点提示
5. 市场状况	策划的依据和基础
6. 市场分析	提出问题

续表 3-4-39

策划书的构成	要素
7. 营销目标	预期目标
8. 战略及行动方案	对症下药
9. 费用预算	计算准确
10. 行动方案控制	容易实施
11. 结束语	前后呼应
12. 附录	提高可信度

【业务经验】

撰写营销策划书的基本技巧

1. 合理使用理论依据

要提高营销策划内容的可信度，并使阅读者接受，就要为策划者的观点寻找理论依据，这是一个事半功倍的有效办法。但要防止纯粹的理论堆砌，纯粹的理论堆砌不仅不能提高可信度，反而给人脱离实际的感觉。

2. 通过举例说明

在营销策划书中适当加入成功与失败的例子，对需要论证的问题加以说明，既可以充实内容，又能增强说服力，可谓一举两得。在具体使用时一般以多举成功例子为宜，选择一些国内外先进经验与做法，以验证自己的观点，效果十分明显。

3. 利用数字说明问题

营销策划书的内容应有理有据，任何一个论点最好都要有依据，而数字就是最好的依据。在营销策划书中利用各种绝对数和相对数来进行比较是绝对不可少的，而且要使各种数字都有可靠的出处。

4. 运用图表作数据分析

以图表的形式来描述，能简洁、系统地说明各种有关的数字资料。通过图表较好的视觉效果，阅读者可以直接查看数据的差异、图案和预测趋势，并能对有关数据进行对比，反映变量的变化趋势以及相互关系。例如，不必分析工作表中的多个数据列就可以立即看到各个季度销售额的升降，或很方便地对实际销售额与销售计划进行比较。

5. 突出重点，切勿面面俱到

策划过程不可过分地贪求内容的全面，那样往往使一个策划里面包含太多的设计、太多的想法，目标过多，就会重点分散。即使有很好的方案，只要与主题无关，就要删除，不可贪心。

6. 准备若干方案

拟定策划书，并没有硬性规定一次只能做一个策划方案，对于同一个主题同时做出两个或三个策划方案也是可以的。从企业的实践来看，在对策划进行审查时，一定会有种种的意见出现，所以事先准备替代方案是非常明智的。与其因第一方案遭否决而全军覆没，倒不如事先准备好后备方案，使成功的概率大大提高。

7. 有效利用版面设计，增强感染力

策划书视觉效果的优劣在一定程度上取决于版面设计，故有效利用版面安排也是策划书撰写的技巧之一。这包括打印的字体、字与字的间距、黑体字的采用及插图、颜色等。优秀的版面设计能使策划书突出重点、层次分明、严谨而又不失活泼。

8. 重视细节，完善策划书

营销策划书的细节是十分重要的。首先，策划书中的错字、漏字会影响阅读者对策划者的印象，企业的名称、专业术语更不能出现错误。其次，一些专门的英文单词，差错率往往是很高的，在检查时要特别注意：如果出现差错，阅读者往往会以为由撰写人本身的知识水平不高所致，这就影响了对策划内容的信任度；再次，纸张的好坏、打印的质量等都会对策划书本身产生影响。

【案例分析】

农产品广告与促销

有一家专门出售鸡、鸭、鱼等的商店，针对自己经销的产品，开发了一百多种菜谱，并送一包自行研制的调料和几份菜谱。由于这家商店提供的菜谱都是出自名师之手，加之所送调料本身成为一种实物广告，调料和菜谱派发得越多，商店生意就越红火。

类似地，其他地方也有相同的实物广告促销。每年 9 月初，浙江临安的小核桃开始采摘，新一年的小核桃的市场竞争也拉开了序幕。对此，香外香网货店打出了“双节核家欢”的馈赠广告，凡是来店的消费者凭促销券可以免费领取“对对情侣核桃”。一方面，它率先开始了小核桃的市场争夺，在核桃刚上市就让市民免费品尝，较早地在市场上突出了自己的形象和地位；另一方面，“对对情侣核桃”的馈赠品非常有新意，与“情侣苹果”的营销有异曲同工之妙，吸引了大批喜欢尝鲜、喜欢时尚的年轻消费者。

年初海南省开展品牌农产品擂台赛活动，在全省各市县组织椒类、菠萝、苦瓜、冬瓜、西甜瓜、芒果、荔枝、龙眼、香蕉等擂台赛活动，评选名优瓜果菜，并以“中国生态旅游年”为契机，推进旅游宣传促销与热带农产品促销，以实现整体营销效果。

分析：从以上案例所获得的启示。每个案例中所运用的促销手段有哪些？分组讨论并分享心得。

【工作任务实施记录与评价】

工作任务实施记录与评价见表 3-4-40 至表 3-4-44。

表 3-4-40　营销策划方案的制订

师傅指导记录	营销策划方案质量评价	评价成绩
		年　月　日

（说明：营销策划方案及其他资料可附页）

表 3-4-41　营销策划方案审查表

策划主管：　　　　　　　　市场部经理：

财务部经理：　　　　　　　总经理：

审查项目	审查结果
是否明确阐明业务使命	
业务使命是否体现了市场导向的观念	
是否可行	
公司目标和营销目标是否明确订立	
所有营销目标是否与公司的竞争地位和资源相匹配	
是否制订为达到其营销目标的营销战略	
这战略是否适应产品生命周期的阶段、竞争者的战略和当前的宏观经济情况	
是否对市场进行了有效细分，并选择了最合适的细分市场	
是否已经确定了每个目标市场的实际轮廓并为其制订了正确的市场定位和营销组合	
营销资源是否被合理有效的分配给各要素，即产品质量、服务、销售人员、广告、促销和分销渠道	
完成这些营销目标的资源是否充足	

表 3-4-42　营销策划方案执行表

策划内容	工作形式	执行部门	执行要点	执行时间	备注
销售执行（包括销售定价、产品上市、折扣执行管理、价格调整方案）	销售部编制具体执行方案	销售部	价格调整方案为核心		
销售管理（现场、接待、洽谈、销售等）	销售部编制具体执行方案和文本	销售部	现场管理是核心		
促销执行（包括促销方案编制、阶段促销计划、现场操作配合、销售培训）	销售部编制方案和应用文本	销售部	促销方案编制是核心		
市场管理（包括市场信息管理、售前售后服务方案）	营销部根据要点方案编制应用文本	营销部	售前售后服务方案是核心		

续表 3-4-42

策划内容	工作形式	执行部门	执行要点	执行时间	备注
部门管理（包括岗位管理、执行流程、职责分类管理）	营销部具体分配营销策划方案执行的任务	营销部	执行流程管理是核心		
形象管理（企业形象、现场形象）	营销部出具具体方案	营销部	销售形象要求是管理核心		
计划管理（执行计划管理、准备计划）	营销部出具管理标准，销售部进行监督执行	销售部	执行计划管理是核心		

表 3-4-43　营销策划费用预算表

月份	人事费	广告费	交通费	通信费	差旅费	招待费	合计	销售预计	比率

表 3-4-44　学徒关键职业能力及职业品质、工匠精神评价表

项目	A	B	C	D
工作态度				
吃苦耐劳				
团队协作				
沟通交流				
学习钻研				
认真负责				
诚实守信				

任务 6　农产品与农资营销策划的实施控制

企业的营销计划与方案能否实现的关键在于执行，但在执行的过程中由于企业内外部环境等不确定性因素的存在，难免会出现偏差。因此，需要对营销计划的执行情况进行监测、检查，即进行有效的营销控制。

在师傅指导带领下，掌握农产品与农资营销策划方法与程序，积极参与到公司的营销团队，参与学习制订一个良好的营销方案并实施控制。及时纠偏，找出错误原因，并采取相应措施和正确行动，以保证营销目标完成的过程。

【任务目标与质量要求】

了解农产品与农资营销实施的方法和特点，理解和掌握企业进行市场营销控制的方法和程序，能够学习制订营销方案并实施控制，对于营销方案及时进行纠偏，找出错误原因所在，并采取相应措施和正确行动。制订的营销方案任务明确，切实可行，具有可控性和可操作性。

【学习产出目标】

（1）能制订营销方案；

（2）能实施营销方案，并及时纠偏；

（3）能控制营销方案，采取相应措施和正确行动。

【工作程序与方法要求】

工作程序与方法要求见表 3-4-45。

表 3-4-45　工作程序与方法要求

工作程序		内容	具体方法	要求
营销策划的实施	做好动员和准备工作	动员、人员配备、设施添置、资金调度，以及对执行新业务人员的培训等。	对公司拟进行的营销策划进行初步考察，掌握其基本情况，完善该策划的总体操作思路，对相关人员进行动员、配备、培训等。	具体、明确、有效。
	选择好实施时机	确定时间	根据营销年度计划，确定具体的时间表，有的放矢。	具体、明确。
	加强实施过程的调控	1. 制订行动方案； 2. 调整组织结构； 3. 健全绩效考评制度； 4. 开发人力资源； 5. 建设企业文化。	进一步完善营销年度计划，按照计划实施。 1. 明确实施的关键性决策和任务，并分配到个人或小组。 ①提供明确的分工，将工作分解成便于管理的几大部分，再分配给各有关部门和人员。 ②发挥协调的作用，通过正式的组织联系和信息沟通网络，协调各部门和人员的行动。 2. 建立考核评价机制； 3. 建立培训制度； 4. 完善的工资、福利和奖惩制度； 5. 建立管理手册； 6. 构建企业文化和管理风格。	工作任务落实到位，工作目标明确、责任到人。
营销策划的控制	确定市场营销控制对象	销售收入、销售成本、销售利润、控制频率。	负责营销的经理组织相关人员确定营销控制的范围、额度，明确对市场营销计划的哪些方面进行控制，并将确定的每一范围层次化、具体化。	明确、具体。

续表 3-4-45

工作程序		内容	具体方法	要求
营销策划的控制	确定营销控制因素	1. 影响营销过程的方面因素； 2. 营销结果方面的因素。	企业一般把影响营销活动中最重要的因素先进行罗列，再根据其重要程度决定是否控制这些因素。企业在考虑控制因素时，首先考虑的是控制成本。如果控制成本太高和预期收益不成正比时，企业会放弃控制这些因素；其次考虑的是控制难度。控制难度一般表现在控制的可行性和有效性两个方面。	稳定性、适应性和明确性。
	建立营销衡量尺度	1. 本期计划； 2. 基期营销绩效； 3. 同期营销绩效； 4. 主要竞争者的营销绩效或计划； 5. 全行业的平均营销绩效。	在制定控制标准时，企业可以同时运用全部标准，也可以其中一个方面或几个方面作为依据，这要看进行市场营销控制的直接目的是什么。如果一个企业想与竞争者进行绩效比较，则要将竞争者的营销绩效作为控制本企业营销的标准。	符合实际、具体，要让员工在实际工作中如何展开工作以及如何达到控制的要求有据可循。
	确定营销控制标准	对营销衡量标准加以量化。	企业在设立标准时可参照市场同类行业的标准，并尽可能吸收企业内部各方面的意见，以使营销控制标准更切合实际，具有激励作用。	顺应变化。
	营销实绩评估	1. 企业总体环境和市场环境的变化； 2. 企业的竞争地位、竞争态势； 3. 对企业本身的各项资源。	评估的方法很多，直接观察法、统计法、访问法等，可根据实际选择。 1. 企业定期评估总体环境和市场环境的变化，预测可能的发展趋势； 2. 对企业的竞争地位、竞争态势定期评估，了解企业的竞争环境； 3. 对企业本身的各项资源定期评估。	客观全面。
	分析偏差产生原因	1. 实施过程的问题； 2. 计划本身的问题。	企业深入了解情况，取得反映本企业实际营销的准确资料，利用科学的方法，进行对比分析，从中找出问题的症结。	深入具体、客观实际。
	及时采取改进措施	应急措施。	根据分析结果，营销策划经理应及时采取不同类别状态下的改进措施。 1. 分析结果表明营销控制标准脱离实际的，应认真对控制标准加以修订，以真实地反映市场营销活动； 2. 分析结果表明营销控制标准是合理、正确的，而营销活动方案实施中出现问题，那就有必要在具体营销活动过程中寻找原因，迅速采取相应补救措施，以提高工作实效。	对需要整改的方面进行梳理，改进措施要容易操作，不偏离目标。

【业务知识】

年度计划控制

年度计划控制是指企业根据不同年度计划采取的一系列控制措施，以检查实际绩效与年度计划的差异，在必要时采取修正的行动。

（一） 年度计划控制的目的

年度控制是为了确保计划中所确定的销售、利润和其他目标的实现。年度计划控制的核心是目标管理。主要目的有以下几个：

1. 发现企业潜在问题并予以解决；
2. 以年度计划推动企业可持续发展；
3. 把控制的项目与年终绩效评价有机结合；
4. 有效推进企业高管监督力度。

（二） 年度计划控制步骤

年度计划控制步骤见图 3-4-11。

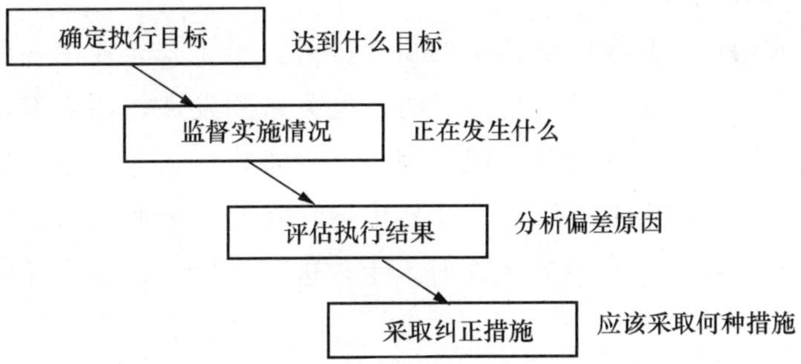

图 3-4-11　年度计划控制步骤示意图

第一步，管理者要确定年度计划中的日、月、季、年度目标；

第二步，随时掌握营销计划的实施情况；

第三步，及时发现实际工作与计划工作目标的差距，并找出产生差距的原因；

第四步，采取必要补救措施或调整措施，缩小计划与实际之间的差距。

【业务经验】

企业营销风险控制策略

1. 提高企业适应力

做好调研工作，并将得到的信息作为依据，进行一个大体的预测。通过获取有关信息，对其进行整理，可以预知风险并做出对风险的防控，进而让自身的适应力变得更强。常见的做法是通过调研，获知客户的普遍需求以及国家的有关政策；实施更加有针对性的营销，同时，多进行风险模拟，有助于防范意识的提高，从而采取正确的防控手段。

2. 完善风险防控机制

做好规划，将风险作为主要的敌人，做出有力的防范。其关键点在于构建完善的防范机制，这样才能避免风险，促进企业科学健康发展。依托与风险有关的知识，并结合当下市场的动向，使机制具有适应性。在机制的支撑下，找出风险的诱因，总结出应对方案，将其危害降到最低。

3. 正确应对风险

对于风险，应当先进行透彻的分析，总结可以使损失最小化的对策，并逐一将其用到实处。当然，企业所做的一切都要依托于法律，不能做出对市场有害的行为。法律可以作为规避风险的途径，尤其是在被侵害时，可以将其作为武器进行有力的还击。企业自身也一定要果决，不能放过好的营销机会。在应对时，要意识到自己的错误所在，不能推脱责任，并积极地改正。

4. 加强员工素质培训

加强员工素质培训，是风险防范中的重要一环。员工是企业的一种资产，在营销中起着决定性作用。即便这种资产是无形的，也关系到发展，如果不正视其价值，就可能成为风险的来源。如果规划只局限于当下，就难以将人才留下，将会导致企业缺乏有力的执行者，同时在未来的战略上容易出错。对此，企业应当从长远来看，做好培训工作，从技能、素养、意识等多方面入手，进行稳固与加强，并作为首要任务去执行。

【案例分析】

×公司是由武汉某高新集团、武汉某高新农业生物工程有限公司和当地植保部门于 2010 年 5 月共同组建的一家高科技企业，注册资本 5 000 万元人民币，主要从事生物农药及其他高效、低毒、无公害农药的研发、生产、销售和推广。截至 2020 年 5 月，×公司共有员工 938 名，其中有 501 名销售人员，这些销售人员直接分布在全国各市场片区。这充分体现出营销工作在×公司的重心地位，同时也反映出营销工作的成败直接影响×公司的生存和发展。×公司的营销管理工作主要有以下几个特点：

（1）公司正处于生命周期的导入期，开拓市场、销售额最大化是公司的首要目标；

（2）公司的主要产品是生物农药，属于有形产品，销售业绩目标可量化程度较高；

（3）销售区域分布广，销售过程透明度不高，公司总部对各片区销售人员行为的可控性较低，因此销售人员有可能“粉饰”销售业绩，并牺牲公司长期发展而获取个人短期利益；

(4) 生物农药产品直接面对的是农村市场，销售人员主要是与农民打交道，大多数销售人员是在当地市场直接招募的，因此综合素质不高。

因此，公司在市场部设置了督办部，设计了一种“双管理”的营销控制模式，并且这种营销控制模式对公司早期的快速成长以及规范销售人员的行为发挥了重要的作用。“双管理”营销控制模式主要是强调工作计划与督办落实“两条腿”走路，一方面要求销售人员做出详细的工作计划，包括具体的销售业绩目标；另一方面派出督办人员不定期地到市场一线去检查工作计划的完成情况，并及时反馈检查的结果。督办人员的工作目的不是为了“挑刺”，找出销售人员工作中的不规范行为，而是帮助销售人员解决工作中的困难，及时“纠偏”，从而顺利完成销售目标。

×公司的这种营销控制模式实际上是将结果控制、过程控制以及他人控制等几种类型的营销控制有机结合起来，而且在每种类型的营销控制中设计和运用的具体方法和流程之间也是相互联系、相互支撑的，因此这种整合的营销控制模式较好地弥补了单个控制模式的不足，并使其发挥了“1＋1＞2”的作用。

分析：根据上述资料进行分析，×公司是如何实现营销管控的？×公司营销管控的重点在哪里？

【工作任务实施记录与评价】

工作任务实施记录与评价见表 3-4-46 至表 3-4-56。

表 3-4-46 营销控制方案

师傅指导记录	营销控制方案质量评价	评价成绩
		年　月　日

（说明：营销控制方案及其他资料可附页）

表 3-4-47 营销活动激励方案

公司名称		品牌	
序号	组别	激励方案	
1	客户开发		
2	现场成交		
3	后勤保障		

表 3-4-48　营销策划前期准备表

任务分工	主要工作要点及任务说明	负责人	联系方式	完成时间	备注
活动策划书					
正式发文					
悬挂条幅、张贴海报、设置气拱门、电子屏					
幕布					
展板					
制作邀请函和节目单					

表 3-4-49　营销策划书

<table>
<tr><td colspan="2">活动目的</td><td colspan="6"></td></tr>
<tr><td rowspan="2">活动目标</td><td>目标</td><td colspan="6"></td></tr>
<tr><td>目标分解</td><td colspan="6"></td></tr>
<tr><td colspan="2">活动主题</td><td colspan="6"></td></tr>
<tr><td colspan="2">活动内容</td><td colspan="6"></td></tr>
<tr><td colspan="2">目标客户</td><td colspan="6"></td></tr>
<tr><td colspan="2">活动时间</td><td colspan="6"></td></tr>
<tr><td rowspan="4">推广渠道</td><td>电话</td><td colspan="6" rowspan="4"></td></tr>
<tr><td>短信</td></tr>
<tr><td>微信</td></tr>
<tr><td>其他</td></tr>
<tr><td rowspan="4">组织构架</td><td>工作事项</td><td>工作内容</td><td>负责人</td><td>完成时间</td><td>检视人</td><td>检视成果</td><td>备注</td></tr>
<tr><td>总指挥</td><td></td><td></td><td></td><td></td><td></td><td></td></tr>
<tr><td>内场布置</td><td></td><td></td><td></td><td></td><td></td><td></td></tr>
<tr><td>企划</td><td></td><td></td><td></td><td></td><td></td><td></td></tr>
</table>

表 3-4-50　营销活动物资准备

<table>
<tr><td>公司名称</td><td colspan="3"></td><td>品牌</td><td colspan="4"></td></tr>
<tr><td rowspan="7">1</td><td rowspan="7">客户开发物资</td><td>项目</td><td>数量</td><td>单价</td><td>总价</td><td>到位时间</td><td>负责人</td><td>检视人</td></tr>
<tr><td>礼品</td><td></td><td></td><td></td><td></td><td></td><td></td></tr>
<tr><td>电话机</td><td></td><td></td><td></td><td></td><td></td><td></td></tr>
<tr><td>文具</td><td></td><td></td><td></td><td></td><td></td><td></td></tr>
<tr><td>数据资料</td><td></td><td></td><td></td><td></td><td></td><td></td></tr>
<tr><td>登记表格</td><td></td><td></td><td></td><td></td><td></td><td></td></tr>
<tr><td>其他</td><td></td><td></td><td></td><td></td><td></td><td></td></tr>
</table>

续表 3-4-50

公司名称				品牌				
2	成交物资	导购物料						
		成交礼品						
		其他						
3	现场布置物资	POP						
		吊旗						
		红地毯						
4	其他							

表 3-4-51 年销售工作分析表

产品名称	规格	计划销量	销售任务分解	费用	和上年销售量比较	和上年费用比较	销售措施、方法

表 3-4-52 纠偏记录表

关键点		日期		批次	
纠偏项目					
过程描述					
纠偏措施					
部门		人员		时间	
验证结果					
部门		人员		时间	

表 3-4-53 营销费用预算表

项目		时间	地点	金额	说明
广告	电视广告				
	电台广告				
	网络广告				
	户外广告				
	卖场广告				

续表 3-4-53

项目		时间	地点	金额	说明
公关活动	活动 1				
	活动 2				
	……				
营业推广	产品展示会				
	样品赠送				
	抽奖				
	优惠券				
人员促销	促销员招聘				
	促销员培训				
	促销员工资				
	促销员奖励				
	入场费				

表 3-4-54　营销战略分析表

计划概要	因素	机遇	威胁
目前的市场状况	当前顾客		
	潜在顾客		
	竞争		
	技术		
	法律		
	经济环境		
面临的机会与问题	机会与威胁		
	优势与劣势		
	问题分析		
目标	财务目标		
	营销目标		
产品战略	目标市场		
	产品线		
产品价格定位	定位		
	价格		
广告人员安排	分销网点		
	推销人员		
	广告		

续表 3-4-54

计划概要	因素	机遇	威胁
销售方案	销售促进		
	行动方案		
预计盈亏报表			
控制计划			
应急计划			

表 3-4-55　农产品与农资企业客户调查分析报告表

客户姓名		性别		电话		日期	
单位名称				地址			
经营项目							
主要产品				合作项目			
客户背景初步分析							
客户跟进时间 1		跟进内容				分析	
客户跟进时间 2		跟进内容				分析	
……							

表 3-4-56　学徒关键职业能力及职业品质、工匠精神评价表

项目	A	B	C	D
工作态度				
吃苦耐劳				
团队协作				
沟通交流				
学习钻研				
认真负责				
诚实守信				

参考文献

[1] 赵雪萍．农产品营销［M］．石家庄：河北科学技术出版社，2016.

[2] 王德胜．农产品营销［M］．济南：山东人民出版社，2013.

[3] 丁丽芳．农产品市场营销策略［M］．北京：中国社会出版社，2008.

[4] 崔坤．园艺产品营销［M］．北京：中国农业出版社，2013.

[5] 薛全义．农资市场营销［M］．北京：中国农业大学出版社，2021.

[6] 李崇光．农产品营销学．2版［M］．北京：高等教育出版社，2010.

[7] 侯彦国，杨全岑，薛开吉．农资营销［M］．石家庄：河北科学技术出版社，2016.

[8] 闫炎．市场营销实务［M］．上海：上海交通大学出版社，2017.

[9] 唐仲明．一本书明白当好农资营销员［M］．济南：山东科技技术出版社，2018.

[10] 于家臻．网络营销务实［M］．北京：中国财政经济出版社，2021.

[11] 陈殿元．种子营销［M］．北京：中国农业出版社，2004.

[12] 王海波．种子市场营销［M］．北京：中国农业大学出版社，2018.

[13] 赵宪军．农产品市场营销［M］．北京：金盾出版社，2012.

[14] 朱剑英．农产品经销与仓储［M］．银川：阳光出版社，2013.

[15] 李乡状．农产品巧经营［M］．天津：天津科学技术出版社，2011.

[16] 李波．种子营销实务［M］．天津：天津大学出版社，2012.

[17] 吴健安．市场营销学［M］．北京：清华大学出版社，2000.

[18] 张小平．农产品营销［M］．北京：中国农业出版社，2017.

[19] 王耀光．农民农产品营销知识指南［M］．合肥：安徽人民出版社，2009.

[20] 严继超．蔬菜市场营销［M］．北京：金盾出版社，2013.

[21] 陶正群．营销基础与实务［M］．重庆：重庆大学出版社，2015.

[22] 王煊．新编市场营销理论与实训教程［M］．武汉：华中科技大学出版社，2010.

[23] 梁健爱．市场营销实训教程［M］．北京：清华大学出版社，2011.

附　录

Appendix

Appendix

Appendix

Appendix

附录1

农产品与农资营销岗位标准

一、 试点专业名称

园艺技术专业

二、 学徒制岗位名称

农产品与农资营销岗位

三、 学徒岗位描述

农产品与农资营销岗位负责公司产品的销售及推广，根据市场营销计划，完成全年销售指标；开拓新市场，发展新客户，增加产品销售范围；负责辖区市场信息的收集及竞争对手的分析以及管理维护客户关系。农产品与农资营销岗位除具备专业知识，还需具备良好的与人沟通能力、处理问题和解决问题能力，有责任心、有团队协作精神，善于挑战、执行力强。

四、 工作场所与使用工具

企业办公场所；

主要使用工具：电脑、电话、投影机、公司销售样品等。

五、 学徒岗位课程实施、 岗位职业安全与规章制度

（一） 农产品与农资营销岗位需要遵守的相关法规和标准

《农药管理条例》《中华人民共和国农产品质量安全法》《中华人民共和国种子法》《肥料登记管理办法》等。

（二） 需要遵守的职业规范与规章制度

第一条 农产品与农资营销岗位学徒基本守则

热爱行业，服务社会；尊重他人，诚实守信；遵守制度，安全生产；用心做事，追求卓越；不断进步，完善自我；团结合作，坚持原则；爱护公司财物，提倡勤俭节约；严守岗位资料机密；保持环境卫生，注意个人仪表。

第二条 农产品与农资营销岗位学徒企业实习阶段工作风纪

(1) 鼓励学徒间、员工间、员工与客户间积极沟通交流，但不能因此妨碍工作。因此，办公期间应该坚守岗位，不要随意串岗聊天，需要暂时离开时，应知会领导或师傅。

(2) 办公室是公司办公场所，有公司很重要的财物和信息资料。所有来访的客人必须由邀请人陪同才可进入；接待来访、业务洽谈应在洽谈室或会议室进行。

(3) 不得浪费、损坏公司公物，或将公司公物占为己有消费使用，一经发现给予警告、罚款。

(4) 学徒在企业实习期间，外出公务或出差必须乘坐公司指定交通工具，按规定标准住宿，并及时报班主任和实习指导教师。不得乘坐如摩托车、三轮车等非客运机动车。

第三条 农产品与农资营销岗位学徒职业安全

1. 业务安全

(1) 务必保管好本人持有的公司涉密文件；

(2) 未经授权或批准，不得对外提供含有机密的公司文件或其他未公开的经营状况、财务数据等；

(3) 对非本人职权范围内的公司机密，应做到不打听、不猜测、不传播；

(4) 发现了有可能泄密的现象应立即向有关上级报告；

(5) 学徒在实习期间不得将单位的任何保密资料进行转存携带；

(6) 学徒在实习期间不得私自将实习单位的内部资料以任何方式透露给他人。

2. 自身安全

(1) 学徒学生在校或在企业实习期间不论有无驾照均不允许驾驶机动车辆；

(2) 上下班（课）期间严格遵守交通规则，避免发生人身意外；

(3) 在工作场地带好防护用具，注意个人及他人安全；

(4) 晚上8点后不单独外出；坚决杜绝夜不归宿，有一次夜不归宿立刻终止学徒学习阶段，并按照学院管理规定处理；

(5) 学徒学生在单位实习期间做好水、电、暖安全，上班前、睡觉前检查水电，确保安全。

第四条 农产品与农资营销岗位学徒的工作与学习制度

1. 工作制度

学徒学生在企业指导教师指导下直接上岗从事公司职业岗位工作。岗位工作等同于企业员工，顶岗实习学生不得提出特殊要求。

（1）学徒学生工作期间必须服从部门管理人员、师傅工作安排，严格按照技术规范要求开展职业岗位工作。对工作中不清楚的技术问题，要勤学、勤问、勤练，掌握后再上岗操作，保证工作质量，提高技术水平。

（2）遵守劳动纪律，反复操作训练，精确操作，提高劳动效率，高效、高质量完成岗位工作。

（3）学徒学生有权拒绝与职业岗位无关的工作，并积极主动与指导教师、上级领导反映、沟通。

2. 学习制度

实习期间，学生采用边工作边学习的工作导向教学与学习方法，学生在已有知识技能的基础上，主要采用以下学习方法：

（1）作为学徒，在企业指导教师指导下，通过反复工作训练，掌握职业岗位操作技能。学徒要多与企业指导教师交流沟通、请教业务技术，注重学习分析问题、解决处理问题的思维方式，工作经验以及公司人际关系等方面的知识。

（2）充分利用公司业务技术培训的机会，学习业务技术。

（3）利用业余时间，自学学院提供的技术指导手册、企业技术资料。根据生产中遇到的问题，通过各种信息渠道学习相关知识、技术。

（4）在学习、训练掌握职业岗位业务技术的同时，善于调研分析岗位业务技术以及工作中存在的问题，通过研究，能够改进技术或管理程序、提高工作效率。

3. 实习岗位安排

学生必须服从学校实习的统一安排，个人不得擅自调换企业和岗位。如确有问题须向学校指导教师提出申请，经批准后方可调换，否则以实习成绩不及格处理。

六、 职业道德与素质要求

吃苦耐劳，工作认真负责，时间观念强，耐心细致，科学严谨，遵守公司的规章制度，具有质量第一的职业态度和强烈的事业心。

七、 行业企业职业行为规范

遵守企业的规章制度，时间观念强，爱护公司财产，提倡勤俭节约；严守岗位机密；保持环境卫生，注意个人仪表；爱岗敬业，依法生产；团结同事。

八、 对应职业资格

植保工、农业技术员。

九、 基本专业知识要求

（1）专业知识

①作物栽培知识；②植物生理学；③植物学；④植物保护知识；⑤土壤学；⑥肥料学；⑦农业机械知识；⑧气象知识。

（2）法律知识

①中华人民共和国农业法；②农业技术推广法；③种子法；④农产品质量安全法；⑤食品安全法；⑥劳动法；⑦经济合同法等相关的法律法规。

（3）安全知识

①安全使用生产工具和农机具；②安全用电；③安全使用和保管农药、肥料、化学药品；④保护环境等相关知识。

（4）企业经营管理知识

①企业组织机构与管理流程；②企业财务管理知识；③企业文化；④企业人力资源管理与员工职业生涯规划。

十、 岗位工作任务

岗位工作任务（或项目）	工作过程与技术要求	专业知识要求	技术技能
市场调研	1. 设计市场调研提纲和表格； 2. 制订信息收集的计划，设计收集纲要； 3. 确定调研的方式和方法； 4. 调研实施； 5. 调研资料分析； 6. 调研报告的撰写。 要求：数据真实可靠，具有代表性。	1. 常用的市场调研方法； 2. 原始资料和二手资料的概念及优缺点； 3. 二手资料调研的途径及步骤。	1. 能设计调研提纲和表格； 2. 能够进行小型的座谈会调查、电话调查、问卷调查、走访调查等； 3. 能熟练地进行市场调研，为企业的决策提供准确的市场信息和可靠的数据； 4. 与调研项目有关的二手资料搜集。
环境分析	1. 分析环境因素； 2. 构造 SWOT 矩阵； 3. 制订行动计划。 要求：数据要求真实性、完整性、准确性；在调查分析微观环境因素时，不但要考虑到公司的历史与现状，而且更要考虑公司的未来发展。	1. 了解市场营销环境特点和划分方式； 2. 掌握企业营销环境中宏观环境与微观环境的构成要素。	1. 准确认识市场的类型、特征，并进行分析；掌握寻找目标市场的方法及市场定位技巧； 2. 认识市场营销环境；掌握宏观环境与微观环境的分析方法。

续表

岗位工作任务（或项目）	工作过程与技术要求	专业知识要求	技术技能
目标客户分析	1. 识别客户； 2. 收集信息； 3. 区分客户； 4. 分选客户； 5. 客户管理，建立客户档案资料。 要求：系统、层次清晰，工作认真、细心。	1. 市场细分； 2. 目标市场模式和策略； 3. 了解农产品及农资产品消费者购买动机和购买行为的特征； 4. 了解消费者购买行为过程和影响购买行为的因素。	1. 能制作客户信息档案卡、建立三级客户资料； 2. 能对所收集的客户信息进行分析，做出需求预测； 3. 能制作重点客户资料卡。
产品定位及产品创意设计	1. 分析目标市场现状； 2. 找出差异性； 3. 列出主要目标市场； 4. 指出主要目标市场的特征； 5. 优化品牌； 6. 进行创意设计。 要求：细分准确、特征典型、客观负责、尊重事实。	1. 掌握整体产品、产品组合的概念和产品组合策略； 2. 掌握农产品市场生命周期各个阶段的特点与营销策略； 3. 了解农产品品牌、包装的内涵。	1. 能细分农产品与农资行业消费者； 2. 能根据市场细分结果，选择目标市场； 3. 能制定目标市场细分表； 4. 能制定农产品与农资企业市场细分表； 5. 能够进行产品包装设计。
产品宣传策略	1. 成立策划小组； 2. 明确分工，深入调研； 3. 构思有关宣传策略； 4. 编制宣传预算； 5. 制作宣传作品； 6. 选择宣传媒体； 7. 评估宣传效果。 要求：预算要充分考虑公司财力，同时充分控制，详细列表，各类预算确实详尽。宣传作品要具有真实性、创造性、针对性、有自己的特色。	1. 产品宣传策划的五个维度； 2. 品牌宣传方法； 3. 掌握主要宣传媒体的特点。	1. 能够根据农产品与农资产品特点选择合适的宣传媒体； 2. 能够及时发现不同阶段的市场需求和竞争环境的变化，提出相应的产品宣传策略建议。
产品定价	1. 确定定价目标； 2. 测定市场需求； 3. 估算成本产品； 4. 分析竞争状况； 5. 选择定价方法； 6. 确定最终价格。 要求：企业在定价时必须考虑需求弹性因素，要综合考虑影响定价因素中的顾客需求。	1. 产品定价方法； 2. 价格调整策略； 3. 理解同价销售法、个性化定价、形象、声誉定价、分割定价、高价法、低价法、竞争定价法的意义。	1. 了解影响价格决策的因素； 2. 掌握企业进行价格决策的目标； 3. 掌握可以确定产品价格的方法； 4. 了解价格决策的常见策略； 5. 能制定出合理的产品价格。

续表

岗位工作任务（或项目）	工作过程与技术要求	专业知识要求	技术技能
销售渠道选择	1. 确认渠道目标； 2. 明确渠道任务； 3. 制订可行的渠道结构； 4. 评估营销渠道的因素； 5. 选择渠道结构； 6. 选择渠道成员。 要求：企业制订渠道目标时，既要考虑其与企业的总体目标一致，又要考虑分销渠道目标与营销组合中其他目标一致、互惠互利。	1. 营销渠道的概念，分销渠道的类型、模式； 2. 中间商、零售商、批发商、代理商、农村经纪人的概念和区别； 3. 利益控制、品牌控制、关系控制、服务控制的概念。	1. 掌握适应农产品与农资产品直接销售、间接销售的操作方式、程序和基本原则； 2. 能够区分渠道策划的类型，选择适合的中间商，制订合理的营销渠道策略。
产品促销	1. 市场情况分析和预测； 2. 设定促销目标； 3. 选择促销工具； 4. 进行促销预算； 5. 制订促销方案。 要求：促销工具要适合产品，促销成本控制要有效，方案必须有鲜明的目的性、围绕主题、深入细致、周到具体，一事一策、简易明了。	1. 促销组合方式和策略和基本形式； 2. 赠送促销、折价促销、包装促销、抽奖促销、现场演示、联合推广概念。	1. 能进行产品分析，并提炼出产品“卖点”； 2. 能制订出可行的产品促销策划。
职业品质与工匠精神	爱岗敬业、亲农爱农、吃苦耐劳、认真负责、诚实守信、勇于创新，开拓进取、团结合作、遵纪守法。		
职业生涯发展规划	职业资格发展：高级技术员、技师、高级技师。 专业技术职务发展：助理农艺师、农艺师、高级农艺师、推广研究员。 企业管理职务发展：销售员、销售经理、营销主管、销售总监等。		

附录2 农产品与农资营销岗位学徒课程标准

一、 试点专业名称

园艺技术

二、 学徒制岗位课程名称

农产品与农资营销

三、 学徒岗位课程描述

学生以学徒准营销员身份，在通过认证的企业师傅培训指导下，在农产品与农资营销岗位上完成一个销售周期的工作任务。包括市场调研、环境分析、市场调研报告的撰写、市场细分与产品定位、目标客户分析、营销策略、撰写销售方案等学徒岗位工作任务。学生通过岗位学习，获得营销活动的基本工作思路，并具备高技能型人才所必需的市场营销的基本知识和基本技能，具有较强的工作岗位适应能力，分析和解决实际问题的能力，以及创新意识和职业道德意识。

四、 课程教学目标与学习产出

（一） 职业素质目标

(1) 严格遵守公司各项规章制度，并严格执行；

(2) 定期进行员工培训学习及专业知识考核；

(3) 认真完成公司布置的销售任务；

(4) 按时参加部门大会和小组研讨会，及时汇报营销过程中出现的问题，并提出有效解决措施；

(5) 树立正确的市场营销观念，具备观念创新意识；

(6) 具有市场营销方面的竞争意识，分析判断能力，开拓创新能力和科学决策能力，养成敏锐的观察分析问题的习惯；

(7) 具备从事农业职业活动所遵循的思想和行为规范，诚实守信、关注时政、爱岗敬业、善于沟通和团队合作等良好职业素质；

(8) 具备较强的环保意识、绿色安全意识；

(9) 具有从事农产品与农资营销工作的责任感、事业心和全局观；

(10) 能够适应社会工作环境要求，情绪稳定、乐观、人际关系和谐，具备较强的抗压能力。

（二） 专业知识目标

(1) 认识市场营销环境，掌握市场营销环境分析的基本策略；

(2) 理解顾客价值理论，掌握消费者需要、动机和消费者行为分析的理论和方法；

(3) 掌握市场细分的基本理论、目标市场策略、市场定位策略；

(4) 掌握营销策略的主要内容；

(5) 了解农产品市场营销战略和营销控制的相关内容；

(6) 掌握市场需求的衡量、预测及新市场的开拓等方面的知识；

(7) 掌握营销绩效的评估与控制方法。

（三） 职业能力目标

(1) 能够有针对性地进行调查问卷的设计；

(2) 具备农产品与农资市场调研和环境分析能力；

(3) 能够参与销售目标的制订，掌握制订流程；

(4) 能够参与渠道维护与开发；

(5) 能够撰写比较规范的市场调研报告、销售方案和营销策划书；

(6) 具备良好的沟通交流能力；

(7) 能利用互联网等公开媒体搜集市场信息，通过信息分析捕捉市场机会的能力；

(8) 根据岗位变化学习相关知识的能力，根据营销环境的变化采取相应对策的能力；

(9) 能够在师傅的带领下，参与产品宣传策略、定价策略、中间商选择策略等；

(10) 可以根据市场条件选择与设计促销策略，组织参与促销活动。

五、 学徒岗位课程实施工作场所与使用工具

工作场所：合作企业销售部、市场部、门店等。

日常沟通工具：电话、企业微信、QQ 等。

营销工具：表单、名片、产品宣传册、微官网等。

六、 学徒岗位课程实施、 岗位职业安全与规章制度

同附录 1 中相关内容。

七、 行业企业工作学习职业行为规范

1. 对待工作的规范

树立正确的工作观；要把工作当成事业去完成；个人目标与企业发展目标相结合；做得比学徒师傅期望的结果还好；创造性地工作，懂得提升工作效率；在期限内完成工作任务；工作时间全身心投入。

2. 对待学徒企业的规范

牢记公司利益；不要忘记整理办公环境；随时随地要有节约意识；要做足一百分，尽量完成任务；要严格遵守公司制度；不要泄露公司的机密，要学会与公司共命运、同发展。

3. 对待公司领导的规范

尊重上级，支持领导工作，对领导安排的工作要积极努力的完成。工作完成后，应做好报告。参加会议，应带好笔记本，专心记录。

4. 对待师傅的规范

尊师重道，感恩师傅所教所管，积极想办法为师傅分忧，主动向师傅请教学习，脑勤、手勤、脚勤、嘴勤。

5. 对待自己的规范

有想要成功的意识，养成每天工作每天完成的良好习惯，学会调节压力，树立奋斗的目标，加强自我管理，学会自我激励。

6. 对待同事规范

学会尊重、欣赏他人，要有团队精神，重视团队利益，与同事搞好团结，互帮互助，宽容友善。

八、 企业师傅、 专业指导教师配置与教学要求

（一） 企业师傅条件要求

企业对于营销岗位的不同业务方向，每个方向配备一名企业师傅，配备的师傅条件如下；

(1) 热爱本职工作，对培养行业人才有充分热情，具有良好的政治思想素质和职业道德；

(2) 具备优秀的处理问题能力，善于沟通和表达，能掌握并灵活运用行业知识进行技能的传授和讲解；

(3) 工作经历、技术成绩突出，善于“传、帮、带”，近三年在企业生产工作中没

有违纪、违章、违规行为；

（4）取得行业相关职业资格者；

（5）接受过专门的职业教育或系统的营销技术专业职业技能培训；

（6）有制订、实施培训方案的能力，具备良好的语言表达能力和沟通交流能力；

（7）身体健康、心理健康。

（二） 企业师傅教学要求

（1）认真做好对学徒的日常考勤和管理，加强职业道德、劳动纪律和企业文化等教育，培养学生文明、守纪的良好习惯；

（2）负责指导学徒熟悉实习工作环境和防护设施，提高学生的自我保护能力，采取有效措施防止学生在实习中受到伤害和发生安全事故；

（3）认真做好对学徒技能训练的指导和各技术环节的示范，使学生尽快掌握实际操作技能，严格要求学生，并经常进行提问、讲解与指导；

（4）认真听取学校和实习指导教师的意见，采取措施及时解决实习指导中存在的问题，不断提高实习质量；

（5）督促学生及时填写学徒学习手册，对学生的实习小结填写评语并签名；

（6）实行学生实习信息通报制度，定期向学校、学生家长通报交流学生实习情况；

（7）配合学校和第三方评价机构，对实习学生进行岗位评价考核；

（8）认真完成企业领导交办的其他各项工作任务。

（三） 校内专业指导教师配备要求

按照营销学徒岗位的知识内容结构，一类岗位学徒制学生配备该专业方向 2～3 名校内专任指导教师，负责知识体系构建、课程理论及部分实操的授课。到企业后，学徒班配备校外实习指导教师进行学习督导。

教学要求：课程教学教师具有双师素质，讲授课程以项目化教学为主，重视课程产出，重视项目实训，注重职业素质教育。

（四） 学徒实习指导教师教学要求

（1）在顶岗实习管理网站上对实习学生进行日常管理；

（2）指导教师要制订指导工作计划，填写指导手册，完成书面工作总结；

（3）负责与学徒制单位联系，积极配合学徒制单位工作，及时解决学徒实习中的问题，争取学徒实习单位的支持和帮助，维护好学徒实习单位与学校的关系；

（4）指导教师要指导学生筛选、确定学徒实习单位、岗位，开展顶岗实习；

（5）指导教师要通过电话、书信、电子邮件、走访检查等形式对学徒学生进行专业技术指导、职业综合能力培养指导、就业指导；

（6）指导教师要帮助学生做好毕业论文选题工作和制订进程计划。学生选定题目后，教师要向学生介绍毕业论文题目的意义和要求，指导学生进行调查（包括查阅资料）、研究、写作。指导教师要及时检查学生毕业论文进度和工作质量，定期与学生联系，解答学生提出的有关问题；

（7）指导教师要严格要求学生，重视培养学生独立工作的能力及分析问题、解决问题的能力和创新能力；

（8）负责了解、掌握及检查学生完成实习的情况，指导学生撰写实习总结、调查报告等；对在实习中违反纪律且情节严重的学生，指导教师要对其进行批评教育，通知班主任并及时向实习领导小组汇报；

（9）指导学生完成毕业论文，给出成绩并帮助学生做好答辩准备工作；

（10）负责学生实习成绩的评定工作；

（11）按分院要求，按时收回指导学生的学习材料；

（12）遇突发事件，第一时间掌握具体情况并处理。报告程序：通知班主任，报安全稳定领导小组和教学就业工作办公室。

九、 可考取的职业资格证书、 行业或企业证书

植保工、农业技术员。

十、 学徒岗位课程培训与工作任务

学徒岗位课程培训与工作任务	培训与工作学习内容	培训与工作学习的组织形式	学习产出目标	工作学习时间（周）
企业岗前培训	1. 企业文化、财务、报销制度的培训； 2. 了解企业的未来发展势态； 3. 企业规章制度的培训； 4. 技术业务培训。	1. 由企业各部门主管按照新员工标准进行轮训； 2. 在企业师傅的指导下，制订学徒期间的工作计划、学习计划和专题研修计划。	1. 了解企业管理结构、发展环境； 2. 了解企业规章制度，根据企业的发展蓝图，规划自身职业生涯发展； 3. 了解企业产品种类、市场分布等； 4. 制订学徒期间的工作计划、学习计划和专题研修计划。	1
制订营销环境调研计划	在师傅指导带领下，制订农产品与农资企业宏观和微观营销环境调研计划，为企业分析营销环境对其影响的方式和程度。	由公司营销部或企划部负责此次调研，成立调研小组，安排调研任务。调研人员由销售员组成，调研内容包括政府部门和有关机构的公开资料进行查阅和资料的收集，对消费者、中间商等问卷调查。	1. 能参与到一个强有力的调研团队，完成团队任务； 2. 配合团队完成调研前的动员工作； 3. 能制订环境调研计划。	1

续表

学徒岗位课程培训与工作任务	培训与工作学习内容	培训与工作学习的组织形式	学习产出目标	工作学习时间(周)
信息收集与市场调研	在师傅指导带领下，调研团队自行查阅有关书籍和资料： 1. 农业政策、方针和法规； 2. 企业本身、供应商、中间商、顾客、竞争者和社会公众等。	通过图书馆、当地政府查阅收集信息、向咨询机构购买信息、通过阅读报刊剪贴信息、通过互联网下载信息等方法。	1. 能设计调研提纲、问卷和表格； 2. 能够进行小型的座谈会调查、电话调查、问卷调查、走访调查等； 3. 获得与调研项目有关的二手资料。	2
资料归纳整理	在师傅指导带领下，掌握信息整理的方法，能够运用各种统计图表和计算机软件进行调研数据的整理。	1. 根据调研目标和调研内容，由销售经理组织营销员从市场调查资料中选取一切有关的、重要的参考资料； 2. 将挑选出来的全部资料按照一定的逻辑顺序排列，使之前后连贯、一致，并且根据实际需要，将其中某些数据进行换算或调整，以便进行比较，调研数据可以用 Excel 电子表格软件完成。	1. 会进行数据的整理与筛选； 2. 会利用计算机进行数据分析； 3. 培养作图、数据分析，运用模型进行计算分析的职业素养。	1
环境分析	1. 分析环境因素； 2. 构造 SWOT 矩阵； 3. 制订行动计划。	部门主管组织营销人员开展此项工作，利用统计、列表、作图等方法把收集来的信息进行整理、分析企业面临的是机会还是挑战，反映了企业的优势还是劣势。	1. 能对企业做 SWOT 分析，找出优势和劣势； 2. 会做 SWOT 分析图； 3. 会制订相应的营销策略。	2
撰写环境调研报告	1. 熟悉调研报告的书面表达规范、包含要素和框架结构； 2. 撰写市场调研报告； 3. 制作汇报提纲。	在师傅的带领下，能够根据调研目标和调研内容拟定企业调研报告大纲，并组织相关人员讨论修改，完成调研报告的撰写工作。	1. 能够撰写调研报告； 2. 了解调研报告提交要求； 3. 制作有创意的汇报提纲 PPT。	1

续表

学徒岗位课程培训与工作任务	培训与工作学习内容	培训与工作学习的组织形式	学习产出目标	工作学习时间（周）
目标客户分析	1. 消费者的需求分析； 2. 消费者的购买行为分析。	在师傅的带领下，了解目标客户调研的基本步骤和方法，更好地理解目标客户，从而确定团队目标，确定该企业目标客户群，制订目标客户调研计划。在后期的实施中，降低不确定性。	1. 能确定企业目标客户群； 2. 能设计目标客户调查问卷； 3. 能制订企业目标客户调研计划书。	1
撰写目标客户分析报告	通过对客户资源全面情况、客户关系、客户信息及客户服务方面问题的调查分析，掌握客户调查报告的撰写要点。	部门主管组织相关人员撰写，做好分工，每部分的写作格式、文字数量、图表和数据要协调一致。初稿征得各方意见进行修改后，就可以定稿。	1. 能全面构思客户调查报告； 2. 能撰写客户调查报告； 3. 能完善客户服务工作。	2
产品定位及产品创意设计	1. 产品的功能属性定位； 2. 产品的产品线定位； 3. 产品的外观及包装定位； 4. 产品卖点定位； 5. 基本营销策略定位； 6. 品牌属性定位。	通过调查访问、资料整理，找出产品特性，分析消费者选择本产品的动机，通过比较，分析产品的潜在性能，完成定位。	1. 能细分农资行业消费者； 2. 能根据市场细分结果，选择目标市场； 3. 能制订目标市场细分表； 4. 能制订农产品与农资企业市场细分表。	2
进行产品宣传策划	1. 掌握主要宣传媒体的特点； 2. 能够根据农产品与农资产品特点选择合适的宣传媒体； 3. 能够及时发现不同阶段的市场需求和竞争环境的变化，提出相应的产品宣传策略建议。	1. 公司销售部组建人员成立策划小组，规定工作任务，明确时间进程； 2. 广告策划小组要根据对市场、产品、消费者及竞争对手的分析拟定广告战略，选择最佳宣传媒体和组合； 3. 企业对广告费用及其产出的效益进行认真核算。营销企业与合作方沟通，根据预算和准备的资料进行制作宣传作品。	1. 根据不同媒体的优缺点，分析本企业产品的销售特点与基本情况，针对目标客户选择合适的广告宣传媒体； 2. 能够根据企业的预算要求，选择合适的媒体组合，进行宣传策划。	2

续表

学徒岗位课程培训与工作任务	培训与工作学习内容	培训与工作学习的组织形式	学习产出目标	工作学习时间（周）
进行产品价格策划	1. 了解影响价格决策的因素； 2. 掌握企业进行价格决策的目标； 3. 掌握可以确定产品价格的方法； 4. 了解价格决策的常见策略； 5. 能制定出合理的产品价格。	1. 营销部负责人组织内部会议，明确定价思路，确定定价目标； 2. 针对不同的农产品与农资产品能使用不同的定价方法，同时能运用不同的定价策略，开展公司产品的定价和调价活动。	1. 能够参与开展农产品与农资产品的定价和调价活动； 2. 制订出能够获得最大利润的价格策略。	2
进行产品渠道策划	1. 掌握适应农产品与农资产品直接销售、间接销售的操作方式、程序和基本原则； 2. 能够区分渠道策划的类型，选择适合的中间商，制订合理的营销渠道策略。	1. 公司市场营销部组织进行区域市场调查，找出主要客户群并细分市场，结合本公司特点，根据市场规模、潜在客户和消费特征，来确定渠道目标； 2. 通过协商，明确渠道任务，在各渠道成员之间签订正式协议，使其合法化； 3. 根据目标和渠道任务，确定中间商的类型，是代理商、批发商还是零售商，确定数量，还需要确定分销条件、价格等分销政策、分销商的地区权利、厂商之间的义务等内容。	能根据市场的具体条件和农产品与农资产品特点，选择合适的中间商，制订合理的营销渠道策略。	2
进行产品促销策划	1. 市场情况分析和预测； 2. 设定促销目标； 3. 选择促销工具； 4. 进行促销预算； 5. 制订促销方案。	1. 在师傅指导带领下，制订市场策划书及后续的推广方案； 2. 掌握产品推广策划的方法与技巧，能够制订出适应农资企业营销实际需要的产品市场策划书及后续的推广方案。	1. 能进行产品分析，并提炼出产品“卖点”； 2. 能制订出可行的产品推广策略。	2

续表

学徒岗位课程培训与工作任务	培训与工作学习内容	培训与工作学习的组织形式	学习产出目标	工作学习时间（周）
编制产品营销策划方案	1. 分析营销机会； 2. 明确营销战略； 3. 制订营销方案； 4. 营销过程管理。	销售部组织相关人员进行市场调查，分析营销环境，确定企业营销目标。对于企业的每一个目标，至少应该有一个营销战略。然后把实施这个营销战略的所有步骤列出来，从最后一个步骤开始返回检查，任命负责的人员确定起止时间，计算出完成这个步骤所需的成本。	能够制订营销策划方案。	1
农产品与农资营销策划的实施控制	1. 了解农产品与农资营销实施的方法和特点； 2. 理解和掌握企业进行市场营销控制的方法，能够制订营销方案并实施控制。	营销部经理组织相关人员，确定营销控制的范围、额度，明确对市场营销计划的哪些方面进行控制，并将确定的每一范围层次化、具体化。要确定营销控制因素、建立营销衡量尺度、确定营销控制标准并实施评估，及时纠偏。	1. 能制订营销方案； 2. 能实施营销方案； 3. 能控制营销方案。	2
学徒培养总结	企业师傅指导学徒，进行系统的总结，学习计划的完成情况，形成学徒总结。专题研修报告具有一定的技术含量。	总结、指导、审阅、修改总结报告和研修报告。	1. 学徒培养总结报告； 2. 学徒岗位工作总结； 3. 学徒学习成果报告； 4. 专题研修技术报告或论文。	1

十一、 职业品质与工匠精神培养

1. 职业品质

具有良好的职业道德，具备从事农业职业活动所需要的思想和行为规范，感受企业文化，融入企业环境。诚实敬业，保守企业机密，善于观察、分析和总结。能吃苦耐劳，有科学严谨的工作态度，责任心强，有良好的语言表达能力、沟通能力、学习能力、团结协作能力。能深入市场进行调查研究，学会与农民交往，与同行合作、交流；协调各方面关系及团队合作的能力，热爱“三农”、服务“三农”，具备在一线工作的适应能力。

2. 培养途径

将职业品质贯穿于教学的全过程，潜移默化。

3. 工匠精神

将工匠精神培养贯穿教育教学全过程，依托技能竞赛和第二课堂，不断培养学生专业技能和工匠精神。

十二、 工作学习资源

https：//mooc1. chaoxing. com/course/100659486. html

十三、 学徒工作学习组织管理计划

（一） 岗位训练学徒组织管理机构

（1）企业是学员岗位训练和专业核心能力训练教学工作的主体，为了加强岗位训练和专业核心能力训练工作的管理，成立专门工作小组，工作小组根据培养目标和模块设置确定岗位训练和专业核心能力训练模块内容，负责制订岗位训练和专业核心能力训练实施计划并组织实施。

（2）学徒岗位训练和专业核心能力训练工作小组组长由企业相关分管领导担任、副组长由办公室主任和学院相关系部主任担任，成员由企业相关部门负责人、市场营销技术人员及学院相关分院教师、相关职业技能指导教师组成。领导小组办公室设在企业办公室，由办公室主任负责，并适当配备工作人员。

（3）学徒开展岗位训练和专业核心能力训练过程中应配备具有一定专业素养和技能水平的指导师傅，指导师傅的遴选由岗位训练和专业核心能力训练工作小组负责，每个指导师傅所带学员的数量控制在2～5人。

（4）为了加强学员岗位训练和专业核心能力训练工作的有效性，学院要组建一支由行业专家和专业教师组成的岗位训练和专业核心能力训练教学指导队伍，负责学员训练过程的业务指导，并知会工作小组及时调整训练计划。

学徒在岗位训练和专业核心能力训练期间接受企业的技术指导，由学校和企业双重管理。

（二） 岗位训练学徒管理

（1）学员应严格遵守企业的规章制度，服从管理，虚心向指导老师学习、请教，认真完成岗位职责。

（2）学员必须按规定时间完成训练，如学员中途无故擅自离开训练岗位而未完成训练者，或者在训练过程中违反安全生产操作规程并造成损失的，不能获得岗位成绩。

（三） 岗位训练学徒文档管理

岗位训练和专业核心能力训练文件主要包括训练教学大纲、训练计划、训练教材、训练指导书、教学训练考核评分标准及各种过程记录文档和考核报告。

十四、学徒考核评价方案

1. 考核内容

选择能够全面反映学徒综合素质的农产品与农资营销项目内容作为考核评价内容：包括学徒的工作态度、工作表现等；理论知识掌握程度和处理问题能力；每个实践项目完成效果等方面。

2. 考核时间

采用分阶段考核的方法，在每一项实践内容结束后进行考核。

3. 考核人员

考核人员应具有权威性和代表性，多方评价，体现公平、公正的原则，包括专任教师、企业师傅、行业专家等。

4. 考核形式

考核形式可以灵活多样，综合运用实际操作、现场答辩、技能比赛、完成工作任务、撰写促销方案等多种手段对职业技能和职业素养进行评价。

5. 考核成绩评定

考核成绩评定应考虑多方因素，确定合理的比例，如学徒工作态度、工作表现等占 20%，平时成绩占 20%，项目完成情况占 60%。

6. 评价等级

考核后应分出等级，包括优秀、良好、中等、及格、不及格等。一般 90 分及以上为优秀，80～89 分为良好，70～79 分为中等，60～69 分为及格，60 分以下为不及格。

7. 考核结果处理

考核评价后对考核结果制订相关处理办法，考核不及格者，需要进行补考和重修。对于缺勤 1/3 的同学禁止参加考核，重修后方能参加。对于综合考评优秀的学生（学徒）给予一定的奖励。

十五、学徒岗位认证条件

（1）能够完成企业交付的农产品与农资营销任务；

（2）完成校内学习任务，并考核合格；

（3）遵守企业的规章制度；

（4）在政治安全方面无问题；

（5）经企业师傅考核，成绩合格；

（6）完成学校学习阶段的学习任务，成绩合格。

附录3 农产品与农资营销岗位学徒师傅聘任标准与教学指导工作规范

第一部分　学徒师傅聘任标准

为深化落实推动《教育部关于开展现代学徒制试点工作的意见》（教职［2014］9号）文件精神，以涉农企业用人需求与岗位资格任职标准为目标，使涉农专业的现代学徒制改革顺利开展并取得实效，确保企业师资水平能够满足本专业现代学徒制教学的需要，特制订本标准。

一、聘任对象

涉农专业现代学徒制企业师傅的聘请对象主要是有丰富的销售工作经验，具有涉农专业的在职人员。

二、聘任条件

（1）热爱本职工作，对培养农产品与农资营销人才充满热情，具有良好的政治思想素质和高尚的职业道德；

（2）具备优秀的处理问题能力，善于沟通和表达，能掌握并灵活运用行业知识进行技能的传授和讲解；

（3）工作经历、技术成绩突出，善于“传、帮、带”，近三年在企业生产工作中没有违纪、违章、违规行为；

（4）取得行业相关职业资格；

（5）接受过专门的职业教育或系统的营销技术专业职业技能培训；

（6）有制订、实施培训方案的能力，具备良好的语言表达能力和沟通交流能力；

（7）身心健康。

三、 评聘程序

由涉农企业根据评选条件，结合实际情况采取笔试、技能操作等方式进行评选。

获得推选的师傅填写“××行业师傅申报认定表”并由单位盖章后，由单位和合作院校共同审核。

经评审通过的师傅，发放聘书，聘期为三年。聘书加盖学院和师傅所在企业公章。

第二部分 学徒师傅教学指导工作规范

学徒师傅承担以下职责：

(1) 根据涉农专业岗位学徒制实施方案，认真做好培训计划，确保教学项目的有效实施；

(2) 做好对学徒的日常考勤和管理，加强职业道德、劳动纪律和企业文化等教育，培养学生具备良好的职业精神；

(3) 通过教学项目的实施，让学生具备安全意识，提高学生的自我保护能力，若出现安全隐患，采取有效措施防止学生在学徒期间受到伤害和发生安全事故；

(4) 严格要求学生，并经常进行提问、讲解与指导，让学生学会学徒岗位所需要掌握的各项技能，达到任职要求；

(5) 会同学校指导教师采取有效措施及时解决学生学徒期间存在的问题，不断提高教学质量；

(6) 给学徒布置学习任务和工作任务，督促学徒及时填写《学徒学习手册》，对学徒学习每个教学项目的掌握情况填写评语、评价并签名；

(7) 将学徒学习情况通过 QQ、微信或其他信息通道及时向学院指导教师或企业人力资源部通报，每月不少于 2 次；

(8) 配合学院和第三方评价部门，对学徒进行岗位评价考核；

(9) 配合学院完成学徒培养过程中其他各项工作任务。

附录4
农产品与农资营销岗位学徒选拔与学习守则

第一部分　企业学徒选拔标准

一、学徒选拔的基本原则

坚持“公平、公正、公开”的原则，做到选拔条件与考核内容公开、选拔经过公开、选拔结果公开，选拔优秀学徒进入公司实践。

二、选拔对象、条件及人数

（一）选拔对象

新疆农业职业技术学院园艺技术专业全日制高职学生。

（二）选拔条件

(1) 思想端正，有良好的道德品质和文明的行为习惯；

(2) 身体健康，无疾病、无残疾；

(3) 专业课程成绩优秀，文化课程学习成绩较好；

(4) 热爱园艺事业，具有合作意识和团队精神；具有较强的吃苦耐劳精神；

(5) 有责任感和奉献精神，品行端正；

(6) 自愿参加，入选后参加合作企业现代学徒制培训；

(7) 毕业后（学成后）自愿在合作企业进行农产品与农资营销方面的工作。

（三）选拔人数

根据合作企业选拔学徒的人数确定。

三、 选拔程序

个人提出书面申请—园林科技分院根据学生情况进行推荐—园艺学徒企业综合考核确定人选—由园艺学徒企业、学院、学生（未成年人由家长代理）三方共同签订学徒协议。

四、 学徒选拔考核技术标准

（一） 考核命题标准

学徒选拔考核以农资营销员国家职业标准的工作要求为基础，适当增加新知识、新技术、新设备、新技能等相关内容，以实际操作的形式进行考核。试题由学徒选拔企业组织有关专家统一命题。

（二） 考核场地环境设计

采取有效措施确保工位与工位之间互不干扰；设置考评专家进入现场巡视的专门通道，以不影响考核选手进行考核为标准。

（三） 考核内容及要点

1. 考核方法

采用现场考核，要求考生按照农资销售岗位标准中所规定的工作要求在规定时间内完成现场工作。

2. 考核内容（任选 2～3 项进行考核）

①自我介绍；②自我推销；③市场调查；④园艺生产、农药等方面的基础知识；⑤自拟。

3. 考核时间

要求 4 小时内完成。

4. 评分要求

考核评分比重表

评分项目	分值
自我介绍	25
自我推销	25
市场调查	25
园艺生产、农药等方面的基础知识	25
合计	100

第二部分　学徒学习手则

一、 入职培训

（1）企业在学徒进入职业岗位工作之前必须开展入职培训。培训地点可选在学院或企业，重点就公司、部门基本情况，企业组织机构，企业管理文化，从事工作任务等相关内容进行培训；

（2）企业为每位学徒指定一名入职引导人。进入职业岗位工作时，需指定一名企业技术专家或部门技术负责人为指导教师，指导学徒工作、生活，完成职业岗位工作任务和学习计划。

二、 员工纪律与行为规范

学徒作为企业准员工，按正式员工同等对待、管理。

1. 公司员工基本守则

（1）热爱公司，服务社会；

（2）尊重他人，诚实守信；

（3）用心做事，追求卓越；

（4）不断进步，完善自我；

（5）团结合作，坚持原则；

（6）爱护公司财物，提倡勤俭节约；

（7）严守公司机密；

（8）保持环境卫生，注意个人仪表。

2. 公司考勤制度

作为公司的员工，必须严格按公司规定的工作时间出勤。

（1）每天须按时上下班，并按规定记录考勤。

（2）因公外出或出差需由部门负责人签字认可。未请部门负责人签字的，视作旷工。旷工一天扣除当月浮动工资的10%或工资总额的1/30，以此累加。

（3）迟到（早退）10分钟以内，按事假2小时处理；迟到（早退）10分钟以上1小时以内，按事假半天处理；迟到1小时以上，按事假一天处理。每月事假超过公司规定天数，按3天事假等同一天旷工处理。

（4）连续无故旷工3天，公司将解除该学徒顶岗实习工作，并遣返回学院，交由学院给予组织纪律处分。

（5）一般情况不得请事假，特殊情况下，可填写请假单并由部门负责人审批，审批后交人力资源部备案。事假超过3天的，还应经主管领导审批。事假获准后，应在离开工作岗位前安排好工作。

(6) 请病假须于上班前或不迟于上班后30分钟内通知所在部门的负责人，并于上班后第一时间补交请假手续，填写请假单，并附正规医院出具的病假证明。

(7) 事假、病假期间，工资与奖金按当月实际出勤率计算。在一个月之内，如果事假超过3天或病假超过5天者，将不能参与当月津贴的分配。

(8) 上班期间如需外出办理公务，应事先向直接上级请示。

3. 工作纪律

(1) 公司鼓励员工间积极沟通交流，但不能因此妨碍工作。因此，办公期间应该坚守岗位，不要随意串岗聊天。需要暂时离开时，应知会同事。

(2) 保持办公室的整齐、干净、卫生是每一位员工的责任。请不要在办公区域进食、吸烟、饮酒，如有发现，按公司规定给予警告、罚款处理。

(3) 办公室是公司办公场所，有很重要的财物和信息资料。所有来访的客人必须由邀请人陪同才可进入；接待来访、业务洽谈应在洽谈室或会议室进行。

(4) 不得浪费、损坏公司公物，或将公司公物占为己有、消费使用，一经发现给予警告、罚款。

(5) 外出公务或出差必须乘坐公司指定的交通工具，并按规定标准住宿。不得乘坐如摩托车、三轮车等非客运机动车。

4. 礼仪仪表

整洁的外表是十分重要的，应注意遵守下列要求：

(1) 工作期间，应保持精神振作、彬彬有礼、高效敏捷。

(2) 上班时，应注意衣着整洁、大方、得体。男职员不可留长发、蓄胡须，女职员不可浓妆艳抹。公司有统一着装要求的，按具体着装规定执行。上班期间不得穿着短裤、无袖装、超短裙、凉鞋、拖鞋等。

(3) 同事间应相互尊重、互帮互爱、语言文明。

(4) 对外交往应有礼有节、不卑不亢、礼貌大方、简朴务实。

5. 保密

每个员工都有保守公司秘密的义务。

(1) 务必保管好本人持有的公司涉密文件；

(2) 未经授权或批准，不得对外提供含有机密的公司文件或其他未公开的经营状况、财务数据等；

(3) 对非本人职权范围内的公司机密，应做到不打听、不猜测、不传播；

(4) 发现了有可能泄密的现象应立即向有关上级报告。

三、 企业学徒的工作与学习制度

1. 学徒工作制度

企业学徒在企业指导教师指导下直接上岗从事公司职业岗位工作。岗位工作等同于企业员工，岗位实习学徒不得提出特殊要求。

（1）企业学徒工作期间必须服从部门管理人员、师傅工作安排，严格按照技术规范要求开展职业岗位工作。对工作中不清楚的技术问题，要勤学、勤问、勤练，掌握后再上岗操作，保证工作质量，提高技术水平；

（2）遵守劳动纪律，反复操作训练，精确操作，提高劳动效率，高效高质量地完成岗位工作；

（3）企业学徒有权拒绝与职业岗位无关的工作，并积极主动与指导教师、上级领导反映、沟通。

2. 学徒学习制度

实习期间，学生采用边工作边学习的工作导向教学与学习方法，学生在已有知识技能的基础上，主要采用以下学习方法：

（1）作为学徒，在企业指导教师指导下，通过反复工作训练，掌握职业岗位操作技能。学徒要多与企业指导教师交流沟通、请教业务技术，注重学习指导教师分析问题、解决处理问题的思维方式、工作经验以及公司人际关系等方面的知识。

（2）充分利用公司业务技术培训的机会学习业务技术；

（3）利用业余时间，自学学院提供的技术指导手册、企业技术资料。根据生产中遇到的问题，通过各种信息渠道学习相关知识、技术；

（4）在学习、训练和掌握职业岗位业务技术的同时，善于调研分析岗位业务技术，以及工作中存在的问题，通过研究，能够改进技术或管理程序，提高工作效率。

3. 实习岗位安排

学徒必须服从学校实习的统一安排，个人不得擅自调换企业和岗位。如确有问题须向学校指导教师提出申请，经批准后方可调换，否则以实习成绩不及格处理。

四、 实习安全

1. 公司安全教育

公司对岗位实习学徒上岗前进行一次安全教育。

2. 意外人身伤害保险

公司为岗位实习学徒购买一份意外人身伤害保险。

3. 安全检查

公司在顶岗实习前、中、后期进行 3 次安全检查，重点就生活场所安全、工作场所安全、交通安全、饮食安全、学生日常行为安全等方面进行全面检查，并开展不定期抽查。

4. 处罚

（1）公司对不注重岗位实习学徒安全的部门限期责令整改，并处相应经济处罚；

（2）公司对不听劝阻、严重违反有关安全操作规定的岗位实习学徒，将其送返学院处理。